Moritz Hartmann

Erzählungen meiner Freunde

Novellen

Moritz Hartmann

Erzählungen meiner Freunde
Novellen

ISBN/EAN: 9783742894915

Hergestellt in Europa, USA, Kanada, Australien, Japan

Cover: Foto ©ninafisch / pixelio.de

Manufactured and distributed by brebook publishing software (www.brebook.com)

Moritz Hartmann

Erzählungen meiner Freunde

Inhalt.

Erzählungen meiner Freunde: Seite
    I. Der Tanzmeister 3
    II. Fritz! Fritz! 44
    III. Zwei schlaflose Nächte 91
    IV. Wirkung in die Ferne 121
    V. Warten 157
    VI. Eine deutsche Löwin in Paris 176

Novellen:
    Die Glocke 191
    Die alte Jungfer 257

Erzählungen meiner Freunde.

I.

Der Tanzmeister.

D. Johannes erzählt:

Die kleine deutsch-schweizerische Gesellschaft, die wir in Smyrna bildeten, bestand, vom Zufall zusammengesetzt, wie sie war, aus den verschiedenartigsten Elementen: aus Künstlern, Kaufleuten, zwecklosen Lustreisenden, dienenden und ausgedienten Offizieren. Wir versammelten uns allabendlich in dem großen Saale eines alten Gasthauses, das ein Franzose hielt und in dem eine maltesische und eine marseiller Zeitung zu finden waren. Durch diese Zeitungen erhielten wir oft Nachricht über Ereignisse, die in unserer Nähe, in Konstantinopel, im Epirus, im Libanon vorgefallen. Bei einer düster brennenden und übel duftenden Lampe — sie war eben nur von unreinem levantinischem Oele genährt — verzehrten wir unser Nachtessen und saßen dann oft bis spät nach Mitternacht beim Glase Tenedos oder Brussa, zwei Weinen, die so edel sein könnten und Krätzer sind.

Unsere Reden hallten in dem weiten, hölzernen, nackten, unmöblirten Saale wider und verloren sich unheimlich in den dunkeln Winkeln. Wie unerquicklich es auch da aussah, um die Lampe herum ging es ganz gemüthlich her. Wir lebten in größter Eintracht, denn nach dem täglichen Umgange mit dummen Türken, betrügerischen Griechen und kriechenden Armeniern freute man sich, in Gesellschaft von Landsleuten zu sein und sich gehen lassen zu können. Es hatte auch Jeder etwas erlebt und es hatte Jeder etwas zu erzählen. — Eines Abends kam die Rede auf das Duell, und da war es wie immer; die Furchtsamsten und die nie ein Duell gehabt hatten, interessirten sich am meisten für den Gegenstand und schürten das Gespräch, wenn es erlöschen wollte, immer wieder auf's Neue an. Manche von uns hatten auf diesem Felde Erfahrungen gemacht, und es wurde viel erzählt und, wie bei diesen Gelegenheiten üblich, auch viel für und gegen das Duell theoretisirt. Die sich geschlagen hatten, sprachen sich meist gegen diesen Unsinn aus; die Furchtsamen und Unerfahrenen vertheidigten die alte Sitte mit großem Feuer und großer Entrüstung gegen alle, die sie angreifen wollten, auch gegen diejenigen, die eben dieser Sitte schon Opfer gebracht hatten. Natürlich kam auch der Fall aufs Tapet, in dem man sich nicht schlagen könne, und sprach man bei dieser Gelegenheit über nicht satisfactionsfähige Individuen und Stände, und ich hatte den unglückseligen Einfall, als Beleg zu meiner Theorie von satisfactionsfähigen Menschen ein Abenteuer aus Leipzig mitzutheilen. Ich erzähle wie folgt:

Im Jahre 184* kam ich nach Leipzig. Ich sollte dort gewisse Angelegenheiten meiner Familie ins Reine bringen; da mir diese indeß nur wenige Zeit im Tage wegnahmen, aber doch der Art waren, daß sie mich wenigstens ein Jahr lang in dieser Stadt zurückhalten konnten, so ließ ich mich inscribiren und machte mich, obwohl ich eben erst die Universität einer andern Stadt verlassen hatte, aufs Neue zum Studenten. Ich konnte noch Vieles lernen; mein wissenschaftlicher Magen war nicht überladen, denn ich kam von einer österreichischen Universität. In der damaligen Zeit grassirte unter den leipziger Studenten und den vielen daselbst verweilenden jungen Schriftstellern eine wahre Duellirwuth. Ich sah ein, daß ich mich dieser Wuth nicht lange würde entziehen können, und principiell gegen das Duell gestimmt, wünschte ich mit jugendlicher Logik ein oder zwei eclatante Duelle herbei, um dann die andern, nachdem ich Proben meines Muthes abgelegt, mit Anstand von mir weisen zu können. Die Gelegenheit, meine Tapferkeit treu zu bewähren, sollte, wie es schien, nicht lange auf sich warten lassen.

Auf einem Gesellschaftsballe im Hotel de Pologne hatte ich mich aufs zweiundzwanzigjährigste verliebt, aber seit jenem Balle durch Wochen die Geliebte meines Herzens, die eine Fremde war, nicht zu Gesichte bekommen.

Auch konnte ich nie recht erfahren, wer sie gewesen und fand sie in keiner der vielen Gesellschaften, die ich, immer nur nach ihr suchend, durcheilte. Eines Abends befand ich mich auf dem großen Maskenballe, der zum Vortheil der Armen auf dem Stadt-Theater gegeben wurde. Eine kleine Marquise in Pompadour-Tracht ging an mir vorüber; ich erkannte sie an ihren kleinen Füßen und an der Anmuth ihrer Bewegungen; sie war es. Ich war überglücklich. Daß ich sie auf den ersten Blick unter der Maske erkannt hatte, war mir ein Beweis, daß sie für mich geschaffen war, daß ich sie mit dem Herzen sah ꝛc. ꝛc. Auch sie war der zufälligen Zusammenkunft froh; sie verhehlte es nicht, und ich war wie berauscht, als sie an meinem Arme daherging, um sich mit mir in die Reihe der Tänzer zu stürzen. Ich konnte es nicht erwarten, sie mit beiden Armen zu umschlingen, mich mit ihr in einem berauschenden Walzer zu drehen. Aber auf dem Tanzboden, der auf der Bühne war, angekommen, mußten wir uns hinter die wartenden Tänzer stellen und harren, bis die Reihe an uns kommen würde. Die Ordnung wurde von angesehenen Bürgern der Stadt als Commissaren und von Studenten, die als Pierots und Harlekins verkleidet waren, aufrecht erhalten. Aber meine kleine Valeria strampelte vor Ungeduld mit den kleinen Füßchen; das konnte ich nicht mit ansehen, ich umschlang ihre Taille und warf mich gegen Ordnung und Gesetz in den Tanz. Ein Harlekin stürzte uns nach, umfaßte mich mit beiden Armen und schob mich aus dem Kreise. Meine kleine Marquise war darüber sehr verdrießlich und sagte: Tanzen wir doch weiter! Das war mir Befehl. Wieder tanzten wir, wieder war der Harlekin da. Aber dieses Mal fügte ich mich nicht so leicht; ich mußte Valerien zeigen, daß ihr Wille mächtiger war, als alle Gesetze. Als mich der Harlekin zum zweiten Male packte, kochte alles Blut in mir auf; ich faßte ihn seinerseits, schob ihn mit einem Rucke und einem: Dummer Junge! bei Seite und tanzte zur größten Freude meiner Dame unbehelligt weiter. — Kaum hatten wir ausgetanzt, als einer der Commissare, ein mir befreundeter Bürgerssohn, sich mir näherte und mir in Gegenwart der Dame sagte: Sie haben einen der Harlekins beleidigt; Sie werden eine unangenehme Geschichte haben. — Mein Gott! rief Valerie, Sie werden Sich schlagen müssen? — Ein Tanz mit ihnen ist es werth! antwortete ich. — Valerie war in Folge dessen voll Zärtlichkeit für mich, und ich schwelgte in Glück und Liebe. Durch volle drei Stunden wich ich nicht von ihrer Seite. Endlich ging sie und ich saß glücklich und träumend auf einer der Bänke, beim Klange der Musik alle schönen Minuten dieser Nacht und alles mögliche Glück in Gedanken durchlebend. — Da stand plötzlich ein kleiner dicker Mann in schwarzem Frack und weißer Cravate, mit rundem, sehr weichmüthigem Gesichte vor mir und verneigte sich so lange, bis ich aus meinen Träumen erwachte und ihn bemerkte. — Herr

Doctor! — fing er mit schmeichelndem, fast unterthänigem Tone an, Herr Doctor, verehrter Herr Doctor, ich habe so viel Schönes und Gutes von Ihnen gehört, ich hatte von jeher auch unbekannter Weise so viel Respect und Hochachtung für Sie, daß es mir sehr leid thut, Ihre verehrte Bekanntschaft auf so unangenehme Weise gemacht zu haben... es thut mir wirklich herzlich leid." — Ich kannte den Mann nicht und glaubte nach seiner Haltung und seinen Worten, daß er sich für irgend eine mir angethane Verletzung, die ich nicht kannte, entschuldigen wollte. — Ich verstehe Sie nicht — antwortete ich — mit wem habe ich die Ehre? Ich bin, antwortete der höfliche Mann — ich bin derselbe, den Sie vorhin so hart angefahren haben; ich habe Sie gewiß nicht beleidigen wollen, ich habe nur meine Pflicht gethan und die Ordnung aufrecht erhalten. — Ich verstehe Sie noch immer nicht. — Ich bin — fuhr der Mann im schwarzen Fracke fort, der Harlekin von vorhin. — Wie! — war der Harlekin nicht ein Student? man sagte mir, daß die Harlekins und Pierots Studenten waren? — Ganz richtig, bestätigte jener — alle anderen waren Studenten; aber ich war auch als Harlekin verkleidet, da ich vor Allen den Tanz zu überwachen hatte, denn ich bin der Tanzmeister L... und eigens dazu angestellt. Sie sehen ein, lieber Herr Doctor, daß ich nur meine Pflicht gethan habe, und werden gewiß das beleidigende Wort zurücknehmen. — Ich wußte nicht, sollte ich über das

Qui pro quo auflachen, oder sollte ich mich schämen, den guten, inoffensiven Mann, der so traurig und flehentlichst vor mir stand, beleidigt zu haben. — Gewiß, lieber Herr L..., rief ich, indem ich ihm die Hand bot, nehme ich die beleidigenden Worte gern zurück. Verzeihen Sie mir! — Der Mann drückte mir die Hand mit großer Dankbarkeit und ging sehr froh von mir. Eben so froh war ich, die Sache auf diese Weise abgemacht zu haben, denn wie wäre ich mir, wie wäre ich Valerien vorgekommen, wenn ich mich mit einem Tanzmeister geschlagen hätte! — Ein Tanzmeister ist eigentlich wie ein Weib; man schlägt sich nicht mit einem Tanzmeister.

Der größte Theil der Gesellschaft gab mir Recht. Aber der Capitän von Rechberg, der mir gegenüber saß, sprang vom Stuhle auf, lehnte sich zu mir über den Tisch herüber und rief mit aufgeregter Stimme: Warum sollte man sich mit einem Tanzmeister nicht schlagen? Das sehe ich nicht ein! Ein Tanzmeister kann ein sehr ehrenwerther Mann sein, und wen ich der Ehre meiner Beleidigung würdige, den muß ich auch der Ehre eines Duelles mit mir würdigen. — Warum nicht? — Der Tanz ist eine Kunst, wie eine andere Kunst; der Tanzmeister ist ein Künstler. Die Griechen haben den Tanz sehr hoch gestellt. Ich möchte den sehen, der sich nicht mit einem Künstler schlagen wollte. Weil der Tanzmeister für Geld tanzt? In unserer modernen Gesellschaft thut man Alles fürs Geld, für den Stand, für die Stellung, für die Nahrung von Weib und Kind, und man ist darum nicht entehrt. Welche aristokratische Ideen! Doch was sage ich aristokratisch? Ein echter Aristokrat wird sich mit jedem schlagen, den er einer Beleidigung für werth hält.

Der Capitän brachte alle diese Sätze ordnungslos und rasch hervor. Seine Stimme zitterte vor Aufregung. Es entspann sich eine Discussion, und seine Aufregung wuchs mit jedem Einwurfe, mit jedem Widerspruche. Er verließ den Tisch und ging in der Stube, immer sprechend, manchmal schreiend, auf und ab. Die anderen Mitglieder der Gesellschaft sahen einander erstaunt an und staunten noch mehr, als er, der immer der Aristokrat unter uns gewesen, im Laufe der Discussion Ansichten von der Gleichheit aller Stände aussprach, die zu den radicalsten gehörten. Seine Lippen wurden blaß und zitterten, und während er seinen langen, blonden Schnurrbart mit der einen Hand aufs heftigste strich, focht die andere in der Luft, als ob er einen Degen führte. Ich war von diesem Eifer für verkannte, unter dem Vorurtheil leidende Stände fast beschämt, um so mehr beschämt, da der Capitän als Militär, als Träger eines alten Namens und als Officier, der sich bereits in mehreren Feldzügen als tapferer Mann ausgezeichnet hatte, in Folge aller dieser Eigenschaften competenter, liberaler und jedenfalls Recht zu haben schien. Ich war für ihn verletzt, als ein kleiner Commis über seinen Eifer für den leipziger Tanzmeister auflachte, und es that mir weh, als er darauf hin seine Mütze nahm und nach einem kurzen Gruße, offenbar sehr verstimmt, das Zimmer verließ.

Man schüttelte den Kopf und war unzufrieden: man fürchtete, den Capitän gekränkt zu haben. Er war in der Gesellschaft sehr beliebt, denn er war ein guter Kamerad, ein vortrefflicher Erzähler und das belebende Princip des ganzen Kreises. Schon seine äußere Erscheinung nahm für ihn ein. Gedrungen und fein gebaut, glaubte man beim ersten Anblick an Kraft und Elasticität zugleich, und jede Bewegung fügte noch den Glauben an wahrhaftige und männliche Anmuth hinzu. Mit seinem unverhältnißmäßig kleinen Füßchen trat er sehr sicher, beinahe lärmend auf; aus seinem breiten Brustkasten kam eine kräftige Stimme hervor, welcher der kleine Mund etwas Weibliches gab. Weiblich war auch die helle Farbe des Gesichtes, die durch das beinahe röthliche Haar motivirt, jedoch durch den ganzen Ausdruck, besonders aber durch eine lange Narbe auf der breiten Stirn Lügen gestraft wurde. Seinem Anzuge sah man es an, daß er nicht im Ueberflusse lebte, doch erschien er immer als ein Gentleman. Was aber vorzugsweise für ihn gewann, war die Ruhe und Würde, mit der er widerwärtige Schicksale und manchmal Mangel ertrug. Wir wußten nur von ihm, daß er, nachdem er sich in Schleswig-Holstein geschlagen, nach Indien gegangen, dort der englischen Compagnie bei Regulirung des Ganges Dienste geleistet und daß er jetzt bei Ausbruch des Krieges nach der Türkei gekommen und sich um eine Anstellung in der Armee bemühte — eine Bemühung, die bis zur Stunde keine Früchte getragen. Seit er in unsere Gesellschaft gekommen, kannten wir Indien so gut, wie irgend ein anderes Land: denn Capitän von Rechberg erzählte so anschaulich, mit so viel Geist und Lebhaftigkeit, daß es eine Freude war, ihm zuzuhören, und daß er sich mit seinem Talente unser aller Dankbarkeit und Freundschaft erworben hatte. Mir persönlich war er noch werther als den Anderen, denn mich interessirten seine Mittheilungen tiefer und von anderem Standpuncte aus als dem der bloßen Neugierde; auch waren wir Zwei die gebildetsten Menschen dieser zufällig zusammengewürfelten Gesellschaft von Landsleuten und beide mehr oder weniger unbeschäftigt. Ganze Stunden und Tage trennten wir uns nicht von einander. Wir fuhren auf dem Kahn über den herrlichen Golf von Smyrna bis hinein in das romantische weiße Schloß, das den engen Eingang bewacht, oder wir wandelten unter den Palmen am südlichen Ufer auf und ab, angeweht von der lieblichen Brise, die sich an den heißesten Tagen gegen vier Uhr Nachmittags auf dem Golfe erhebt und die erschlafften Lebensgeister wieder belebt. In Capitän Rechberg's Gesellschaft fürchtete ich auch von Zeit zu Zeit einen Ausflug in die Berge nicht, obwohl sie damals durch den berühmten Maulthiertreiber und seine Räuberbande unsicher gemacht wurden; über die Ruinen des genuesischen Castelles drangen wir oft bis an den römischen Viaduct und in das Thal Homer's vor, um dort auf der durch die Tradition mit Recht oder Unrecht geheiligten Stelle mit lauter Stimme einen oder zwei Gesänge des ewigsten Gedichtes zu lesen. So hatte sich zwischen uns beiden bald eine Intimität gebildet, die es mir jetzt peinlicher machte, als allen Anderen, daß der Capitän so aufgeregt und offenbar in unangenehmer Stimmung gegen die Gesellschaft, in unangenehmster wohl gegen mich, der ich die Discussion durch meine Erzählung hervorgerufen, den Saal verlassen hatte.

Ueber den Vorfall nachdenkend — denn es schien mir, als ob der Capitän nicht ohne Grund die Sache so persönlich genommen — saß ich noch spät und allein vor meiner Flasche und mit dem Tschibuk im Munde da und beschloß, nächsten Morgen um Aufklärung zu bitten. Eben wollte ich mich erheben und mich auf meine Stube im selben Hause zurückziehen, als die Thür aufging und der Capitän wieder eintrat. Er verlangte eine Flasche Tenedoswein und setzte sich wieder mir gegenüber. Ehe der Wirth die Flasche brachte, saß er schweigend da, den Kopf in beide Händ gestützt. Man hörte durch das offene Fenster nur das häßliche Aechzen der Kameele, die an der Wand vor dem Wirthshause ange-

bunden waren und lagerten, und das melodischere kleine
Branden der Wellen des Golfes an den Balken der
zerbrochenen Landungsbrücken. — Nachdem der Wirth
die Flasche gebracht, verlangte der Capitän noch ein
Nargileh. Als auch dieses auf dem Tische stand, ging
der Capitän an die Fenster, schloß eines nach dem andern, sah sich in der dunklen Stube um und setzte sich,
nachdem er sich überzeugt, daß wir allein waren, wieder
an den Tisch, leerte ein Glas und that einen tiefen Zug
aus dem Nargileh. Dann neigte er sich zu mir hinüber
und lächelte. Aber es war ein Lächeln, das die Franzosen so bezeichnend un rire jaune nennen, ein gelbes
Lächeln.

Also, lieber Freund, sagte er so lächelnd, Sie würden
Sich mit einem Tanzmeister nicht schlagen wollen?

Lassen wir das, lieber Rechberg. Das Gespräch hat
Sie vorhin zu sehr verstimmt; warum wieder darauf
zurückkommen? Sprechen wir nicht mehr davon.

Im Gegentheil, sprechen wir davon! Wir müssen
darüber sprechen, ich bin deßhalb zurückgekommen. Es
liegt mir nichts an der Meinung der Anderen, aber mit
Ihnen will ich mich auseinandersetzen. Es handelt sich
um Grundsätze der Ehre; was hat unser einer Besseres
als die Ehre? Der Gegenstand ist wichtig, und keine
Auseinandersetzung über einen solchen Gegenstand kann
überflüssig sein. Ich muß mit Ihnen sprechen.

Nun, wenn es Ihnen eine solche Herzensangelegenheit ist, so sprechen Sie! — Aber Rechberg sprach nicht, er legte wieder den Kopf in die Hand und zeichnete gedankenlos mit dem Finger der anderen allerlei barocke Figuren mit Hülfe des vergossenen Weines auf den Tisch. Endlich sah er auf und sagte: Ich habe nicht nur theoretisch mit Ihnen zu discutiren, ich muß Ihnen auch allerlei anvertrauen und erzählen.

Gut, sagte ich, wenn Ihnen das ein Bedürfniß ist, machen Sie mich zu Ihrem Vertrauten und erzählen Sie; Sie erzählen so gut. Ich stelle Ihnen mit Vergnügen diese ganze Nacht zur Verfügung.

Aber — sagte wieder Rechberg und unterbrach sich, indem er einen tiefen Schluck aus dem Glase that — aber — aber wenn ich Ihnen erzählt habe, müssen wir uns schlagen, und zwar gleich diesen nächsten Morgen.

Dann erzählen Sie nicht! rief ich — schweigen Sie, verstummen Sie, ich will nichts hören, ich habe nicht die geringste Lust, mich mit Ihnen zu schlagen. Es wäre mir eben so unangenehm, mich um meine einzige Gesellschaft in Smyrna selbst zu berauben, als von Ihnen über den Haufen geschossen zu werden.

Rechberg sah mich mit Augen voll Freundschaft und Wohlwollen an. — Thun Sie mir den Gefallen — sagte er dann bittend — hören Sie mich an; es liegt mir daran, daß Sie wissen, mit wem Sie umgehen, und daß Sie nach meiner Erzählung urtheilen. Sie leisten mir einen wahren Freundschaftsdienst.

Zum Teufel, schrie ich ungeduldig, ich will Ihnen keinen Freundschaftsdienst leisten, wenn ich mich dafür schlagen muß. Wenn Sie diese Bedingung wegnehmen, dann will ich hören.

Das kann ich nicht, erwiederte der Capitän, das steht fest in mir, wie der heiligste Grundsatz, daß derjenige, der das, was ich Ihnen erzählen will, von mir weiß, sich mit mir schlagen müsse.

Also schweigen Sie, ich will nichts wissen! rief ich mit fast gebieterischem Tone.

In der That schwieg er und sah vor sich hin. Mit Unruhe aber bemerkte ich, daß er ein Glas nach dem andern hinunter stürzte und mit Eifer an seinem Nargileh zog, daß das Wasser im Gefäß murrte und aufkochte und Blasen und Strudel bildete, — ein Abbild der Vorgänge in seinem eigenen Herzen. Ich stand auf und reichte ihm die Hand zum Abschiede; er nahm sie aber nur um mich auf meinen Sitz zurück zu zwingen.

Hören Sie, nur zwei Worte, sagte er.

Zwei Worte, dachte ich, können nicht so gefährlich sein; sie können die tödtliche Erzählung nicht enthalten; hören wir ihm zu, es scheint ihm so viel daran zu liegen. Vielleicht wälzt er mit diesen zwei Worten eine schwere Last von seinem Herzen; ich muß sie hören, das bin ich ihm schuldig.

Der Capitän stand auf und schritt einige Male in dem weiten Saale auf und nieder! zwei oder drei Mal blieb er in einem dunklen Winkel stehen, als ob er mir den Kampf verbergen wollte, den er in sich auskämpfte. Plötzlich hielt er vor mir und sagte mit fester Stimme:

Ich bin ein Tanzmeister!

Ich war wie vom Blitz getroffen und hatte doch nur das kleine Gefühl allergewöhnlichster Verlegenheit. Ich saß vor mich hin und hatte nicht den Muth, ihn anzublicken, oder auch nur eine Sylbe zu sagen. Mit jedem Worte fürchtete ich, ihn zu beleidigen, eben so mit jeder Miene, mit einer erschrockenen sowohl als mit einer gleichgültigen oder heiteren.

Gut, sagte ich endlich, was liegt weiter daran! Mit dem einen Worte haben Sie mich bekehrt, gute Nacht!

Nein, stammelte der Capitän, setzen Sie. Sich. Sie haben nun die Hauptsache gehört; das Uebrige ist Nebensache. Jetzt müssen Sie meine Geschichte hören, da Sie die Pointe kennen, sonst bin ich Ihnen gegenüber in einer schlimmeren Lage als vorhin.

Ich setzte mich resignirt wieder hin, mit dem Gedanken, daß ihn die Erzählung beruhigen und daß am Ende aus dem Duelle doch nichts werde. Capitän v. Rechberg setzte sich mir gegenüber, trank noch einmal und begann sofort mit fester Stimme:

Ich bin der Sohn eines alten, aber verarmten adeligen Hauses im Würtembergischen; um mich mit meiner Armuth in größeren Verhältnissen unbemerkt zu verlieren, nahm ich Dienste in Oesterreich und setzte es durch, daß man mich in ein kleines Nest in Ungarn garnisonirte, wo ich halb und halb von meiner Gage leben konnte. Auf den Schlössern der Umgegend erfuhr ich viel Freundlichkeit und gewann bald Land und Leute sehr lieb. Als die Revolution ausbrach, war mir zu Muthe, als ob ich mich gegen meine eigenen Landsleute schlagen sollte und zugleich gegen meine eigene Partei; denn ich betrachtete die magyarische Revolution, und schwerlich mit Unrecht, als eine aristokratische. Aber die Ehre gebot mir, in den Reihen zu bleiben, in denen ich im Frieden gedient hatte: es wurde mir Gelegenheit gegeben, mich auszuzeichnen, und ich benutzte sie, als ein wahrer Soldat, der in Detail nicht immer an das Princip denkt. Mit dem Ende der Revolution war die Zeit gekommen, da ich den Lohn meiner Dienste, das ist Beförderung, heimtragen sollte. Aber ich verschmähte den Lohn für Thaten, bei denen mein Herz nicht betheiligt war, ich sehnte mich im Gegentheil nach einer Gelegenheit, meine innere Schuld zu sühnen. Ich verließ Oesterreich mit dem Titel Capitän und ging nach Schleswig-Holstein, um das Glück, für eine Sache des Vaterlandes gekämpft zu haben, auch einmal zu kosten. Sie wissen, wie es mit Schleswig-Holstein geendet hat. Arm und bar aller Hülfsmittel ging ich nach England, um irgend eine neue Carriere zu beginnen. Ich gab Lectionen. Einer meiner Schüler munterte mich auf, nach Indien zu gehen, wo man Ingenieurs brauchte, bei den hydrographischen Arbeiten und ter Regulirung des Ganges. Man machte mir Aussicht auf glänzendes Gehalt und versprach mir goldene Berge. Goldene Berge thaten mir im höchsten Grade noth. Meine gute Mutter, deren einzige Stütze und Hoffnung ich war, hatte den letzten Rest ihres Vermögens hergegeben, um mich während meines Aufenthaltes in Oesterreich zu unterstützen. Ich hatte diese Unterstützung angenommen, hoffend, daß ich um die Zeit, da ihr Vermögen auf die Neige ginge, einen genug hohen Grad einnehmen werde, um ihre Opfer ihr heimzahlen zu können. Damit war es nun nichts, da ich ganz dienstlos dastand, und mit Schauer sah ich die Zeit heranrücken, da meine arme Mutter dem Mangel, einem entbehrungsvollen, unglücklichen Alter hingegeben sein würde. Ich überstürzte meine Reise nach Indien und brachte nicht alle jene kostbaren Empfehlungen mit, die ich mir hätte verschaffen und die mir hätten sehr nützlich sein können. In Kalkutta angekommen, fand ich alle Stellen, auf die ich gehofft hatte, besetzt. Niemand interessirte sich für mich, und ich war nicht der Mann, mir die Theilnahme einflußreicher Menschen durch Zudringlichkeit oder Schmeichelei zu erzwingen. Das furchtbar theure Leben in Indien hatte meine kleine Baarschaft bald aufgezehrt; von der Gesellschaft war ich ausgeschlossen, weil ich nicht, wie jeder Gentleman in Indien, eine Dienerschaft von zehn oder fünfzehn Eingeborenen bezahlen konnte. Es war bald so weit gekommen, daß ich mich von den Früchten der Bäume vor der

Städt nährte. Wenn ich da hinausging, um meine tägliche Nahrung zu holen, war es mir, als ob mich die Affen und Papageien auf den Bäumen verhöhnten. In dieser schrecklichen Zeit der Noth, die ich nur überlebte, weil ich das Leben als eine Pflicht gegen meine Mutter ertrug, kamen von ihr Briefe voll unterdrückter Klagen. Zwischen den Zeilen las ich eine lange Geschichte ihrer Entbehrungen. Ich war zu Allem bereit; ich hätte mit den Sudras arbeiten und die niedrigsten Geschäfte verrichten mögen; da erfuhr ich, daß man für eine Art von Cadettenschule, die in Kalkutta besteht, einen Tanzlehrer suche und deßhalb nach Europa schreiben wolle. Mein Entschluß war gefaßt; ich berechnete, daß ich mit der Hälfte des Gehaltes leben könnte, daß die andere Hälfte meiner Mutter in Würtemberg eine nicht nur sorgenfreie, eine beinahe glänzende Existenz sichern würde. Was kümmerten mich alle Vorurtheile? Und war ich nicht in einer fremden Welt? Und Sie wissen, daß man sich in fremden Verhältnissen, abgelöſt von unserer ganzen Vergangenheit, leichter zu Dingen entschließt, die uns zu Hause und in der gewohnten Umgebung eine Unmöglichkeit scheinen würden. Zudem war das Institut ein militärisches; ich konnte mir mit der Sophistik des Unglückes und des inneren Widerstreites einreden, daß ich eigentlich in der Carriere bleibe. Habe ich nicht dumme Bauernjungens gehen gelehrt? — warum sollte ich junge Gentlemen nicht tanzen lehren? — Ich stellte mich dem

Major, dem Vorsteher des Instituts, vor und wurde angenommen, trotzdem ich ihm nicht, wie er es gern gewünscht hätte, eine Probe vortanzte. — Als ich des Abends im Tanzsaale des Institutes erschienen war, waren nicht nur die jungen Cadetten da, sondern auch ihre Müttern und Schwestern, Frauen und Töchter der Civil- und Militär-Beamten der Königin und der Compagnie. Alles wollte mit tanzen und tanzte auch mit; so war es immer gewesen, und es verstand sich von selbst, daß es auch fürder so sein sollte. — Erlassen Sie es mir, Ihnen zu beschreiben, wie mir zu Muthe gewesen ist, als ich mich hinstellen und den Jungens und den Damen die pas vormachen mußte. Als ich auf den Schlössern Ungarns mit den liebenswürdigen Magyarinnen tanzte, hätte ich es nicht geglaubt, daß der Tanz, den ich so sehr liebte, mich dereinst so tief unglücklich machen, so demüthigen, so in meinem Innersten zu Grunde richten würde. — Natürlich war ich von diesem Augenblicke an als ein professional man und als Tanzmeister von der Gesellschaft ganz und gar ausgeschlossen. Niemand ging mit mir um, als ein guter Deutscher, ein Kaufmann, der mein Unglück sah und mich bedauerte. Der gute Landsmann arbeitete, ohne mein Wissen, daran, mein Leben zu verbessern, während ich mich dumpf und stumpf darein ergab. Er besorgte die Geschäfte eines hohen Beamten, des Lord B..., und wußte diesen für mich zu interessiren und ihn glauben zu machen, daß es seine Pflicht sei, einen Adeligen und Offizier aus so demüthigender Stellung zu befreien. Nachdem ich an sechs Monate als Tanzmeister fungirt, brachte mir mein Freund plötzlich einen Brief, mit dessen Hülfe ich in Bombay bei den hydrographischen Arbeiten angestellt werden sollte. — Ich kündigte meinen Dienst und reis'te mit dem nächsten Dampfschiffe nach dieser Stadt, wo mich in der That ein freier Platz schon erwartete. Es war mir, als wäre ich von den Todten auferstanden. Die Luft der Gesellschaft schien mir wie die Himmelsluft nach jahrelanger Einkerkerung. Man wußte nichts von meiner kalkuttaer Vergangenheit, man kannte nur meinen adeligen und militärischen Titel und behandelte mich darnach. Doch blieb ich nicht lange in Bombay. Unsere Arbeiten führten uns fern von aller europäischen Gesellschaft die Küsten entlang und hier und da meilenweit in die Mündung eines Flusses hinein, in durch und durch indische Gegenden. Nach mehreren Monaten gewissenhafter Anstrengung, bekamen wir Urlaub, um die heißeste Jahreszeit in einer kühleren Gegend zubringen zu können. Wir gingen nach Agra, in dessen Nähe sich während der Sommermonate die ganze Gesellschaft der Umgegend in luftigen Häusern, im Schatten der Berge versammelt. Wir lebten dort aufs angenehmste. Jede Nacht war Reunion; man plauderte, sang, musicirte, tanzte, und the german gentleman war sehr beliebt und spielte eine Rolle, wie ehemals an den Ufern der Theiß. Man unternahm nichts ohne mich; ich war überall geladen; in allen Dingen des Geschmackes verließ man sich auf mich; ich war oberster Richter. Die Damen zeichneten mich aus; die Männer erwiesen mir Achtung, denn ich war ihnen als ein tapferer Officier und als sehr nützliches Mitglied der hydrographischen Expedition gerühmt worden. Auch hatte der Prinz Waldemar von Preußen in diesen Ländern ein so schönes Andenken zurückgelassen, daß es jedem Deutschen zu Gute kam. Mein Tanzmeisterleben erschien mir wie ein Traum, manchmal glaubte ich nicht mehr an diesen bösen Traum. Ich sollte daran glauben.

Capitän von Rechberg schwieg und athmete tief auf. Dann wischte er sich den Schweiß ab, der plötzlich auf seiner Stirn erschien, setzte das Glas an die Lippen, leerte es mit einem Zuge und versuchte, ob das Nargileh noch rauchte. Es war aber erloschen. Er warf das Rohr von sich und sah mich gedankenlos an. Ich forderte ihn nicht auf, fortzufahren, doch begann er nach einem langen Seufzer aufs Neue.

Eines Nachts war die Gesellschaft wieder in dem eigens zu diesem Zwecke aus Bambusrohr erbauten Saale zu einem Balle versammelt. Es war heute schöner als sonst, denn man feierte das Fest der Lady C..., einer ältlichen, aber sehr beliebten und einflußreichen Dame, der Jeder den Hof zu machen suchte und die mich unter ihre besondere Protection genommen. Die Damen glänzten in ihren reizendsten, wie leichtesten Toiletten; mehrere zu dem Feste zugelassene Parsi-Gentlemen und Ladies und einige pensionirte Königssöhne erfüllten den Saal mit dem Glanze ihrer Diamanten. Die Nacht war ziemlich kühl und die Lebensgeister erfrischt; an den breiten Eingängen standen Hindus und zogen die Vorhänge auf und zu, um im Saale eine angenehmere Luft-Bewegung hervorzubringen. Ich hatte eben deutsche Lieder gesungen und das Lob meines musikalischen Vaterlandes und mein eigenes mit Genugthuung hingenommen. Man sollte tanzen, und ich stand bereits neben einer jungen Dame, die mir vor allen anderen gefiel und sprach mit ihr über deutsche Musik und Poesie. Da trat ein junger Officier der Compagnie in den Saal. Ich erkannte ihn augenblicklich; es war der Lieutenant Mr. Hirsley, Sohn eines londoner Alderman und mein ehemaliger Schüler in Kalkutta. Wie er durch den Saal ging, war es mir, als ob mein Schicksal auf mich losginge. Um die gefeierte Dame des Abends zu begrüßen, mußte er an mir vorüberkommen. Ich hatte einen Augenblick die Idee, den Kopf abzuwenden, um nicht von ihm erkannt zu werden, aber etwas in mir war stärker, als dieser mein Wille, und herausfordernd starrte ich ihm entgegen. Sein Blick fiel auf mich, und mit einem durch die Nase gesprochenen „Ah, jetzt hier?" und mit einer verächtlich grüßenden Hand-Bewegung ging er, ohne irgend eine Erwiederung von meiner Seite zu erwarten, an mir vorüber. Meine junge Dame sah mich fragend und verdutzt an; ich erwiederte ihren fragenden Blick mit einem blödsinnigen Lächeln. Es wurde ihr unheimlich in meiner Nähe, und mit der Versicherung, daß sie sogleich wieder kommen wolle, stahl sie sich von mir fort zu ihrer Mutter. Ich stand starr auf demselben Flecke. Die Tanzmusik begann und weckte mich. Ich raffte mich auf, sah mich nach meiner Dame um, und da ich sie nicht neben mir fand, ging ich strammen Schrittes auf sie zu und holte sie zum Tanze ab. Ich faßte sie mit Gewalt und tanzte in einer Art von Wuth, ohne Mr. Hirsley aus den Augen zu verlieren. Da bemerkte ich, wie er sein Gläschen vors Auge steckte und mich ansah und sich dann mit einer Geberde der Verwunderung an die gefeierte Dame des Abends wandte. Nachdem ihm diese einige Worte erwiedert, lachte er laut auf und schien ihr Aufklärungen zu geben. Sie schlug die Hände zusammen und wandte sich zu der Dame, die neben ihr saß, und bald ging, wie ein Lauffeuer, ein Zischen durch den ganzen Saal, längs den Stühlen und Sophas, auf denen rings umher die Mütter und gardes des dames saßen. — Ich tanzte, als wollte ich niemals enden, aber meine Dame sank endlich kraftlos auf einen Stuhl. Sofort zischelte ihr eine Nachbarin etwas ins Ohr. Sie erblaßte, sah mich mit einem Blicke des Vorwurfes an und entschuldigte sich mit ihrer Erschöpfung, als ich wieder zu tanzen anfangen wollte. Als die

Musik verhallte, lief sie, ohne meinen Arm anzunehmen, zu ihrer Mutter zurück.

Während der Pause ging ich in dem Saale wie ein Ausgestoßener umher. Doch war es mir unmöglich, fortzugehen; es schien mir, als müßte ich diese ganze dumme Gesellschaft herausfordern, oder, wenn meine Berührung verunreinigte, wie die Berührung eines Sudra, sie verunreinigen. Kaum begann die Musik aufs Neue, als ich mich einer sehr aristokratischen Dame näherte und sie zum Tanze aufforderte.. Sie entschuldigte sich und sah bei Seite. Ich weiß nicht, was mich trieb, die Demüthigung bis auf die Neige auszutrinken; vielleicht die Lust an der Rache, welche die Ueberzeugung von ihrer Aller Beschränktheit gewährte. Ich ging von einer zur anderen und holte mir Korb nach Korb, manchmal auch einen Blick voll verachtender Hoheit. Dann erst ging ich stolz und lächelnd durch den Saal und nach Hause.

Mit Morgenanbruch, der nicht fern war, nahm ich meinen Degen und meine Pistolen und begab mich zu einem der Officiere der hydrographischen Expedition, der mir während der ganzen Zeit viel Freundschaft erwiesen hatte. Ich ersuchte ihn, mir zu folgen, da ich seiner in einer Ehrensache bedürfe. Er hüstelte zwar ein wenig verlegen, folgte mir aber doch. Wir gingen in das Haus Mr. Hirsley's, den wir auf seinem Divan ausgestreckt fanden.

Mr. Hirsley, sagte ich ruhig, ich komme, um Ihnen

zu beweisen, daß ich ein eben so guter Officier und
vielleicht ein besserer Gentleman bin, als Sie. Wir
werden uns schlagen.

Oh — gähnte er — schlagen? Ein Gentleman
schlägt sich nicht mit einem Tanzmeister!

Ich faßte ihn am Arm und riß ihn vom Divan auf:
Sie müssen!

Nein, rief er mit dem Fuße stampfend — ich werde
Sie hinauswerfen lassen.

Er hatte kaum ausgesprochen, als eine Ohrfeige auf
seiner Wange brannte. Wüthend stürzte er in das
zweite Gelaß und kam mit bloßem Degen zurück und
drang auf mich ein. Indessen hatte ich instinctmäßig
meine Waffe gezogen und wollte mich vertheidigen und
den Kampf zu einem regelmäßigen machen. Aber mein
Gegner drang auf mich ein, ohne meinen Degen zu be-
achten, und rannte wüthend in die Spitze, daß sie ihm
tief in die Brust eindrang. Eine halbe Secunde nachdem er aus dem zweiten Zimmer herausgekommen war,
lag er in den letzten Zügen vor meinen Füßen. Auf
das Geschrei, das die Diener erhoben, kamen die Officiere herbei, die in der Nachbarschaft wohnten. Nach
den Vorfällen der Nacht und nach wenigen Worten
meines Zeugen begriffen sie schnell den ganzen Hergang.
Sie beriethen sich unter einander und beschlossen, die
Sache so günstig für mich, als möglich abzumachen. Ein
alter Major näherte sich mir und sagte: Fliehen Sie!

unsere Gesetze sind strenger als die des Continents. Wir wollen Sie retten, weil Sie unglücklich und halb und halb unschuldig sind. Eilen Sie nach Kalkutta und verlassen Sie Indien; wir werden Sie nach einer andern Richtung verfolgen lassen, und der Rapport wird erst nach Ihrer Abreise in Kalkutta ankommen.

Die Offiziere thaten noch ihr Möglichstes, um meine Reise nach Kalkutta zu erleichtern und zu beschleunigen. Dort angekommen, erfuhr ich von den Vorgängen in Europa und beschloß, dem Padischah meine Dienste anzubieten. Die türkische Armee, sagte ich mir, ist nicht so wählerisch; sie macht Barbiere zu Generalen, sie wird einen Tanzmeister nicht verschmähen! und ich schiffte mich auf dem ersten Schiffe der Overland mail ein.

Glauben Sie, daß ich den Tod jenes jungen Mannes bedauerte? — Nein, ich gestehe es Ihnen offen, ich habe es nicht gethan. Ich fühlte mich im Kriege mit der ganzen Gesellschaft, mit jedem, der mich nicht als vollwichtigen ehrenhaften Mann gelten lassen will, weil ich einmal Tanzmeister gewesen. Mein ganzes Wesen geht immer geharnischt und gewaffnet einher, bereit, sich zu vertheidigen und anzugreifen — zu vernichten. Weit entfernt, durch den blutigen Ausgang jenes ersten Conflictes abgeschreckt zu sein, hat er mich vielmehr in dem Vorsatze bestärkt, nur in einem bewaffneten Frieden, wenn nicht im beständigen Kriege zu leben. Es war mir, als könnte ich mich von jenem Tanzmeister nur dadurch entfernen, nur dadurch zwischen mich und ihn einen weiten, trennenden Raum schieben, daß ich seinetwegen Thaten begehe, enorme, blutige Thaten, die mit einer Tanzmeister-Natur nichts gemein haben. Diese Gefühle, diese Ansichten sind in mir zu Grundsätzen geworden, und ich müßte mich verachten, wenn ich sie verletzte.

Doch ich muß Ihnen weiter erzählen, wie ich in diesen Grundsätzen bestärkt worden.

Auf unserm Schiffe befand sich eines der reizendsten Geschöpfe, das mir je vor Augen gekommen. Miß Abba wurde krankheitshalber in ein besseres Klima, nach Kairo, geschickt. Sie reis'te in Gesellschaft einer respectablen älteren Dame und zahlreicher Dienerschaft. Vor ihren Landsleuten, die auf demselben Schiffe reis'ten, darunter viele Offiziere, die nach der Türkei beordert waren, zeichnete sie sich durch eine überaus edle Bildung des Geistes aus und durch eine stolze Zurückhaltung, die viel schöner und wohlthuender war, als der gewöhnliche bekannte, meist zurückstoßende Stolz der Engländerinnen. Sie hatte das ganze Bewußtsein ihres Werthes und vermied den Umgang mit den Offizieren, die sich manches Mal einer zu sehr ausgelassenen Vergnügungssucht und ihren aus den Einsamkeiten Indiens mitgebrachten, nichts weniger als gesellschaftlichen Gewohnheiten hingaben. Sie war übrigens ihres Stolzes wegen schon in Kalkutta bekannt und bei den Offizieren, die dort die eigentliche

Gesellschaft ausmachen, wenig beliebt. Man hatte erwartet, sie auf dem Schiffe, in der Freiheit des Reiselebens, zugänglicher zu finden, und mancher junge Officier mag darauf stille Hoffnungen gebaut haben. In ihre Gesellschaft zugelassen zu werden, wäre schon ein Triumph gewesen; vielleicht hätte sich daraus noch ein weiterer Sieg entwickelt. Miß Abba war bei allen Vorzügen noch außerordentlich reich, und unter den Officieren mögen manche geheime Heiraths-Candidaten gewesen sein. Als man sich getäuscht sah, war man noch erbitterter gegen sie, und es schien mir, als ob sich eine stumme Verschwörung um sie bildete. Ich konnte den Inhalt dieser Verschwörung nicht ergründen, und doch spielte ich darin eine Hauptrolle. Ich war das Werkzeug, das sie sich zur Rache an Miß Abba auserwählt. Gegen mich war Miß Abba von Anfang an freundlich gewesen; in wenigen Tagen bildete sich zwischen uns ein intimes Verhältniß. Wir waren beinahe den ganzen Tag beisammen; in der Nacht spazierten wir Arm in Arm auf dem Verdeck umher; als wir in Aden anhielten und landeten, durfte ich sie durch die Stadt begleiten und ihren Ritter machen. Die Officiere mußten nothwendiger Weise eifersüchtig sein, doch ließen sie dieses weder mich, noch Miß Abba fühlen; im Gegentheil schien es mir manches Mal, als ob sie unser Verhältniß begünstigten, indem sie unser Zusammensein, zum Beispiel durch Einräumung eines Platzes neben ihr bei

Tische oder auf dem Verdeck, erleichterten. So oft ich
mich näherte, wichen alle Anderen zurück und ließen
mich allein mit ihr, besonders in der Nacht auf dem
Verdeck. Ich glaubte, es stecke hinter diesem Benehmen
nur die Absicht, Miß Abba fühlen zu lassen, daß sie
meine Bevorzugung und ihre Zurücksetzung mit Gleich=
gültigkeit hinnahmen. So glaubte auch Miß Abba.
Indessen hatten wir bald keine Aufmerksamkeit für alles
das; denn wir waren glücklich. Miß Abba sprach mir
manches Mal mit Sehnsucht von den Ufern des Rheins,
wo eine ihrer Verwandten, die Wittwe eines indisch=
englischen Generals, wohnte, die ihr aus Bonn oft über
die Herrlichkeiten dieses Stromes schrieb. In solchen
Aeußerungen glaubte ich hoffnungsreiche Anspielungen
zu erkennen, und ich träumte von einem unendlichen
Glücke im schönsten Rahmen, von einem ruhevollen,
liebeseligen Aufenthalte in einem der reizendsten Flecken
Rolandseck, Mehlem, Godesberg. An Abba's Seite
stand ich auf dem Apollinarisberge, vor dem Rolands=
bogen, auf Nonnenwerth, auf Drachenfels —

„which I should see

With double joy wert thou with me."

Nach dieser Byron'schen Citation hielt Capitän Rech=
berg wieder inne. Er fühlte, daß seine Stimme ihm
versagen würde; denn schon zitterte sie vor Aufregung
und Rührung, und er unterbrach sich lieber freiwillig,
indem er die Stirn an den Rand des Tisches legte.

Er sah ganz gebrochen und vernichtet aus, der arme Capitän. Als er den Kopf wieder erhob, hätte man glauben können, daß er einige geheime Thränen habe unter den Tisch fallen lassen; doch sagte er mit fester Stimme: Verzeihen sie, lieber Doctor, die Unterbrechung. Ich spreche von einem letzten Lächeln der Hoffnung, des Glückes und von einer Wunde, die noch blutet. Ich will rasch auf das Ende losgehen. Von Suez aus reis'te ich mit Miß Abba nach Kairo; auf diesem höchst unbequemen Wege war ihr meine Ritterschaft nothwendiger, als auf der ganzen Seereise. Als wir in Kairo ankamen, fanden wir das Hotel Oriental schon zur Hälfte besetzt von einem großen Theile der Officiere, unserer Reisegefährten. Es ging im Hotel, wie es auf dem Schiffe gegangen war, nur daß ich noch ungestörter bei Abba und daß wir beide einsamer waren. Ich machte kleine Ausflüge mit ihr durch die Stadt, in die Moscheen, in die Umgegend. Unsere Intimität wuchs von Tag zu Tage, mit dieser mein Glück. Es schien mir, daß ich der Erfüllung aller Hoffnungen und Würsche nahe stand. Mit diesem Gefühle ging ich eines Morgens zu ihr, um sie verabredeter Maßen zu einem Spazierritte abzuholen; schon warteten die Araber mit ihren Pferden vor dem Hause. Ich fand Abba's Thür verschlossen. Eine böse Ahnung durchzuckte mich wie mit hundert Messerstichen; ich fühlte, wie ich erblaßte. Ich klopfte mit Gewalt an die verschlossene Thür. Sie öffnete sich, und heraus trat zitternd und verlegen Mistreß Thankley, die Begleiterin Abba's.

Miß kann Sie nicht empfangen, Capitän! sagte sie leise und furchtsam.

Warum nicht? fragte ich mit tonloser Stimme.

Anstatt zu antworten, fragte sie hingegen: Ist es wahr, was die Officiere heute Morgen Miß Abba gesagt haben?

Was? fragte ich.

Daß Sie — daß Sie in Kalkutta Tanz-Unterricht gegeben?

Ich antwortete nicht — ich sah sie nur an.

Sie sehen ein, begann sie darauf wieder, ohne fortzufahren. Ich nickte mit dem Kopfe, und sie verschwand in der Stube. Ich stand an den Pfosten gelehnt und wundere mich, daß ich nicht zusammenbrach. Eine Bewegung im Corridor weckte mich; ich sah mich um und erblickte am äußersten Ende einen jungen Officier, der mich belauschte. Wie ein Blitz that sich mir mit einem Male das Verständniß des ganzen Vorganges, die ganze Verschwörung auf. Die Officiere kannten mich von Anfang an; sie wollten, daß sich Miß Abba mit mir compromittire; sie wollten, daß unser Verhältniß ein inniges werde, um sich dann, durch Enthüllung meiner Vergangenheit, an der stolzen reichen Erbin für ihre Zurücksetzung desto empfindlicher rächen zu können.

Mit einem Sprunge war ich an der Seite des jungen

Officiers und packte ihn an der Schulter. Aber wie ich
den beinahe knabenhaften Lieutenant vor mir stehen sah,
schien er mir meiner Rache unwürdig; auch fühlte ich
eine unbestimmte Furcht, daß er mir, wie jener Officier
in Agra, die Genugthuung verweigern könnte. Ich ließ
ihn stehen und lief in die Stube des Capitäns Lassy,
der mir immer als der Würdigste und Humanste der
ganzen Gesellschaft erschienen war. Ich setzte bei ihm
weniger Vorurtheil voraus, und er dünkte mir das wür=
digste Opfer; ich wollte dem besten aus dem Kreise meiner
Widersacher vernichten; ich fühlte mich wieder ganz und
gar in dem Kriegszustande, den ich in den letzten drei
Wochen über meinem Glücke vergessen hatte. Um es
kurz zu erzählen: ich hatte mich in Capitän Lassy nicht
getäuscht. Wir schlugen uns noch an demselben Tage
in der großen Allee von Bulak. Capitän Lassy ritt
dasselbe Pferd, welches für Abba bereit stand. Ich zer=
schmetterte ihm den rechten Arm, und er wurde ohnmächtig
ins Hotel zurückgetragen. Am nämlichen Abend verließ
ich Kairo; der Abschied von meinem Glücke war genom=
men, von Abba nahm ich keinen. In Alexandria schiffte
ich mich auf einem Lloyd=Dampfer ein und kam so hier=
her nach Smyrna. Ich weiß nichts von Abba und weiß
auch nicht, ob Capitän Lassy seine sehr gefährliche Wunde
überlebt hat. Und nun, lieber Doctor, gute Nacht, oder
vielmehr guten Morgen. Es ist drei Uhr. Gehen Sie

zu Bette und schlafen Sie, so viel Sie können. Ich muß fort; denn ich habe noch Vieles zu besorgen.

So sprechend erhob sich Capitän v. Rechberg und verließ das Zimmer, ehe ich noch Ein Wort erwiedert hatte. Den Kopf voll von seinen Erzählungen, ging ich auf meine Stube, warf mich angekleidet auf den Divan und verfiel in einen dumpfen, unruhigen, unerquicklichen Schlaf.

Nach ungefähr drei Stunden weckte mich der Smyrniote, der mich bediente, indem er mich schüttelte und mir die griechisch-türkischen Worte: Graphia, Tschelebi, Graphia! — ein Brief, Herr, ein Brief! — zurief. Ich gähnte ihn an, nahm ihm mechanisch den Brief aus der Hand und starrte lange gedankenlos auf die Adresse. Mein Kopf war so schwer, und drinnen im Gehirn war es mir so unbehaglich, als wäre es mit scharfkantigen Steinen und Steinchen angefüllt. Es war so was wie Katzenjammer, zu dem die Erzählungen und Aufregungen des Capitäns mehr beigetragen hatten, als der genossene Wein. Es bedurfte eines förmlichen Entschlusses, bis ich das Siegel erbrach, und eines weiteren Entschlusses, bis ich zu lesen anfing, und einer wahrhaften Anstrengung, bis ich mit den gelesenen Worten Begriffe verband. Nach und nach verstand ich erst, daß ich Zeilen vor mir hatte, über deren Inhalt ich staunen und erschrecken durfte. Ehe ich es wußte, war ich vom

Divan aufgesprungen und las nun mit vollkommenem Bewußtsein folgende Worte:

"Lieber Doctor! Es ist Alles geordnet. Ein Officier der deutschen Fregatte, die im Hafen liegt, Graf Mark, wird mein Zeuge sein; für Sie habe ich den Chemiker, den guten Lichtenberg, gebeten. Er wird Sie Schlag Sieben mit einem Pferde vor Ihrem Hause erwarten. Graf Mark bringt den Schiffs-Arzt mit. Für die Pistolen sorge ich. Wir finden uns um acht Uhr im Thale Homer's. Es versteht sich von selbst, daß ich den Zeugen über die Ursache unseres Duelles nichts gesagt habe. Ihr aufrichtig ergebener
v. Rechberg."

Er ist verrückt! er ist lächerlich! schrie ich auf, nachdem ich den Brief gelesen, und lief aufgeregt in der Stube auf und ab. Ich schlage mich nicht mit ihm! Wie kann es ihm einfallen, sich mit mir schlagen zu wollen, nachdem er mich so in sein Vertrauen gezogen, nachdem er wissen muß, wie ich jetzt über die Sache und über ihn denke? Er kann in seinem homerischen Thale lange warten, bis ich hinkomme, mich von ihm todtschießen zu lassen! — Nach diesem Monolog warf ich mich wieder auf den Divan und redete mir ein, daß ich die ganze Geschichte nicht berücksichtigen wolle. Aber es ließ mich nicht ruhen; ich stand wieder auf und schrieb zwei Zeilen, in denen ich den Capitän bat, mir eine Besprechung zu gönnen und zu mir herüberzukommen

oder mich zu Hause zu erwarten. Mein Smyrniote
wurde sofort mit der Botschaft abgeschickt; ich machte
mich an meine Toilette und goß mir Ströme kalten
Wassers über den Kopf, um die Nebel der Nacht zu
zerstreuen. Nach ungefähr einer Viertelstunde kam mein
Bote zurück und brachte ein Billet, das so lautete:

„Die verlangte Besprechung kann ich Ihnen nicht ge=
währen, da ich sehr beschäftigt bin, auch in einer Mi=
nute, verabredeter Maßen, auf die Fregatte muß, um
den Officier abzuholen; — sie wäre übrigens, nachdem
die Zeugen gewählt sind, gegen alle Regel. Ich weiß
ja, was Sie mir sagen können und wollen. Sie wollen
mir Ihre Achtung ausdrücken, an der ich keinen Augen=
blick zweifle; Sie wollen mir sagen, wie schmerzlich es
Ihnen ist, eine Pistole auf mich abzudrücken. Mein Gott,
wem sagen Sie das? Weiß ich nicht, wie schmerzlich es
mir ist, mich Ihnen entgegenzustellen? Aber ich muß! Sie
wissen, ich muß! und mit Ihnen mehr, als mit jedem
Anderen; denn Sie haben es laut und deutlich und vor
einer ganzen Gesellschaft ausgesprochen, daß Sie sich mit
einem Tanzmeister nicht schlagen. Ich muß den that=
sächlichen Beweis haben, daß dem nicht mehr so ist.
Ergebenst R."

Ich fluchte, ich lachte, ich schimpfte und machte
mich zu dem Ritte bereit. Es war die tollste, dümmste,
unlogischste Geschichte, die mir noch vorgekommen. Einen
Moment lang hoffte ich, daß ich die Sache noch auf dem

Kampfplatze beilegen werde; aber je länger ich darüber nachdachte, desto mehr schwand diese Hoffnung. Der Capitän erschien mir plötzlich in einem ganz anderen Lichte; er war überreizt, krank, er hatte eine Manie, er war eigentlich der Verrücktheit nahe. Es war offenbar zu einer firen Idee in ihm geworden, daß er sich mit Jedem schlagen müsse, der etwas gegen ihn oder überhaupt gegen einen Tanzmeister sage, und es war ihm eine Erleichterung, sich zu schlagen. Die Zeugen konnte ich in seine Verrücktheit nicht einweihen, — was war zu thun? Ich mußte auf irgend eine glückliche Wendung hoffen, vielleicht auf eine Rührung des Capitäns, der mir unmöglich so kaltblütig und principiell eine Kugel ins Herz jagen konnte, und zugleich mich in die Sache ergeben und sie ihren Gang gehen lassen.

Schlag 7 Uhr hielt Lichtenberg, mir und dem Capitän der Liebste unter den Landsleuten, ein bescheidener Gelehrter von den sanftesten Formen, mit zwei gesattelten Pferden vor meinem Hause. Ich schwang mich in den Sattel und wir ritten sofort dem Armenier-Viertel zu.

Was für eine sonderbare Geschichte ist das? fragte Lichtenberg.

Eine höchst dumme Geschichte, erwiederte ich, über die ich aber nicht nähere Auskunft geben darf.

Ich frage auch nicht aus Neugierde, fuhr Lichtenberg fort, sondern aus Theilnahme. Der Capitän, als er heute Morgens zu mir kam, machte mir einen so höchst eigenthümlichen Eindruck, daß ich nicht klug daraus wurde. Ich sagte mir im ersten Momente, er sehe aus wie ein Mensch, der am Vorabende eines Nervenfiebers oder einer Gehirnentzündung stehe, bis ich erfuhr, daß es sich um ein Duell handle.

Schweigend ritten wir weiter den Berg hinauf, zum genuesischen Schlosse. Hinter uns that sich der Golf mit all seiner Wunderpracht auf; links, auf der breiten Straße, die sich aus den Bergen dem Golfe zuschlängelt, zogen kleine Karawanen von Kameelen und Eseln mit Lebensmitteln der Stadt zu; die Glocken am Halse der Thiere läuteten melodisch in die reine, goldene Morgenluft hinein. Vor uns lagen die schönen grünen Berge, die wie geheimnißvolle, aber einladende Vorhänge vor den Mysterien der alten Asia anzusehen sind. Der alte Aquaduct, den man schon von fern sieht, trägt den Gedanken aus der unerquicklichen türkischen Welt in die alte, in der wir uns so heimisch fühlen, und bereitet wohlthätig die Stimmung vor für das Thal Homer's.

Am Eingange in dieses tiefe, stille Thal, dessen Ostseite noch von Schatten bedeckt war, trafen wir mit dem Capitän, dem Grafen Mark und dem Schiffschirurgen zusammen. Ich hatte schon aus der Ferne bemerkt, daß Capitän Rechberg langsam ritt, um mit seinen Begleitern nicht vor uns auf dem Kampfplatze zu sein; nun wir vereinigt und kurz vorgestellt waren, ließ er sein Pferd rascher traben und hielt auf der beschatteten Seite der Thalsohle. Wir sprangen von den Pferden, und die Secundanten besprachen sich. Ich wollte indessen auf den Capitän losgehen und mit ihm sprechen, aber er bemerkte es, drehte mir den Rücken zu und entfernte sich noch um einige Schritte mehr von mir.

Hol's der Teufel! murmelte ich und ging auf meinen Platz zurück und betrachtete den mir gänzlich unbekannten Grafen Mark. Er war ein ungefähr achtundzwanzigjähriger blonder, fürchterlich steifer Mann mit lang gezogenem, verdrießlichem Gesichte. Es schien mir, als nehme er nur mit Widerwillen an dem ganzen Vorgange Theil. Wie er auf mich zukam, um mir die Pistolen anzubieten, ging er wie auf Nadeln; seine Bewegungen, wie er sich vor mir verneigte und die Arme ausstreckte, waren eckig. Ich nahm die eine Pistole, und er trug die andere mit derselben Steifheit dem Capitän zu. Dann stellten sich beide Zeugen auf die Seite. Der Graf murmelte verdrießlich: Jetzt, meine Herren, thun Sie nach Gutdünken; die ganze Geschichte ist so unregelmäßig und so ganz gegen alle Ordnung eingeleitet und überstürzt, daß der erfahrenste Edelmann nicht wüßte, wie sich hier zu benehmen. — Aber wir standen beide in Position und Keiner rührte sich.

Schießen Sie, Capitän! rief ich endlich. — Sie haben den ersten Schuß, Sie sind der Beleidigte!

Ich der Beleidigte? rief der Capitän zurück, während eine tiefe Röthe sein Gesicht überflog. — Ich bin nicht im Geringsten beleidigt. Sie sind der Geforderte, Sie haben den ersten Schuß.

Auf diese Worte trat der Graf Mark wieder vor und stellte sich zwischen uns. — Meine Herren, sagte er mit einer beinahe verletzenden Verdrießlichkeit, was soll das alles bedeuten? Es ist gegen alle Regel, daß die Zeugen die Ursachen eines Duelles nicht kennen sollen. Ich habe diese Regel auf die Bitte des Capitäns einen Augenblick lang vergessen wollen, aber Ihre Worte, die auf dem Kampfplatze ebenfalls gegen alle Regel und Gesetze der Ehre sind, erinnern mich wieder daran. Wie sollen die Zeugen entscheiden, wenn sie nicht wissen, um was es sich handelt? Ich fordere Sie auf, meine Herren, mich die Ursachen Ihres Duelles kennen zu lehren.

Herr Graf, sagte ich, das ist unser Geheimniß.

Wenn Sie nicht sprechen, sagte der Graf darauf mit einem spöttischen Achselzucken, muß ich voraussetzen, daß Sie Sich der Mittheilung schämen und daß es meiner unwürdig ist, hier den Zeugen zu spielen. Ich werde mich zurückziehen.

Der Graf schien in der That geneigt, sich wieder seinem Pferde zu nähern, und winkte schon dem Schiffs-arzte. Der Capitän beobachtete ihn mit glühenden Augen, war blaß und zitterte an allen Gliedern. Ich erschrack bei seinem Anblick; er schien mir seit gestern um zehn Jahre gealtert. Sein Blick hing starr und doch irre am

Grafen, und er schien einen heftigen inneren Kampf durchzumachen. Endlich riß er sich von dem Platze, auf dem er wie eingewurzelt stand, und trat mit wenigen heftigen Schritten auf den Grafen zu, den er am Arm faßte.

Ich will es Ihnen sagen, stammelte er in höchster Aufregung — dieser Herr soll mir beweisen, daß er sich mit einem Tanzmeister schlagen könne.

Tanzmeister? fragte der Graf erstaunt, wer ist hier Tanzmeister?

Ich, Herr Graf, ich bin ein Tanzmeister! schrie der Capitän, indem er sich mit beiden Fäusten auf die Brust schlug und dem Grafen herausfordernd unter das Gesicht sah, so nahe, daß dieser den Kopf zurückzog.

Tanzmeister? wiederholte der Graf gedehnt und fügte dann durch die Nase sprechend hinzu: Graf von Mark ist nicht der Zeuge eines Tanzmeisters.

Der Graf wandte sich um zu gehen, warf aber noch eine vornehmen Blick auf den Capitän zurück. Mr. Hirsley! rief dieser, bei Gott, er sieht aus, wie Mr. Hirsley! Er war außer sich. Ich warf die Pistole hin und faßte den Arzt am Arme, um ihn zum Capitän zu ziehen, es war mir, als wäre hier ärztliche Hülfe am Platze.

Bleiben Sie, schrie indessen der Capitän dem Grafen zu, oder ich schieße! — Dieser stand einen Augenblick still und maß ihn mit vernichtendem Blicke. Der Capitain lachte laut auf, und in demselben Augenblicke, da ich auf ihn losstürzte, erscholl ein Schuß, und der Capitän lag mit zerschmettertem Hirne vor meinen Füßen. Er hatte sich in der Verzweiflung oder im Wahnsinn selbst das Leben genommen.

Er liegt an derselben Stelle, im Thale Homer's begraben.

II.

Fritz! Fritz!

Hauptmann von Lindblatt erzählt:

Mein Vater ist ein sehr praktischer Mann. Ich habe meine Urlaubszeit nicht ein einziges Mal auf seinen Gütern zugebracht, ohne daß er meine Kenntnisse benutzt hätte. Ich mußte ihm als Ingenieur, Architekt, Feldmesser, kurz, als alles dienen, als was ein unglückseliger Genieofficier überhaupt dienen kann. Aber wenn er praktisch ist, so ist er nicht minder freigebig; die Dienste, die ich ihm während meines letzten Urlaubs geleistet, hat er mir mit dem englischen Fuchse bezahlt, um den mich das ganze Regiment beneidet. Ich will nicht erzählen, wie ich dieses herrliche Thier verdient, sondern wie ich bei Gelegenheit der Geschäfte, die mir mit dem Fuchse bezahlt wurden, mit einem verschollenen, unglück=

seligen Cameraden zusammen kam und welches die Ge=
schicke dieses verschollenen Kameraden gewesen.

Mein Vater ist bei der Zweigbahn, welche durch die
Wälder bis an die Gränze geführt werden soll, mit
seinen Capitalien wie mit der Zukunft eines Theiles
seiner liegenden Güter interessirt. Er hat sich darum in
den Verwaltungsrath wählen lassen und widmet sich der
Angelegenheit nach besten Kräften. Es sollte eine vor=
bereitende Zusammenkunft Statt finden, und mein Vater,
um die Rapporte des Ingenieurs beurtheilen zu können,
wünschte, daß ich die betreffende Gegend bereise und ihm
meinerseits einen übersichtlichen Rapport abfasse. Zu
diesem Zwecke stieg ich mit meinem Burschen zu Pferde
und beritt in kleinen Tagemärschen den ganzen Strich
zwischen dem Aufenthalte meines Vaters und der Gränze.

Der Ausflug hatte verdammt wenig Unterhaltendes.
Kiefernholz, kleines Hügelland, platte Thäler; oft Stun=
den weit kein Dorf zu finden; stupide Bevölkerung,
schlechtes Essen und gar kein Wein: dies die ganze
Reise. Eines Tages, während es langweilig und ver=
drießlich vom Himmel herab regnete oder nebelte — es
war nicht zu unterscheiden, welches von Beidem Statt
fand —, kam ich in eine Gegend, von der eben so schwer
zu entscheiden war, ob sie den Namen eines Thales
oder einer Ebene, einer Wüste oder eines bebauten
Landes verdiene. Die Kiefern standen hier in Gruppen,
dort einzeln, bald fern, bald nahe von einander über die

ganze Gegend zerstreut, daß man eben so wenig wußte, ob man sich in einem Walde oder in einem offenen Gefilde befand. Es war Alles so unentschieden, neutral, charakterlos. Unter einer Gruppe von Kiefern stand eine Art von Wirthshaus, wahrscheinlich eine Schmuggler-Herberge, da wir der Gränze sehr nahe waren, und ich kehrte daselbst ein, da ich bis auf die Haut durchnäßt und es nothwendig war, daß ich gerade diese Gegend bis ins Einzelnste durchforschte.

Eine freundliche Frau, deren Anzug, wie deren Benehmen ich es ansah, daß sie nicht immer in solcher Oede gelebt hatte, empfing mich und gab sich alle Mühe, mir es in der zweiten Stube ihres Hauses möglichst angenehm zu machen. Mein Bursche verrieth ihr bald meinen Reisezweck, und da sie sich von der Eisenbahn alles mögliche Glück und Reichthum und Belebung dieser Einöde versprach, so war ich ihr ein doppelt willkommener Gast. Sie war außerdem jung, das ist ungefähr dreißig Jahre alt, hübsch, von angenehmen Manieren und — allein, mutterseelen-allein! Ihr Mann war im Oesterreichischen, Kinder hatte sie nicht, und der Knecht arbeitete irgend wo im Walde.

Nach den einsamen Tagen war es mir lieb, zu jemand Anderem zu sprechen, als zu meinem Burschen, und endlich einmal eine andere Antwort zu erhalten, als: Zu Befehl, Herr Hauptmann! und gern vergaß ich die eigennützigen Absichten, die sich offenbar hinter den

freundlichen Worten meiner Wirthin verbargen. Wir
plauderten kaum ein halbes Stündchen zusammen, als
sie schon auf eine vortheilhafte Expropriation anspielte
und bald darauf bemerkte, daß sie wie gemacht wäre,
hinter dem Buffet eines Bahnhofes zu stehen, wenn ein
solcher in hiesige Gegend käme und wenn ein einfluß=
reiches Mitglied der Eisenbahn=Gesellschaft sie empfehlen
wollte. Dabei sah sie mich mit einem höchst coquetten
Lächeln an. Dieses Lächeln sagte es mir aber so deut=
lich, als die gleich darauf folgende Versicherung, daß sie
zu was Höherem geboren sei, als so ihre Zeit in einem
einsamen Wirthshause im Walde, unter ungebildeten
Menschen, oder vielmehr ganz ohne Menschen, zu ver=
trauern — und daß sie auch schon in der That in der
Welt und mit hohen Herrschaften gelebt habe. -- Ich
ahnte es längst, daß ich es mit einer ehemaligen reizen=
den Kammerkatze zu thun hatte, und fühlte mich, wie
ich so am Sparheerde der ersten Stube, meine Cigarre
rauchend, vor ihr stand und ihr zusah, wie sie mir einen
Pfannkuchen bereitete, bei diesem Mitgliede einer mir
befreundeten und sehr bekannten Classe gewißer Maßen
heimisch. Gemüthlich wurde es, als ich mein Mittag=
essen an einem reinlich gedeckten Tischchen einnahm und
meine Wirthin, der Einladung folgend, mir gegen=
über saß und mich mit kammerkatzenhafter Anmuth be=
diente.

Nach Tische — es war schon ziemlich spät Nach=

mittags — war Tilda, meine Wirthin, damit beschäftigt, mir ein bequemes, weiches Bett zu bereiten, denn ich hatte mich bereden lassen, die Nacht hier zuzubringen. Ich stand rauchend am Fenster und sah in die beschränkte, unerquickliche Gegend hinaus. Das Wetter hatte sich mittlerweile etwas aufgeklärt. Es regnete zwar, aber der Nebel war gefallen, und man konnte die ganze Gegend überschauen, zumal die Abendsonne eine letzte Anstrengung machte, von Zeit zu Zeit mit einem rothen Strahle die feuchte Atmosphäre zu durchdringen. Ich entdeckte, hinausstarrend, gerade mir gegenüber und ungefähr sechs- bis siebenhundert Schritte vom Wirthshause, eine Art von Herrenhaus. Es lag am Fuße einer sehr unbedeutenden Hügelkette, die rechts und links von geackerten oder Stoppelfeldern bedeckt war. Nur in der Nähe des Hauses erhob sich einiger Baumschlag. Vom Hofe aus lief eine kleine Pappel-Allee dem Wirthshause zu, brach aber in der Mitte der Ebene ohne allen Abschluß ab. Rechts und links standen ordnungslos einige Kiefern, die sich melancholisch und leise bewegten. Hinter dem Herrenhause, den Hügel hinauf, erstreckte sich ein kleiner Park, aus dem ein hölzernes Lusthaus mit abgewaschenem, ehemals grünem und halb verfaultem Schindeldache herausblickte. Eben so verwaschen und verfault schienen die zahlreichen Jalousieen des Hauptgebäudes, die sämmtlich geschlossen waren, bis auf zwei, welche lose in ihren Angeln hingen,

Unter diesen geöffneten Jalousieen des ersten Stockes stand noch eine kleine Thür offen, während das Hauptthor geschlossen war. Vor diesem an einer Kette lag ein durchnäßter Pudel, der sich von Zeit zu Zeit schüttelte und dann in den nassen Abend hinausheulte. Während ich hinsah, kam ein schlanker Mann in einem bis unter's Knie zugeknöpften Oberrocke an ihm vorüber. Bei seinem Herannahen verstummte das Thier und verkroch sich furchtsam in einen Winkel des Thores und stand erst wieder auf, als der Mann in dem Dunkel der geöffneten Thür verschwand, die sich hinter ihm schloß. Der Hund fing nicht wieder zu heulen an, und eine unheimliche Stille lag auf der ganzen Behausung. Nirgends war eine menschliche Seele zu sehen, und mir war, als thäte mir der Anblick dieses Hauses wehe, oder als machte er mir kalt, denn es fröstelte mich, und ich schüttelte mich unwillkürlich.

Frau Tilda, sagte ich zu meiner Wirthin, die eben ein Kopfkissen durch's Zimmer trug — Frau Tilda, wem gehört das einsame Haus?

Herrn von Notting.

Herrn von Notting? von Notting? ich kenne diesen Namen nicht.

Glaube wohl, erwiderte Tilda, indem sie mich schelmisch mit ihren kleinen braunen Augen ansah, und ging rasch vorüber, als ob sie jeder weiteren Frage ausweichen wollte. Aber sie mußte bald doch wieder durch die

Stube, und ich fragte aufs Neue: Herr von Notting ist wohl ein armer Edelmann?

Arm? fragte Tilda zurück, warum arm?

Das Haus sieht so ärmlich und verfallen aus, als hätte der Besitzer nicht die Mittel, es ordentlich im Stande zu halten.

Das ist wahr, es sieht elend aus, aber Herr von Notting ist nicht arm, im Gegentheil, reich, sehr reich!

Also ist er ein Geizhals?

Nein, Herr Hauptmann, geizig ist Herr von Notting auch nicht; man könnte ihn eher einen Verschwender nennen, denn er kümmert sich nicht im Geringsten um sein großes Geld, das er, Gott weiß wo, irgend in der Hauptstadt stehen hat. Da ist irgend ein Mann, der das alles verwaltet, wie es ihm beliebt, und Herr von Notting läßt Alles gehen, wie es Gott gefällt.

Sie scheinen sehr eingeweiht in die Angelegenheiten dieses Hauses?

Ich war ja zwei Jahre Kammermädchen der gnädigen Frau, sagte Tilda mit einigem Stolz, während sie meine Hand von ihrem Kinn entfernte.

Herr von Notting ist also verheirathet?

Ja, und nein! wie Sie wollen! rief Tilda, machte sich los und lief zur Thüre hinaus. Diese problematische Antwort und die Art, wie sie gegeben ward, machte mich neugierig und gab dem sonderbaren unheimlichen Hause da drüben noch ein besonderes Interesse.

Ich nahm meine Mütze, ging hinaus und wollte geraden Weges auf das einsame Haus los schreiten. Aber da war nirgends ein Weg, nicht der schmalste Fußpfad, der dahin geführt hätte; so ging ich gerade über ein brach liegendes Feld, über aufgeweichten Grund, dem Anfang der Allee zu. Ich war erstaunt, daß sich auch hier nirgends ein gebahnter Weg anschloß, und, als ich näher zusah, daß die Allee selbst von hohem Unkraut und Gestrüpp angefüllt war. Mein Gott; dachte ich, so würde Ovid die Wege zur personificirten Ungastlichkeit beschrieben haben — oder auch, dachte ich weiter, zum Unglück, das die Freunde verlassen, zur Verlassenheit.

Tempora si fuerint nubila solus eris.

Doch folgte ich der Allee; meine hohen Kanonenstiefeln erlaubten mir, dem Gestrüpp wie dem nassen Unkraut Trotz zu bieten. So kam ich bis an den Eingang in den Hof; der Hund bellte mich an, und da ich mich nicht berechtigt hielt, einzudringen, ich auch keine Lust verspürte, die Bewohner näher kennen zu lernen, so schlich ich längs der Mauer, die Haus und Hof umschloß, weiter, nach rechts, bog links ein und folgte der Mauer, die sich den Hügel hinaufzog. Auf einer gewissen Höhe lag sie in Ruinen; mit Einem Schritte hätte ich sie überschreiten und in den gartenähnlichen Raum bringen können, der das Haus rückwärts vom Parke trennte. Aber ich begnügte mich mit dem Anblick aus der Ferne, mit dem traurigen Schauspiel der Verfallenheit.

Zwischen dem Hause und dem Parke dehnte sich ein großer, durch die Kunst geebneter Raum. In der Mitte gähnte ein weites, rundes Bassin, dessen steinerne Einfassung von grünen Moosen bedeckt war, in dessen Tiefe mehrere von einander getrennte Wasserlachen auf schwarzem Grunde glänzten. Die künstlich aufgehäuften Steine in der Mitte des Bassins waren zum Theil auseinander gefallen, und die Röhre, aus der ehemals ein Wasserstrahl gesprungen, stak schief in den Steinen und drohte ganz zu fallen. Die vielgestaltigen kleinen Blumenbeete, die in verschiedener Entfernung vom Bassin und vom ehemaligen großen Springbrunnen den großen Sandplatz belebten, waren blumenlos; hier und da stak noch ein Stock, der ehemals eine Blume gestützt hatte, mit dem Namen der Blume auf einem verwischten Etiquetten-Täfelchen. Die Tarus-Einfassungen der Beete waren wild geworden und hatten alle Form verloren. Selbst der Sand, der ehemals die Grenze zwischen den Beeten bedeckte, war zum größten Theile verschwunden, vom Winde verweht; nur die gröbsten Kiesel waren liegen geblieben, und der Boden sah überall nackt und schwarz hervor, dabei uneben und vom Regen ausgehöhlt. Am Hause vor der Thür, die auf die Terrasse führte, standen zwei große Holzkübel, in denen einst Orangenbäume gewurzelt haben mochten; die eisernen Reifen an denselben waren verrostet und von ihrer Stelle tiefer hinabgerutscht, und die Dauben klafften oben auseinander. —

Das Haus selbst sah, die drei Treppen, die auf die Terrasse führten und das blecherne Dach darüber abgerechnet, von rückwärts eben so aus, wie von vorn. Auch hier waren sämmtliche Jalousieen der drei Stockwerke geschlossen, mit Ausnahme zweier, die sich hier ebenfalls über einer kleinen, in den Garten führenden Thür befanden.

Wie eine Ironie blickte auf diese ganze verfallene, verlassene, wüste Welt vom Friese des Daches eine Inschrift herab, die mit ihren vergoldeten Bronze-Lettern allein frisch und lebend aussah und so lautete: Beatus ille! — Ueber einem Grabe wäre dieser Anfang der Horazischen Ode besser am Platze gewesen, als über dieser Wohnung lebender Menschen.

Während ich noch dastand, wurde oben im ersten Stocke ein Licht entzündet, und der Schatten eines weiblichen Kopfes zeichnete sich regungslos in der Fensternische ab. Wie lange ich ihn auch betrachtete, ich konnte nicht klar darüber werden, ob er einem jungen oder einem alten weiblichen Geschöpfe angehörte; dabei hatte seine gebeugte und starre Haltung etwas Gespensterhaftes, als wäre es der Schatten eines sitzenden Todten. Ich hatte genug und sehnte mich in meine Herberge zurück, wie nach meiner Heimat, wie nach einem warmen, gemüthlichen Orte.

Als ich dort ankam, war es schon ziemlich dunkel; Frau Tilda, meine Wirthin, wollte eine auf dem Tische bereit stehende Lampe anzünden; ich bat sie aber, sich mit der Beleuchtung zu begnügen, welche die im Kamine flackernden Kienspäne röthlich und bewegt über die halbdämmernde Stube verbreiteten. In jener ehemals slawischen Gegend nämlich sind noch die Kamine üblich, die sich ungefähr eine kleine Mannshöhe über dem Boden in der Wand befinden, überdeckt von einem gemauerten Mantel, der sich spitz zulaufend bis an die Decke erhebt In diesem Raume hatten die alten Slawen ihre Hausgötter, Jibliki genannt, eine Art Laren, vor denen des Abends ein heiliges Feuer brannte. Die Götter sind verschwunden, aber der Kerb oder Kamin ist geblieben und mit ihm die heilige Flamme, um die man sich des Abends sammelt, um zu spinnen und zu plaudern. Ich schob eine Bank hin und lud meine Wirthin ein, sich zu mir zu setzen.

Ich habe mir das Haus des Herrn v. Notting in der Nähe betrachtet, sagte ich, es sieht aus, wie eine Wohnung des Unglücks.

Ja, ja, antwortete Tilda, es gibt solche Häuser — ich könnte Ihnen da eine schöne Geschichte aus Thüringen, aus meiner Familie erzählen. . . .

Ich zweifle nicht, liebe Tilda, daß Ihre Familiengeschichte höchst anziehend ist, aber ich gestehe es, ich wäre Ihnen dankbarer, wenn Sie mir die Geschichte des Notting'schen Hauses erzählen wollten; die Wohnung

selbst und Ihre Geheimthuerei haben mich neugierig ge=
macht... erzählen Sie, meine reizende Wirthin.

Bitte, lassen Sie — so, da sitzen Sie bequemer.
Wenn ich hier am Feuer sitze, muß ich immer erzählen,
das geht gar nicht anders, man ist so gewohnt daran.
Aber eben weil ich fürchte, daß ich von Notting's sprechen
könnte, will ich was Anderes erzählen.

Gut, erzählen Sie Ihre Familiengeschichte, sagte ich,
hoffend, daß wenn sie erst im Zuge und warm geworden,
sie auch meine Neugierde befriedigen werde.

Sie sagen, Herr Hauptmann, begann die Wirthin,
daß das Haus dort wie eine Wohnung des Unglücks
aussehe; ich sage, es gibt solche Wohnungen, aber ich
sage auch, daß das Unglück keine feste Wohnung habe
und aus= und einziehe und die Wohnung wechsle wie
die Menschen und mit den Menschen.

O, wie philosophisch! rief ich lachend.

Was? wie so? was ist es? fragte Tilda stutzend.

Nichts, bitte, fahren Sie fort.

Ich bin nicht immer Wirthin einer kleinen Herberge
gewesen, sagte Tilda, vorher war ich Kammerjungfer,
aber auch dies war nicht meine eigentliche Bestimmung.
Ich stamme aus Thüringen, von der Saale, und bin aus
sehr guter Familie. Noch mein Urgroßvater war ein
sehr reicher Mann. Er hatte ein Gut, unweit von Jena,
und mitten in seinen Feldern ein großes, schönes Haus.
Wäre er von Adel gewesen, man hätte es ein Schloß

genannt. Von dem Hause wußte mir meine Großmutter
viel zu erzählen; es war so groß und hatte so viele
Gänge und dunkle Winkel, und die Wohnstuben waren
so hoch, daß man die Decken nie schauen konnte und daß
da oben immer Spinnweben hingen. Aber glücklich war
meine Familie in diesem Hause nicht; ganz im Gegen=
theil, es ging Alles schlecht und schief. Der Vater meiner
Großmutter bekam die Gicht, sein Weib die Herzkrank=
heit, und von den neun Kindern hatte immer eines oder
das andere etwas zu klagen. Zwei erblindeten in den
Blattern. Urgroßvater und Urgroßmutter, die sich aus
reinster Liebe geheirathet hatten, wurden verdrießlich; sie
warfen einander ihr Unglück vor, und während die
Kinder weinten, zankten die Eltern. Dazu kam der Krieg,
der die Felder verheerte, dann Mißwachs, dann ein
Diebstahl, kurz, alles, was einen armen Familienvater
unglücklich machen konnte. Es wurde immer trüber und
trauriger im Hause. Eines Tages, da der Alte, man
kann wohl sagen, der alte Herr, mit seiner Gicht im
Lehnstuhle lag und eben noch vor Schmerzen kein Glied
bewegen konnte, sprang er plötzlich auf und rief: Ich
hab's! Niemand, Keiner von uns ist an dem Unglück
schuld; es ist das Haus; in diesem Hause wohnt das
Unglück. Wir müssen fort aus diesem alten Hause, und
Alles wird besser gehen. — Er rief das, als hätte er
eine Offenbarung gehabt, und der ganzen Familie leuch=
tete die Wahrheit seiner Worte ein. Alles freute sich,

das Unglückshaus zu verlassen. Der alte Papa machte sich sogleich auf, setzte sich auf sein Pferd und durchstrich die Gegend, fest entschlossen, das erste, beste Haus, das sich ihm biete, zu miethen. So that er auch. Ungefähr eine halbe Stunde weit von seiner bisherigen Behausung miethete er eine Art Meierei, die zwar klein, aber ganz lustig und gemüthlich aussah. Die ganze Familie machte sich aus Packen und Aufladen, und ein Wagen nach dem anderen trug die Habseligkeiten nach der neuen Wohnung zu. Mein Vater, so erzählte meine Großmutter, sah mit Vergnügen, wie die Wohnung immer leerer wurde, und dachte auch gar nicht daran, sie jemand Anderem zu vermiethen, denn er war ein guter Mensch, der Niemanden zumuthen wollte, in das Haus des Unglücks zu ziehen. Ich erinnere mich ganz gut, wie es schon so hohl klang in den ausgeleerten Räumen und wie man Echo's entdeckte, wo früher keine waren. Endlich waren wir fertig. Vater, Mutter, neun Kinder, Jeder noch mit irgend etwas beladen, verließen alle zusammen und froh das Haus. Wir standen vor der Thür und sahen zu, wie der Vater den Schlüssel in das Schlüsselloch steckte und ihn wie mit Schadenfreude stark und rasch herumdrehte, um das Haus für immer zu schließen. Wir glaubten, es sei Alles fertig, als in dem Augenblicke, da er den Schlüssel herausziehen wollte, eine hohle und klagende Stimme aus dem Inneren des Hauses erscholl, und die rief: Nehmt das Unglück mit! Nehmt das Unglück mit!

Meine Wirthin schwieg und schüttelte sich.

Nun, und was ist weiter geschehen? fragte ich.

Nichts ist geschehen; sie haben einfach das Unglück mitgenommen. Bin ich nicht Kammerjungfer geworden? Meine Großmutter erzählte mir die Geschichte, als ich in die Fremde und in den Dienst mußte, um mir die Nothwendigkeit begreiflich zu machen und mich zu trösten.

Aber, rief ich, das ist ja eine Geistergeschichte, ich habe förmlich Angst.

Sie müssen darum doch nicht so nahe rücken; wenn Sie befehlen, zünde ich die Lampe an.

Nein, lassen Sie das; diese Beleuchtung paßt besser zu Geistergeschichten; ich bin überzeugt, daß Sie mir solche auch vom Hause des Herrn von Notting erzählen könnten: es sieht gerade so aus, als ob es darin spukte und umginge.

Tilda seufzte und schwieg.

Ich habe also errathen? fragte ich weiter.

Ach ja, seufzte Tilda wieder, es geht dort ein böser Geist um.

Bitte, erzähle, meine liebenswürdige Wirthin.

Herr Hauptmann, flehte Tilda, haben Sie die Güte und dringen Sie nicht in mich. Ich gestehe es, ich bin schwach und habe den Herren vom Militär nie etwas versagen können.

Nun, ich habe bereits vierzehn Jahre Dienstzeit.

Ja, lachte Tilda, warum haben Sie nicht Ihre

Uniform mitgebracht? Sie sind in Civil, das rettet mich, und ich werde mein Wort nicht brechen und schweigen.

Ah bah! — sagte ich ungläubig, du thust, als wüßtest du was, und weißt nichts und berufst dich darum auf mein Civil.

Herr Hauptmann, sagte Tilda beleidigt, indem sie stolz den Kopf erhob, ich bin zwei Jahre im Notting'schen Hause Kammerjungfer gewesen, und Sie werden zugeben, daß eine Kammerjungfer nach zweijähriger Dienstzeit die Vergangenheit und Gegenwart, vielleicht auch die Zukunft ihrer Herrschaft besser kennt, als ihre eigene.

Das ist wahr, sehr wahr, sagte ich begütigend.

Wenn ich schweige, und selbst einem Herrn vom Militär gegenüber schweige, so ist weniger, fuhr Tilda eben so stolz fort, Ihre Civilkleidung, als meine angeborne Dankbarkeit der Grund. Ich bin Herrn von Notting Dank schuldig. Als ich mich in seinem Hause langweilte, sehr langweilte, nahm ich die Bewerbungen meines jetzigen Mannes bereitwillig entgegen. Aber aus der Heirath wäre doch nichts geworden, wenn Herr von Notting mir nicht eine Mitgift von tausend Thalern gegeben hätte, die dazu diente, dieses Haus schuldenfrei zu machen und uns einzurichten. Ich gebe dir diese tausend Thaler, sagte Herr von Notting zu mir, unter der Bedingung, daß du nichts verräthst von all dem, was du über unsere Vergangenheit erfahren, und daß du meinen eigentlichen Namen nicht ausplauderst. Darf ich da sprechen? — sagen Sie selbst, Herr Hauptmann, Sie sind Soldat, wenn auch in Civil, was eigentlich nicht erlaubt sein sollte, daß die Herren vom Militär in Civil gehen. Ich habe durch Herrn von Notting einen Mann bekommen, und dafür ist man immer dankbar. Sie scheinen zwar nicht zu glauben, daß ich meinen Mann liebe, aber ich achte ihn. Ich habe einmal gelesen: Liebe ohne Achtung kann nicht bestehen, aber Achtung ohne Liebe kann bestehen. Ist das nicht sehr wahr?

Sehr wahr, sehr wahr, murmelte ich.

Was würden Sie vorziehen, Herr Hauptmann, wenn Sie nicht Beides zugleich haben können: eine Frau, die Sie lieben, aber nicht achtet, oder eine Frau, die Sie achtet, aber nicht liebt?

Je nach Umständen — sagte ich gähnend.

Was meinen Sie?

Wenn die Frau häßlich ist, mag sie mich achten; wenn sie hübsch ist, thäte sie besser, wenn sie mich liebte.

Erklären Sie mir das gefälligst, bat Tilda, der Gegenstand interessirt mich sehr lebhaft.

Frau Wirthin, sagte ich verdrießlich, wozu soll das Philosophiren? Sie wollen wohl, daß ich zu Bette gehe: ich bin bereit, denn ich bin schläfrig.

Aber die Wirthin rührte sich nicht. — Sie sind verdrießlich, sagte sie, nachdem sie mich mit einem vorwurfsvollen, aber wohlwollenden Blicke betrachtet hatte; Sie vergeben mir meine Charakterstärke nicht; so sind die Herren. Ich sehe auch ein, daß es unpassend ist, die Neugierde eines Reisenden nicht zu befriedigen, denn wozu sind wir da, wir armen Wirthinnen? Aber ich kann leider nicht anders handeln. Wissen Sie was, Herr Hauptmann, ich will Ihnen erzählen, wie es im Notting'schen Hause hergeht, was ich da gesehen habe; das gehört der Gegenwart an, und ich bin nur für die Vergangenheit und für das Verschweigen des eigentlichen Namens des Herrn von Notting gebunden.

Wie Sie wollen, sagte ich und setzte mich wieder. Tilda rückte näher und sagte: Sie haben gut gesehen. In dem einsamen Hause wohnt das Unglück! Wissen Sie, nicht so ein Unglück, über das man weinen möchte, sondern ein so schauderhaftes Unglück, das einen kalt macht. Stellen Sie Sich vor! Herr von Notting und die gnädige Frau sehen einander niemals, obwohl sie dasselbe Haus bewohnen. Er wohnt vorn im Hause, sie rückwärts; jedes hat seine eigene Treppe und seine eigene Hausthür. Sie haben genau bestimmt, wo jedes spazieren dürfe, damit sie einander nur nicht begegnen. Die gnädige Frau geht nur im Parke spazieren, der gnädige Herr nur im Hofe und in der Allee vor dem Hofe. So sind sie immer durch das Haus getrennt.

Sie führen auch getrennte Wirthschaft und essen nie an demselben Tische. Der Bediente des gnädigen Herrn und die Kammerjungfer der gnädigen Frau dürfen sich nur heimlich sehen, und es ist dem Bedienten verboten, von der gnädigen Frau, und der Kammerjungfer, vom gnädigen Herrn zu sprechen. Es werden auch keine Besuche angenommen und keine Zeitungen gehalten; selten daß ein Brief ankommt; dies geschieht höchstens zwei bis drei Mal im Jahre, und dann ist der Brief immer an Herr von Notting gerichtet und kommt von seinem Intendanten. Die gnädige Frau bekommt nie einen Brief, als ob sie in der ganzen Welt nicht Einen Verwandten, nicht Einen Freund hätte. Es ist möglich, daß doch manchmal ein Brief an sie kommt, aber dann läßt ihn wahrscheinlich Herr von Notting durch seinen Bedienten, der allein auf die Post gehen darf, auffangen. Uebrigens scheint die gnädige Frau gar keine Lust zu haben, etwas von der Welt zu erfahren. — Denken Sie, Herr Hauptmann, welch ein schreckliches Leben für die Dienerschaft, die keine Ursache hat, sich vor der Welt zu verbergen, und doch von Zeit zu Zeit etwas Neues hören möchte. Es ist wahr, man ist vortrefflich bezahlt, wie nirgends, aber was nützt das, man ist doch ein Mensch! Ich wäre nie in das Haus gegangen, wenn ich gewußt hätte, wie es da hergeht. Ich lernte die gnädige Frau in einem kleinen Bade hier im Gebirge kennen, wo ich eben meine Herrschaft verloren hatte. Sie hatte war eine Kammerjungfer, die sie schon seit ihrer ersten Heirath bedient . . . .

Sie ist also zum zweiten Male verheirathet? fragte ich.

Ja, Dummheit, ich habe mich verplaudert, das habe ich nicht sagen wollen — also die alte Kammerjungfer will sie nicht mehr bedienen und will selbst bedient sein und die gnädige Frau spielen; darum nahm man mich und behielt auch die alte, die man nicht fortschicken kann und die ein schreckliches Geld sammelt. Sie macht jedes Jahr eine Reise und bleibt aus, so lange sie will, und wenn sie kein Geld mehr hat, kommt sie wieder und sammelt für eine neue Reise. Man sagt, daß sie in B . . einen Geliebten hat, mit dem sie an den Rhein in die Bäder oder nach Italien geht. Die gnädige Frau läßt sie gern reisen, denn wenn sie hier ist, mißhandelt sie die arme Dame und läßt sich ihre üble Laune mit schwerem Gelde abkaufen. Das alles kommt daher, daß sie mit der gnädigen Frau etwas sehr Wichtiges erlebt hat, womit das Unglück begann.

Was denn? fragte ich.

Das eben darf ich nicht sagen. Genug, die gnädige Frau schätzt sich noch glücklich, wenn sie ganz allein dasitzen und so vor sich hinsehen kann, ganze Stunden, ja, ganze Tage lang, wie sie das gewohnt ist. Ein schönes Glück! das Gott bewahre! Wenn die arme Dame Sünden hat, so trägt die alte Kammerjungfer gewiß das ihrige dazu bei, daß sie dieselben vor Gott abbüßt.

Konnen Sie sich das denken, Herr Hauptmann? vor mir hat sie ihr Vorwürfe gemacht, hat sie ihr Dinge gesagt, die mir Alles, das ganze Geheimniß des Hauses verriethen. Ich wollte nicht hören, aber ich mußte! Und was mir noch an der Geschichte fehlte, erzählte sie mir, sobald ihr die gnädige Frau etwas verweigerte, um sich an ihr zu rächen. Da durfte ich nur fragen. Die alte Kammerjungfer gab mir die Antwort mit einer Ausführlichkeit, die mich empörte. Sie heißt Gretchen. Paßt so ein Name für eine alte Hexe? Sagen Sie selbst, Herr Hauptmann! Aber sie heißt nur so, weil sie aus Frankfurt ist, und dort heißen alle Stubenmädchen Gretchen. Doch das Alles wollte ich eigentlich nicht sagen, sondern nur, daß der gnädige Herr und die gnädige Frau einander hassen, ja, ja, hassen, aber ganz schrecklich hassen. Sollte man glauben, daß das aus der Liebe werden kann? Liebe ohne Achtung kann nicht bestehen, gibt es nicht, das habe ich einmal gelesen, aber Achtung ohne Liebe kann bestehen. Herr und Frau von Notting scheinen sich nicht einmal zu achten. Nicht einmal zu achten! Das ist doch wirklich das Geringste, was man verlangen kann; ich weiß es. Ich liebe meinen Mann nicht, aber ich achte ihn. Warum sollte ich nicht, Herr Hauptmann? Habe ich nicht Recht?

Gewiß, sagte ich bestätigend, achten Sie Ihren Mann, Tilda; wenn ich hier bliebe, würde ich hinzufügen: und lieben Sie mich!

Daß mich Gott bewahre! ich habe abschreckende Bei=
spiele, rief Tilda und machte mit der rechten Schulter
eine sanfte Bewegung, die aber geschickt genug war, um
meinen Arm herabfallen zu lassen. — Sehen Sie, noch
vor kurzer Zeit hatten wir, ich und mein Mann, einen
Beweis, wie sehr die Herrschaften einander hassen. Es
war ein sehr schöner Abend; wir standen am Fenster
und sahen hinaus ...

... Er hatte den Arm um meinen Nacken gelegt
und seufzte, fuhr ich fort.

— Nein, verbesserte Tilda, er sprach vom Holzhan=
del, und ich betrachtete die goldnen Abendwolken. Da
sahen wir, dort auf den Hügeln auf der einen Seite
rechts die gnädige Frau, links den gnädigen Herrn.
Beide hatte wahrscheinlich der schöne Abend zu einem
einsamen Spaziergange herausgelockt. Sie waren durch
einen Raum von ungefähr sieben= bis achthundert
Schritten von einander getrennt, und sie konnten einan=
der nicht sehen, da ein Hügel zwischen Beiden lag. Wir
aber konnten sie sehr deutlich sehen, da hinter ihnen ein
weißer Himmel war, und sie wie große schwarze Sil=
houetten auf weißem Papiere aussahen. Die gnädige
Frau ging, wie immer, mit gebücktem Kopfe, der gnä=
dige Herr die Mütze tief in die Augen gedrückt und beide
Arme auf dem Rücken. Ich bemerkte mit Schrecken, daß
sie beide, von den verschiedenen Seiten hin, auf den
Hügel zwischen ihnen losgingen. Ich versichere Ihnen,

Herr Hauptmann, ich zitterte am ganzen Leibe, denn es war mir, als müßte ein Unglück geschehen, wenn sie zusammenträfen. Sie gingen beide ihren stillen, traurigen Schritt. Schon stiegen sie von den zwei verschiedenen Seiten den Hügel hinauf. Ich hätte rufen mögen: Gnädige Frau, der gnädige Herr kommt! Gnädiger Herr, die gnädige Frau kommt! — Aber sie hätten mich nicht gehört. So sah ich denn zu. Schon gingen sie oben auf dem Hügel, aber noch sahen sie einander nicht, da sie beide zu Boden blickten. Plötzlich standen sie hart an einander. Ich sah, wie sich ihre gebückten Köpfe rasch aufrichteten und wie beide mit den Oberleibern zurückfuhren. So standen sie einen halben Augenblick, dann wandten sich beide und liefen auf denselben Wegen, auf denen sie gekommen waren, so schnell zurück, als ob sie verfolgt würden. Ohne sich umzusehen, lief die gnädige Frau mit vorgestreckten Armen, bis sie im Park verschwand, wo sie gewiß athemlos zusammensank, und lief der gnädige Herr, bis wir ihn hinter den Kiefern nicht mehr sehen konnten. Bedenken Sie, Herr Hauptmann, es war nach langer Zeit das erste Wiedersehen!

Seit wann leben die Unglücklichen hier? fragte ich viel ernster als vorhin.

Herr von Rotting, erwiderte Tilda, hat sich vor ungefähr zehn Jahren hier angekauft.

Und während dieser ganzen Zeit haben sich Mann und Frau nicht gesehen?

Doch, einmal, vor ungefähr zwei Jahren, als ich noch im Hause war. Es war ein trauriger Tag, ich werde ihn nie vergessen.

Wissen Sie, Tilda, daß Sie mir da schreckliche Geschichten erzählen?

Ich weiß es wohl, und was ich Ihnen jetzt erzählen will, ist wohl noch schrecklicher; nämlich ihr vorletztes Wiedersehen.

Tilda schwieg einige Zeit und schien sich zu sammeln; dann begann sie:

An einem August-Nachmittage war ich gerade vorn im Hause, in der Küche beschäftigt, als mitten unter Donner und Blitz ein fürchterlicher Wolkenbruch herabstürzte, der in wenigen Minuten das ganze Thal mit Bächen und kleinen Teichen erfüllte. Es regnete so schrecklich, daß ich nicht den Muth hatte, den Weg ums Haus zu machen, um zur gnädigen Frau zurückzukehren. Ich stand in der Küchenthür und sah dem Sturme zu; es war doch eine Abwechslung in dem langweiligen Leben. Da sah ich über die Felder her, durch die Ströme, die vom Himmel herabfielen, einen Reiter auf das Haus loskommen. Ich glaubte, er wollte vor dem Sturme ein Unterkommen finden und habe deßhalb den Weg verlassen, um sich zu uns unter Dach zu flüchten; das Wirthshaus, sagte ich mir, wird er in dem dichten

Regen übersehen haben, der arme Reiter, und ich blickte
zurück in die Küche, ob sich da ein Plätzchen finde, wo
er seine durchnäßten Kleider trocknen könne. Ich freute
mich sehr; es war doch ein Besuch, eine Abwechselung.
Aber wie war ich erstaunt und fast gerührt, als der Reiter
näher kam, in den Hof sprengte und ich in ihm ein Kind, ja,
Herr Hauptmann, ein wahres Kind, einen reizenden, blon=
den Jungen von ungefähr vierzehn Jahren erkannte. Er und
sein Pferd troffen nur so. Ich, da ich von Natur mit einem
sehr mitleidigen Herzen begabt bin, stürzte trotz Sturm und
Wolkenbruch aus meiner Küche hervor, auf den Hof
und dem jugendlichen Reiter entgegen und hebe den lieben
Jungen, dem die blonden Locken an den rothgepeitschten
Backen klebten, wie ein Kind vom Pferde und will ihn
rasch aus dem Regen in die Küche ziehen. Er aber
scheint sich um den Regen eben so wenig zu kümmern,
wie um sein Pferd, welches er laufen läßt und das sich
selbst unter einem Holzschuppen auf dem Hofe ein Ob=
dach suchen muß, und wie um mein Mitleid, und fragt
mich, kaum auf dem Boden stehend: Ist die gnädige
Frau zu Hause? Wo ist sie? Führen Sie mich zu ihr!
— So sprechend und ohne eine Antwort abzuwarten,
wendet er sich der Thür zu, die ihm am nächsten ist und
die zu Herrn von Notting führt. Ich fasse ihn am Arm
und halte ihn zurück. Nicht hier, wenn Sie zur gnädigen
Frau wollen — aber wollen Sie Sich nicht erst ein
wenig trocknen junger Herr? Sie können ja krank

werden, wenn Sie die nassen Kleider auf dem Leibe behalten. — Schadet nichts, sagte er, führen Sie mich zur gnädigen Frau, gleich, ich habe Eile, ich muß sie gleich sehen! Und wie er dieses sagt, fängt der schöne Junge an, am ganzen Leibe zu zittern, wie ein Espenlaub. — Da nehme ich ihn denn und führe ihn durch den Regen um das Haus herum in die Thüre der gnädigen Frau und die Treppe hinauf. Es war gut, daß ich ihn am Arme hielt, denn er wäre sonst auf der Treppe zusammengebrochen vor Aufregung. Als ich aber oben die Thür öffnete, da flog er wie ein Pfeil in die Stube, und in demselben Augenblicke lag er weinend und schluchzend vor den Füßen der gnädigen Frau. Er umklammerte ihre Kniee und rief ein Mal über's andere: Meine Mutter, meine Mutter! Auf diesen Ruf hin lag auch gleich die gnädige Frau auf den Knieen und rief: Fritz! Fritz! mein Sohn! mein Kind! — Und so auf dem Boden knieend, umarmten sie sich und weinten und riefen immer: Mutter! Mutter! — Fritz! Fritz! Mein Kind! Mein Kind! — Ich versichere Ihnen, Herr Hauptmann, ich weinte so herzlich, wie die Beiden. — Endlich erhob sich die gnädige Frau, aber sie konnte nicht auf ihren Füßen stehen und sank in den Lehnstuhl zurück. Sie nahm den Knaben in ihren Schooß, und nachdem sie noch viel geweint und ihm fortwährend die nassen Haare aus dem Gesichte gestreichelt hatte, und während sie ihn fortwährend ansah, fand sie endlich

Worte, und zwischen beständigem Schluchzen und Weinen fragte sie ihn und antwortete er, bald Das, bald Jenes, ohne Zusammenhang. Aber ich konnte doch Viel, ach, viel Trauriges aus ihrem Gespräche errathen. — Woher kommst du, mein Fritz? Woher kommst du, mein Kind? — Von L.., ich bin dort auf der Pagenschule. — Und wie kommst du hierher? — Wir haben Ferien; wir machten eine Reise ins Gebirge; ich habe meine Cameraden in S... verlassen, habe ein Pferd gemiethet und bin hieher geritten; ich bin ein Deserteur, fügte er lächelnd hinzu. — Und wie hast du erfahren, wo ich bin? — Ich suche dich seit drei Jahren, Mutter, ich habe überall geforscht; endlich habe ich es herausbekommen. — Aber wie, mein Kind? — Auf diese Frage wollte er nicht antworten, und sie bestand auch nicht darauf, sondern legte den Kopf auf seine Schulter und weinte bitterlich. Fritz sah traurig und etwas düster vor sich hin, dann aber schien er sich wieder zu besinnen und streichelte die Scheitel seiner Mutter und suchte sie zu beruhigen, indem er ihren Kopf erhob und sie auf beide Augen küßte. — Wie schön du doch immer bist, Mutter! Sieh, ich hätte dich unter tausend Frauen heraus erkannt, ich habe dich nicht vergessen in diesen acht Jahren. — Sie lächelte, aber erschrack, wie sie ihm wieder ins Gesicht sah. O Gott, rief sie, wie ähnlich bist du deinem Vater! Wo ist er jetzt? — Er liegt in B..., er ist Oberst. — Sie schlug die Augen nieder und fragte mit ge=

dämpfter Stimme, als ob sie nicht Muth zu der Frage hätte: Und — Fritz — ist — ist der heiter? ist er glücklich? — Fritz antwortete nicht. Er schlang den Arm um ihren Hals und preßte sie an seine Brust. Sie fing aufs Neue zu schluchzen an. Wissen Sie, Herr Hauptmann, es war jenes Schluchzen, das keine Thräne herausbringt und von dem man meint, daß es jeden Augenblick die Brust zersprengt. Sie hatte keinen Athem mehr, und ich glaubte, daß sie kraftlos hinsinken müsse, und wollte mich eben nähern, um ihr Hülfe zu bringen, als sie mit Einem Male auf dem Boden lag, die Arme um die Kniee ihres Sohnes schlang und mit herzzerreißender Stimme schrie: Vergib mir, mein Kind, vergib! — Und da lag sie ohnmächtig, mit dem Gesicht auf dem Teppich.

Mein Gott, welche Scene! Während wir uns bemühten, die Ohnmächtige aufs Sopha zu legen, stürzte Herr von Notting herein. Sein Bedienter, der Fritz ankommen gesehen, hatte auf der Treppe gelauscht, und ich dumme Person vergaß, das Zimmer zu schließen, weil ich ganz gerührt von dem Schauspiel in der Thür stand. Herr von Notting sah aus wie ein Mensch, der eben einen Mord begangen hat oder einen Mord begehen will. Was will der Junge hier? — was hat er hier zu schaffen? rief er wie ein Verrückter. — Der Bube ist an allem Unglück schuld! — Er streckte die Hand aus, als wollte er Fritz am Arme fassen. Aber dieser, der vor seiner

Mutter stand, wandte sich um, warf den Kopf in die Höhe und rief: Berühre mich nicht! — Herr Hauptmann, um ganz wahr zu sein, er sagte noch etwas Anderes, er sagte eigentlich: Berühre mich nicht, Schurke! und er sagte es mit einem Stolz, mit einer Ruhe, wie soll ich mich nur ausdrücken? so zu sagen wie ein Ritter oder ein Prinz, oder ein großer General, und auf das Wort hin wurde Herr von Notting noch blasser, seine Unterlippe wurde blau und zitterte. Er taumelte zurück, als ob man ihm einen gewaltigen Stoß in die Brust gegeben hätte, und wurde nur durch eine Commode, auf die er sich mit dem Rücken stützte, aufrecht erhalten. Aber das war nicht das Schrecklichste. Die gnädige Frau war von dem Geschrei des Herrn von Notting erwacht; sie schlug die Augen auf und wie sie das alles sah und hörte, lachte sie laut auf. Und dieses Lachen war das Schrecklichste. Fritz aber schien es nicht zu hören. Mit verschränkten Armen — so — stand er da und sah Herrn von Notting mit einer gräßlichen Verachtung an. Dann wandte er sich zu seiner Mutter, nahm ihre Hand und küßte sie ehrerbietig; Darauf ging er mit langsamen Schritten an Herrn v. Notting vorbei und zum Zimmer hinaus. Eine Minute darauf hörte ich den Hufschlag seines Pferdes; er ritt aus dem Hofe. Die gnädige Frau aber lag noch immer auf dem Sopha, sah ihren Mann an und lachte noch immer wie vorhin.

Hier unterbrach ich meine Wirthin, indem ich aufsprang und mit großen Schritten in der dunklen Stube auf und ab lief. Tilda sah mir befriedigt nach und freute sich, mit ihrer Erzählung eine solche Wirkung hervorgebracht zu haben. Ich hörte immer das gräßliche Lachen jener Frau; von welchem Haß, welcher Verachtung sprach dieses Lachen, da sie darüber die Abreise ihres Kindes, das sie so empfangen, das sie durch acht Jahre nicht gesehen, vergessen konnte! Ich sah in einen gräulichen Haushalt, in eine häusliche Hölle. Ich dachte an jenen Günstling Jakob's I., jenen Robert Carre, Carl v. Symerset, der mit seiner Frau in der Einsamkeit zu leben gezwungen war, nachdem er mit seiner Frau, die er einem Anderen entwandt, Verbrechen begangen, und nachdem sich ihrer beider Liebe in Haß und Verachtung verwandelt hatte. Jenes Zusammenleben der Mörder Ouverbury's, wie es die Geschichte beschreibt, schien mir immer die Verwirklichung der entwürdigendsten und aufreibendsten Höllenqualen hier auf Erden; ich konnte nie daran glauben, daß es zwei Menschen durch Jahre zu ertragen im Stande seien, und nun fand ich ein anderes Beispiel leibhaftig in meiner Zeit, in meiner Nähe, unter meinen Augen — und unter meinen Bekannten! — Es war kein Zweifel, daß ich das elende Ehepaar dort aus dem Hause, daß ich ihre Geschichte kannte. Wäre das Zimmer nicht so dunkel gewesen, Tilda hätte es mir ansehen müssen, daß ich bei Ankunft des Knaben, bei Nennung seines Namens die handelnden

Personen erkannte, daß die Nennung der Garnison seines Vaters meine Vermuthung nur bestätigte. Dieser Vater war ja mein Freund, der treffliche, in der ganzen Armee geliebte Oberst v. Reuttern, und ich spielte ja selbst eine Rolle in der Geschichte, die ihn so unglücklich machte, die jenen Beiden dort in dem einsamen Hause ihre Vergeltung, ihre Hölle bereitete. Ich zweifle nicht: die seit zehn Jahren aus der Welt Verschwundenen waren gefunden, und wieder rührte mich der Gedanke, welches Scharfsinns der Liebe es bedurfte, bis jener Knabe den Aufenthalt seiner in der Einsamkeit und hinter einem falschen Namen verborgenen Mutter ausspürte.

Ist sie noch schön? fragte ich, vor Tilda stehen bleibend, nur um etwas zu sagen und um meine Aufregung zu verbergen.

Ich glaube nicht, erwiderte Tilda, daß sie jemals habe schöner sein können. Sie ist so fein, so zart, so blaß. Das macht der beständige Aufenthalt im Zimmer und der Kummer. Selbst die grauen Haare stehen ihr gut.

Sie ist grau geworden?

Ach, ja! ich denke nicht gern daran, denn das erinnert mich an eine große Dummheit, die ich einmal begangen habe. Ich frisirte sie und sagte: Gnädige Frau, da ist wieder ein weißes Haar. — Sie seufzte und sagte: Es werden bald noch andere nachkommen. — Nun, nun, sagte ich, um sie zu trösten, auf graues Haar, in Ehr' ergraut, Jedermann mit Ehrfurcht schaut. — Sie sprang auf und sah mich an, als ob ich sie hätte verspotten wollen, und wurde roth und blaß nach einander. Mein Gott! ich habe nur etwas Kluges sagen wollen, aber das Kluge ist manchmal sehr dumm. Ist es nicht wahr, Herr Hauptmann?

Sehr wahr, Tilda.

Und was hier klug ist, ist dort dumm? Nicht wahr, Herr Hauptmann?

Du sprichst ein großes Wort gelassen aus!

Herr Hauptmann, ich entdecke an ihnen eine Neigung, mich zu dutzen.

Pardon, sagte ich entschuldigend, das ist so im Verse.

Ja, ich verstehe; ich weiß, im Verse dutzt man alle Welt, ohne Smollis getrunken zu haben.

Ich merkte, daß mich meine Wirthin in die vorige Stimmung zurückbringen wollte, aus der ich durch ihre Erzählung herausgekommen war; aber das war schwer bei den Gefühlen und traurigen Erinnerungen, die mich jetzt erfüllten. Ich stand auf und erklärte ihr, daß ich mich zu Bette begeben wollte. Sie blickte mich etwas verdutzt an und nahm die Kerze, die sie anzündete.

Liebe Frau Wirthin, sagte ich im feierlichen Tone, Sie kennen die ganze Geschichte der Herrschaft, bei der Sie zwei Jahre lang im Dienste gewesen; ich errathe diese Geschichte. Was predigt diese Geschichte? Gattentreue! Gattentreue!

Ha, ha, ha! — lachte Tilda — diese Moral aus dem Munde eines Herrn vom Militär! Das ist curios, das ist mir noch nicht vorgekommen, das ist noch nicht erlebt worden! Und mit Gelächter ging sie mir leuchtend in die Schlafstube voran.

Am andern Morgen wollte mir Tilda die ganze Geschichte des Ehepaares aus dem einsamen Hause erzählen; ich könnte, meinte sie, ihr ja mein Ehrenwort als Officier geben, daß ich die Geschichte nicht weiter erzählen wolle, da sei es, als ob sie geschwiegen hätte. Ich aber dankte für den guten Willen, um bei schöner Morgenbeleuchtung die Gegend zu besehen, denn gestern hatte ich eigentlich meine Pflicht versäumt. Die Hügel hinter dem Notting'schen Hause mußten einen guten Ueberblick gewähren, und ich wandte mich ihnen zu, nicht ohne einen großen Umweg zu machen, da ich dem Hause und einer möglichen Begegnung ausweichen wollte. Als ich aber eben durch eine kleine, mit Gesträuch erfüllte Schlucht die Höhe hinaufsteigen wollte und um einen Vorsprung des Gebüsches bog, sprang ein Mann, der auf dem harten Boden gelagert war, auf und starrte mir ins Gesicht. — „Lindblatt!" rief er erschrocken. — Suckow, murmelte ich verlegen und sah zu Boden, während er die Hand zurückzog, die er mir instinctmäßig entgegengestreckt hatte. Ein Strahl der Freude hatte einen Augenblick lang sein Gesicht beleuchtet, bald aber bedeckte es wieder ein düsterer Ausdruck. Er sah mich mit zusammengezogenen Augenbrauen an und knöpfte, wahrscheinlich ohne zu wissen, was er that, seinen langen Ueberrock bis unter das Kinn zu. Sein Gesicht war wie versteinert, und hätte ich nicht schon gewußt, daß er der Bewohner jenes Hauses sei, ich würde ihn schwerlich so schnell erkannt haben. Noch war es die stattliche, schöne Gestalt, der Neid und das Ideal aller Port'epée-Fähnrichs und Lieutenants, aber sie schien, ebenso wie das ganze Gesicht, verknöchert. — „Versprich mir, Lindblatt, meinen Aufenthalt nicht zu verrathen!" stieß er endlich hervor. — „Ich verspreche es." — Es schien, als wollte er noch einige Worte, vielleicht Fragen an mich richten, aber er bezwang sich sichtlich, raffte sich auf, und mit einem kurzem „Lebewohl!" machte er einige große Schritte, die ihn hinter dem Gebüsche meinen Blicken entzogen.

Traurig kam ich in meine Herberge zurück, nahm Abschied von meiner liebenswürdigen Wirthin, versprach, mich auf dem Rückwege wieder bei ihr aufzuhalten, stieg zu Pferd und ritt weiter.

Es war ein sehr schöner Morgen. Ein schützender Kiefernwald nahm mich bald auf, in welchem sich Schatten und Sonnenschein, Stille und Gesause auf das melodischste vermählten. Unter andern Umständen wäre ich durch diesen Wald mit einer Opern-Arie auf den Lippen geritten; nun aber war ich melancholisch und nachdenklich. Meine Gedanken trugen mich um zehn

Jahre zurück, und ich erlebte noch einmal jenen schrecklichen Tag, der bis dahin in meinem Leben der schrecklichste gewesen.

Es war ein Maitag des Jahres 184*. Rittmeister von Reuttern hatte so eben die Wache bezogen, und wenn Rittmeister von Reuttern auf Wache war, schien die Wachtstube dem ganzen Officier-Corps der gemüthlichste und angenehmste Aufenthalt in der Residenz. Da kam Besuch auf Besuch, und jeder Officier, dem eine nähere Bekanntschaft mit dem Rittmeister das Recht dazu gab, blieb seine paar Stunden da sitzen. Man hat bemerkt, daß der Prinz an solchen Tagen gern zur Inspection kam, und man wußte, daß dies weniger der Inspection als des Rittmeisters und seiner Gesellschaft halber geschah. Fritz von Reuttern war unbestritten der beliebteste aller Officiere, und diese Beliebtheit dankte er seinen vielen wahrhaft großen Eigenschaften: seiner über alle Verdächtigung erhabenen Ehrenhaftigkeit, seiner hohen und feinen Bildung und dem großen Wohlwollen, mit dem er Jedermann entgegen kam. Obwohl von Jugend auf in der großen Welt lebend, sah er die Welt und ihr Treiben doch mit der möglichsten Arglosigkeit an, konnte er selten an das Böse glauben, und diese Unbefangenheit nahm sich an ihm desto schöner aus, je männlicher und kräftiger sich sonst sein Charakter bewährte. Diese Arglosigkeit erklärte sich dadurch, daß ihm bisher immer Alles gelungen war, daß er eine Lauf-

bahn hinter sich hatte, die nur kräftigende, nicht demü=
thigende Hindernisse bot, und daß man ihm von allen
Seiten gern fördernd entgegen kam. Mit Einem Worte,
er war wirklich glücklich. —·· Der Frische seiner ersten
Jugend konnte das Officiersleben nichts von ihrer Rein=
heit und Schönheit nehmen, da sich gleich bei seinem
ersten Auftreten zwischen ihm und dem schönsten und
liebenswürdigsten Mädchen der Residenz, Fräulein Ma=
thilde von R...., der Tochter des bekannten Generals,
ein sehr intimes Verhältniß bildete, das ihn vor manchem
behütete, was sonst die Blüthen der Seele abstreift.
Nach drei Jahren der glücklichsten Liebe, trat er mit ihr
in die glücklichste Ehe. Ihr Haus war eine Wohnung
des schönsten Glücks, das durch die Geburt eines Knaben,
der wie sein Vater Fritz hieß, vollendet wurde. Neben
einer geliebten Frau, einem schönen Kinde sind die
Freunde nur eine angenehme Zuthat im Banquet de
la vie; diese fehlten, wie gesagt, auch nicht, denn der
Böseste hätte den Muth nicht gehabt, diesen Haus=
halt zu beneiden oder zu verleumden. Ich sagte, die
Freunde seien eine angenehme Zuthat; ich habe Un=
recht. Das gilt von den Freunden, die man in
Masse besitzt, die ich die exoterischen Freunde nennen
möchte. Zum echten Glücke, wenn es ganz abgeschlossen
sein soll, gehört ein exoterischer Freund, und dieser ist
eine Lebensbedingung, eine Nothwendigkeit: der einge=
weihte Freund, der nicht in den Propyläen unseres

Glückes stehen bleibt, der in das Allerheiligste unserer Liebe, unserer Wünsche und Hoffnungen eingeführt wird; der Zeuge und Schatzmeister unseres Glückes. Oder, um mich prosaischer auszudrücken: der Freund, der mit uns ißt, ohne eingeladen zu sein, der unangemeldet eintritt, der, wenn die Andern nach der Soiree fortgehen, sich erst recht hinsetzt und eine Cigarre raucht, vor dem man den Schmuck der Welt und die Gesellschaftsmanieren ablegt, vor dem man gähnt, mit dem man schweigt, mit dem man im selben Augenblicke denselben Gedanken hat. Ein solcher Freund des Hauses Reuttern war der Ober-Lieutenant Graf von Suckow. Er war mit v. Reuttern aufgewachsen, er war mit ihm auf der Kriegsschule, auf Reisen gewesen; er war der Vertraute und Beschützer seiner Liebe, und als Reuttern heirathete, war er ein Theil der Familie und der Pathe des Neugeborenen.

So waren schon sieben glückliche Jahre dahingegangen, als wir an jenem Tage in der Officiersstube der Hauptwache als Gäste Reuttern's dasaßen. Eine Rheinweinflasche stand auf dem Tische, und wir saßen umher und spielten Whist. Die Fenster waren offen und ließen milde Frühlingsluft herein; die Vögel in den Kastanienbäumen vor der Wache sangen ihre ersten Frühlingslieder. Wir waren sehr heiter und lachten viel über den guten Beck, der sich für einen ausgezeichneten Whistspieler hielt und den alten, erfahrenen Hauptmann Spolding, seinen Partner, mit einer empörenden Verschwendung der Trümpfe in Verzweiflung brachte.

Alle Honneurs! rief Reuttern eben, als ein Soldat die Thür öffnete und in derselben der kleine Fritz, Reuttern's Sohn, erschien.

Was Teufel, Fritze, mein Junge, was willst du hier? wie kommst du hieher? fragte Reuttern, während wir uns alle nach dem Kinde umsahen.

Der Knabe schien ängstlich zu sein und antwortete nicht.

Wer hat dich hergebracht? fragte Reuttern wieder.

Es hat mich Niemand hergebracht — ich bin allein gekommen, stotterte das Kind.

Allein? den weiten Weg? fragte Reuttern erstaunt. Komm' mal näher.

Das Kind kam heran und lehnte sich an das Knie des Vaters; jetzt erst sahen wir, daß es verweinte Augen hatte, und wie es Reuttern ansah, noch immer ängstlich, weil es ihn so allein auf der Wache aufzusuchen gewagt hatte, schluchzte es und fing aufs Neue zu weinen an.

Aber, mein Junge, was ist denn vorgegangen? Ist die Mama nicht zu Hause?

Ja, Mama ist zu Hause.

Bist du unartig gewesen?

Ich bin sehr artig gewesen, schluchzte Fritz und wischte sich die Augen mit dem Rücken der Hand.

Warum weinst du also?

Weil mich die Mama aus ihrem Zimmer gejagt hat, und dann hat mich der Onkel Suckow hinausgestoßen und hat mir weh gethan, weil ich nicht gleich hinausgangen bin.

Reuttern erblaßte, faßte sich aber schnell wieder und lächelte. Dann sagte er: Gestehe es nur, Fritze, du wirst nicht bestraft werden — du bist gewiß unartig gewesen, sonst hätte dich der Onkel Suckow nicht hinausgestoßen.

Nein, antwortete Fritz mit Bestimmtheit, ich bin nicht unartig gewesen, gar nicht. Mama jagt mich immer fort, wenn der Onkel Suckow allein da ist, und der Onkel Suckow stößt mich immer hinaus, wenn er in Mama's Zimmer ist. Ich habe das nur klagen wollen, Papa, sonst glaubst du, daß ich unartig bin, immer wenn du auf Wache bist.

Reuttern wurde während dieser Rede des Kindes blutlos im ganzen Gesichte. Er sah uns an und sagte: Meine Herren, ich sehe, was Sie denken.

O, begann der Hauptmann, urtheilen Sie nicht — ein Kind . . .

Keine Worte! — befahl Reuttern und stand auf. Mit einer Stimme, die jede Modulation verloren hatte, und mit einem Blicke, der ins leere Nichts zu blicken schien, sagte er ruhig: Herr Ober-Lieutenant von Beek, Sie übernehmen das Commando der Wache und behalten das Kind hier. Herr Hauptmann Spolding, Herr Lieutenant von Lindblatt, haben Sie die Güte, mir zu folgen.

So schritt er zur Wachtstube hinaus, wir folgten ihm. Die Wache präsentirte das Gewehr; er vergaß nicht, zu salutiren. Strammen Schrittes ging er vor uns her; sein Tritt hallte monoton auf dem Pflaster wieder, monoton und in gleichem Maße. Er ging ruhig und unaufhaltsam wie das Geschick. Ich konnte nur auf die Schritte horchen, und es war mir, als müßte ich sie zählen, während der Lärm der Spaziergänger, der Wagen, der Ausrufer, der Gesang der Vögel auf den Dächern und in den Linden mir wie die Wellen um die Ohren des Ertrinkenden sauß'ten. Ich und der Hauptmann gingen mit niedergebeugtem Haupte und schweigend wie bei einem Begräbniß; wir hatten das Bewußtsein, daß ein Glück begraben werden sollte. Niemals war in irgend einem Kopfe der Verdacht eines verbrecherischen Verhältnisses zwischen Suckow und Mathilde erwacht, so unmöglich schien es, und doch, sonderbar! hoffte ich auf dem ganzen Wege nicht einen Augenblick auf eine unschuldige Aufklärung.

Wir stiegen die Treppe zur Wohnung Reuttern's hinauf. Er zog einen kleinen Schlüssel und öffnete die Thür. Im Vorzimmer saß Gretchen, die Kammerjungfer.

O Gott! der Herr Rittmeister! rief sie entsetzt, als sie ihren Herrn erblickte.

Wo ist die gnädige Frau? fragte er ruhig.

Sie — die gnädige Frau — sie ist ausgegangen,

stotterte Gretchen, indem sie sich unbewußt und wie abwehrend vor die Thür des Schlafzimmers stellte.

Du lügst! rief Reuttern, faßte sie und schob sie mit solcher Gewalt bei Seite, daß sie in den entgegengesetzten Winkel des Vorzimmers stürzte und dort auf dem Boden liegen blieb.

Folgen Sie mir, meine Herren, rief uns Reuttern zu und faßte das Schloß des Schlafzimmers. Es war verschlossen. Oeffnet! schrie er, indem er mit der Faust an die Thüre schlug. In diesem Augenblicke erst verrieth eine Art von Wimmern, ein schrecklich trauriger und zugleich wuthvoller Ton, was in ihm vorging. Aus dem Innern der Schlafstube aber drang ein Schrei des Schreckens.

Reuttern faßte die Klinke, riß, und die Thür flog auf, und die Klinke blieb in seiner Hand. Er trat in die Schlafstube, wir blieben auf der Schwelle stehen.

Es ist an der Scene, die wir von der Schwelle aus sahen, nicht viel zu beschreiben. Es ging nicht viel vor, es wurden keine Worte gewechselt: es war kein Drama, es war ein starres, steinernes Basrelief. Reuttern stand in der Mitte der Stube stramm und groß, als wäre er in diesem Augenblicke um zwei Köpfe gewachsen, und sah mit gläsernen Augen Suckow an, der gebrochen und mit hängendem Kopfe an der Wand lehnte. Gleich bei seinem Eintritt war Mathilde mit dem Rufe: Fritz! Fritz! vor Reuttern's Füße hingesunken, die sie nun schweigend umschlang. Sonst war sie wie ein Knäuel zusammen gerollt, das Gesicht von den herabfallenden Haaren bedeckt und nicht daran denkend, das Kleid, das von der Schulter herabfiel, zusammen zu halten. Reuttern schien sie gar nicht zu bemerken; er starrte nur Suckow an, und dieser war von dem Blicke wie an die Wand festgenagelt.

So vergingen einige Minuten, vielleicht nur eine einzige Minute, aber es schien uns eine Ewigkeit, bis Reuttern tief aufathmete und immer mit derselben tonlosen Stimme sagte: Folgen Sie mir, meine Herren, komm, Suckow!

Er trat aus den umschlingenden Armen Mathildens mit einer Bewegung heraus, als ob er irgend einen todten, hindernden Gegenstand gleichgültig von den Füßen schüttelte, ohne auch nur auf den Boden zu sehen, auf den Mathilde mit schwerer Stirn hinfiel. Er ging in den Salon; Suckow taumelte ihm nach; wir folgten.

Reuttern nahm eine kleine Mahagonikiste, die auf einem Schranke stand, stellte sie auf den Tisch, öffnete sie, nahm zwei Pistolen heraus und lud eine derselben. Er that das alles mit einer außerordentlichen Ruhe und Sicherheit, aber mit einer Gemessenheit der Bewegungen, als wäre er ein Automat. Es war unheimlich anzusehen, und weder ich, noch der Hauptmann hatte den Muth, eine Frage oder irgend eine Bemerkung an ihn zu richten. Es wäre auch allem Anscheine nach sehr überflüssig gewesen, denn in Reuttern schien der ganze Plan seiner Handlungsweise von Anfang an fix und fertig und unveränderlich fest zu stehen. Als er die Pistole geladen hatte, belebte sich das Gesicht Suckow's; er machte von dem Platze, auf dem er wie eingewurzelt stand, einen Schritt vorwärts und sagte: Ich bin bereit.

So ist es nicht gemeint, erwiderte Reuttern und holte von einem kleinen Tischchen in der Ecke Papier und Dintenfaß.

Setze dich und schreibe, sagte er! indem er mit ausgestrecktem Finger auf einen Stuhl vor dem Schreibzeuge deutete.

Was soll ich schreiben? fragte Suckow.

Setze dich und schreibe! wiederholte Reuttern.

Suckow setzte sich und nahm die Feder. Reuttern stellte sich vor ihn hin, stemmte beide Hände auf den Tisch und dictirte:

Ich, Heinrich Graf von Suckow, verpflichte mich hiermit vor Zeugen . . .

Vor Zeugen, wiederholte Suckow und fragte: Wozu verpflichte ich mich?

Schreibe! sagte Reuttern und dictirte weiter: Frau Mathilde von Reuttern, geb. v. R., sobald sie von ihrem Manne, dem Rittmeister Friedrich von Reuttern geschieden sein wird . . .

Geschieden! rief Suckow, und ließ die Feder fallen.

Schreibe weiter! rief Reuttern, und Suckow nahm

mechanisch die Feder in die Hand — geschieden sein wird, nahm Reuttern wieder auf — hast du: geschieden sein wird? zu heirathen.

Suckow fuhr zusammen. Er warf die Feder hin und sprang vom Sitze auf.

Schreibe: zu heirathen! wiederholte Reuttern.

Ich lasse mir nichts vorschreiben! — ich heirathe sie nicht! rief Suckow.

Reuttern nahm jetzt die Pistole in die Hand, spannte den Hahn und richtete sie auf Suckow.

Schreibe: zu heirathen, oder ich schieße, sagte Reuttern im aller ruhigsten Tone.

Suckow blickte ihm ins Auge, dann in die Mündung der Pistole; und immer dahin blickend, ließ er sich langsam auf den Sitz fallen, während ihm eben so langsam die Pistole folgte. Er ergriff die Feder, und nachdem er einen großen Seufzer ausgestoßen, schrieb er rasch: zu heirathen.

So, da ist es, sagte Reuttern; jetzt, meine Herren, fügte er, zu uns gewandt, hinzu, haben Sie die Güte und unterzeichnen Sie, als erbetene Zeugen.

Wir nahmen die Feder und setzten unsere Namen hin. Suckow wollte sich erheben.

Bleibe, sagte Reuttern, wir sind noch nicht fertig. Nimm die Feder und schreibe auf dieses Papier.

Was soll ich noch schreiben?

Schreibe! Du schreibst an den Inhaber unseres Regimentes.

Suckow sprang wieder vom Stuhle auf. Es ist genug dictirt! rief er.

Du setzest dich hin und schreibst, oder ich schieße dich hier über den Haufen.

Suckow setzte sich; Reuttern dictirte:

Eure Königliche Hoheit!

Hoheit . . .

Ich bitte, um meine Entlassung.

Oh! stöhnte Suckow.

Ich — bin — nicht mehr würdig, in der Armee — Seiner Majestät zu dienen . . .

Suckow ließ den Kopf in die Hände fallen. Reuttern beugte sich über den Tisch und fragte: Hast du? — nicht mehr würdig — zu dienen — ja, da steht's. Weiter.

Was denn noch? schrie Suckow und starrte seinen ehemaligen Freund mit aufgerissenen Augen an.

Die Motivirung, sagte Reuttern; schreibe: denn ich bin ein Schurke.

Ah! schrie Suckow und fuhr von seinem Sitze auf und vom Tische fort: Niemals!

Schreibe! wiederholte Reuttern und streckte die Pistole hervor.

Schieße, sagte Suckow, ich schreibe nicht.

Ich werde schießen, mein Ehrenwort darauf. Ich

zähle: Eins, Zwei, Drei! Wenn du bei Drei nicht geschrieben hast: denn ich bin ein Schurke, bist du des Todes. Das schwöre ich. Jetzt schreibe: Eins!

Suckow stand mit verschränkten Armen.

Zwei!

Suckow ließ die Arme sinken und sah Reuttern ins Gesicht. Er lispelte etwas, aber er schien die Stimme verloren zu haben, denn wir verstanden nicht, was er lispelte. Als stände er auf einer Schraube, drehte er sich dem Tische und dem Papiere zu und näherte sich, ohne eigentlich einen Schritt zu machen. Reuttern's Auge bohrte sich in das seinige, und es war, als folgte er einer magnetischen Macht, da er sich langsam wieder an den Tisch setzte und langsam die Hand bewegte, um die Feder zu ergreifen. Reuttern's Blick und die Pistole folgten ihm unabwendbar. Es war traumhaft anzusehen. Reuttern bewegte die Lippe, da waren die Worte wie vom Blitze hingeschrieben. Reuttern erwachte aus seiner Starrheit und fiel mit beiden Händen über das Papier her. Da steht's, da steht's! rief er in wilder Freude und starrte das Papier an. Aber den Namen muß ich noch haben, den Namen! Unterschreibe, Suckow, mein theurer Freund!

Suckow, der noch die Feder in der Hand hielt und wie bewußtlos vor sich hinsah, schrieb wie ein Nachtwandler seinen Namen an die Stelle, auf die Reuttern's Finger deutete. Dann fiel er, oder vielmehr er warf sich vom Stuhle und blieb ausgestreckt unter dem Tische liegen.

So, sagte Reuttern, das ist abgemacht. Die Adresse an Seine Königliche Hoheit kann ich selbst schreiben und die Eingabe besorgen. Dies bleibt mir, fügte er hinzu, indem er das erste Schriftstück faltete und in die Brusttasche steckte. Dann legte er die Pistolen wieder in die Kiste, schloß diese und stellte sie auf ihren vorigen Platz.

Wir haben hier nichts mehr zu thun, meine Herren; ich muß auf die Wache.

Er setzte den Helm auf und ging mit uns zur Thür hinaus. Im Vorzimmer saß die Kammerjungfer und drückte sich, als wir eintraten, in einen Winkel. Reuttern blieb vor ihr stehen und sagte: Packe die Sachen der gnädigen Frau ein; sie verläßt sogleich mein Haus. Sorge dafür, daß Alles so schnell als möglich geschehe und daß ich die Wohnung leer finde wenn ich abgelös't werde.

III.

Zwei schlaflose Nächte.

Alfred Berg erzählt:

Meine Jugend verfloß in heiterer Armuth. Da ich gegen seinen Willen studirte, schnitt mir mein Vater die Zufuhr ab; aber ich lebte in der Zukunft und kümmerte mich wenig darum, daß ich in der Gegenwart nicht zu leben hatte. Achtzehn Jahre alt, als ich die Universität der Provinz-Hauptstadt bezog, gab ich mich für einen gesetzten Mann von einundzwanzig Jahren aus; band einen steifen Vatermörder um, kürzte meine langen Haare, zwang die widerspenstigen durch allerlei Mittel, so fromm und bescheiden als möglich sich an meine Schläfe anzuschmiegen, und präsentirte mich so in einem reichen Banquierhause, wo eben eine Hofmeisterstelle zu vergeben war. Ich wurde von einem Freunde des Hauses empfohlen, man ließ sich durch mein solides Auftreten täuschen, und beim zweiten Besuche wurde der Handel geschlossen. Ich sollte drei Kinder, einen Knaben und zwei Mädchen, in den Stunden, die mir die Collegien frei ließen, unterrichten und dafür im Hause des Herrn Kistner mit Kost und Wohnung, Licht und Wäsche und noch dazu mit zwölf vollen Conventions-Gulden bezahlt werden. Ich fühlte mich sehr reich und glücklich, um so glücklicher, als mir der Charakter der Eltern und der Kinder wie des ganzen Hauswesens behagte und als man mir den bald aufgedeckten Betrug als eine fromme Lüge verzieh. Das Hauswesen war ein schönes Gemisch von moderner Eleganz und altem, gemüthlichem Patriarchenthum, sowohl was die Lebensweise und die Einrichtung als die Bildung und den Charakter der Familie betraf. Herr Kistner war ein aufgeklärter, geistvoller und zugleich gutherziger, reicher Mann; Frau Kistner eine überaus thätige Hausfrau, die bereits sieben Kinder in die Welt gesetzt hatte und die große Wirthschaft mit einigem Despotismus, aber gut und zweckmäßig leitete. Da ich meiner Kindheit selbst noch so sehr nahe stand, erinnerte ich mich lebhaft aller Vorgänge in kindlichem Herzen, aller kindlichen Wünsche und Anschauungen: demgemäß behandelte ich nicht nur die mir anvertrauten Schüler, sondern auch die anderen kleineren Kinder und galt so bald für einen trefflichen Pädagogen, und wenige

Wochen nach meinem Einzuge war ich wie ein Glied der Familie. In meiner etwas dunkeln Stube wurde es mir immer heimlicher, und es kam bald dazu, daß ich mich von den schönsten Vorträgen im Collegium nach Hause und zu meinen lieben Kindern zurücksehnte. Mein Junge, der kleine Paul, hing sehr an mir und ergötzte mich mit den Studenten-Manieren, die er meinen Freunden ablauschte. Nur sein schlechtes Gedächtniß brachte mich manchmal aus der Fassung und sein träumerisches Wesen, das sich immer am liebsten mit dem Ernsten beschäftigte, während er das Nächste vernachlässigte. Aber wenn ich gegen ihn auffuhr, stand seine älteste Schwester Lotti, ein liebes Kind von zwölf Jahren, wie ein Schutzengel neben ihm. Sie sah mich mit ihren großen, braunen, sanftglühenden Augen bittend an, und ich mußte mich brummend abwenden, um ihr nicht zu verrathen, welche Gewalt diese holden Augen auf mich ausübten. Sie waren so voll Güte und Unschuld, daß man sie nicht ohne Rührung hätte betrachten können, wenn nicht zugleich der liebenswürdigste und geistreichste Schalk daraus hervorgeblickt hätte. Lotti war eine Art Mignon, aber eine glückliche Mignon. Ich habe damals den Briefwechsel Göthe's mit einem Kinde gelesen und konnte mir das Kind Bettina nicht anders vorstellen, als mit dem braunen Gesichte, den dicken schwarzen Locken, der hoch und etwas mager aufgeschossenen Gestalt unserer Lotti. Sie hatte einen sehr gesunden Verstand, einen sehr raschen Geist, aber sie schien dessen nicht zu bedürfen, denn instinctmäßig errieth sie Menschen, Dinge und Verhältnisse, ohne daß ihre Unbefangenheit darunter gelitten hätte. Wie oft überraschte ich mich, daß ich mit ihr wie mit einem Candidaten der Philosophie sprach und daß sie mir ruhig und verständnißvoll zuhörte, als wäre meine Rede ihr gegenüber am Platze — und wenn sie dann auf der Terrasse oder im Garten ein Kind mit Kindern umhersprang und alle möglichen Thorheiten beging und sagte, glaubte ich nicht mehr, daß man so mit ihr sprechen konnte, wie ich es einige Minuten vorher doch selbst gethan hatte. Sie merkte bald, daß sie aus mir machen konnte, was sie wollte; aber sie mißbrauchte diese Macht nur zum Besten ihres Bruders oder ihrer höchst leichtsinnigen Schwester Mathilde, die sie auf fast komische Weise bemutterte; sonst war ihr, die das Bedürfniß hatte, Jedermann zu befriedigen, meine Zufriedenheit mit ihr lieber als ihre eigene Freiheit. Ja, die Freiheit war vielleicht das geringste ihrer Seelenbedürfnisse; sie wollte geführt, geleitet, regiert sein; es that ihr wohl, zu gehorchen, weil sie sich dadurch in Abhängigkeit fühlte und dem Befehlenden eine Freude machte. Sie hatte sehr wenig Talent für Musik, aber Stunden lang saß sie am Clavier und plagte sich ab, ohne je zu murren, weil der Vater die Musik liebte und aus ihr eine Musikerin machen wollte. Wie oft rührte es mich, wenn ich sie durch zwei Thüren hörte, wie sie im Salon unermüdlich drauf los hämmerte! Noch heute kann ich kein fernes Clavier hören, besonders wenn ein Schüler übt, ohne augenblicklich an Lotti, an den Salon, an das Vorzimmer und an meine Stube zu denken.

Neben den zwei anderen Kindern erschien sie mir wie eine erwachsene Person, die man nicht als Schülerin behandeln dürfe, und um für jene mehr Zeit zu gewinnen, legte ich ihr oft ein Buch hin und sagte: Lesen Sie, Lotti! oder auch: Machen Sie, was Sie wollen! Damit aber war ihr nicht gedient. Eine solche Behandlung kränkte sie. Sie erröthete, wie beleidigt, und schwieg; oder sie stand auf, stellte sich neben mich und strich mir die Haare und schmeichelte mir, als ob sie mich hätte versöhnen wollen. Mit der kindlichsten Unbefangenheit legte sie den einen Arm um meinen Hals, während mich die andere Hand am Kinn faßte und mein Gesicht ihrem fragenden, lächelnden Gesichte zuwandte. Sie wollte, daß man sie unterrichte, daß man ihr Aufgaben auferlege, daß man sie als eine Unterthänige behandle; hätte man sie von Zeit zu Zeit bestraft, es hätte ihr eine innere Freude gemacht. Wenn sie mir so schmeichelte und meine Aufmerksamkeit erzwang, wurde mir oft sehr schwül zu Muthe. Um ihre Unschuld nicht zu stören, mußte ich sie gewähren lassen, oder ich mußte mich bezwingen und ihr dieses Wesen mit Brummen und Unfreundlichkeit zu verweisen.

Lotti war mir der liebste Umgang im Hause; ich

beneidete die Gouvernante, eine ungebildete, sogar etwas
rohe Französin, um ihre Gesellschaft, deren sie sich den
größten Theil des Tages erfreuen konnte und deren
Werth sie so wenig zu schätzen wußte. Die Französin
hätte das Haus längst verlassen müssen, wenn Lotti nicht
auch sie in ihren Schutz genommen hätte. Sie erröthete
zwar oft, wenn die Französin ihre Unwissenheit verrieth
oder plattes, abgeschmacktes Zeug sagte, aber sie that,
als ob sie sie liebte, und aus Rücksicht für Lotti behielt
man sie im Hause. Lotti that noch mehr für ihre
Gouvernante, der sie auf diese Weise ihre Stellung
rettete; sie suchte sie auf die zarteste Art für eine solche
Stellung geschickt zu machen, indem sie sie, bewußt oder
unbewußt, erzog und den Kreis ihres Wissens auszu=
dehnen strebte. Sie erzählte ihr auf ihren Spazier=
gängen das Interessanteste aus der Weltgeschichte, und
zwar in einer unterhaltenden Form, wie man einem
Kinde Märchen erzählt, da sie gemerkt hatte, daß eine
ernsthafte Mittheilung sie langweilte; sie brachte ihr die
Grundbegriffe der Geographie bei und sprach ihr von
den Dichtern ihres Vaterlandes. Dies alles, während
sie ihre gehorsamste Schülerin war und sich wegen eines
französischen orthographischen Fehlers, den die Gouver=
nante auch nur mit dem Buche in der Hand erkannte,
die härtesten Dinge sagen ließ. Vielleicht war es ihr
darum lieb, wenn ich von Zeit zu Zeit meinen und
Paul's Spaziergang mit dem ihrigen vereinigte. Sie

klatschte vor Freude in die Hände, wenn ich beim Gabel=
Frühstück eine solche Absicht ankündigte, und wenn ich
es lange nicht gethan, erschien sie manchmal zum Aus=
gehen gerüstet, mit dem Hut auf dem Kopfe, mit dem
Sonnenschirm in der Hand in meiner Thür und sah
mich fragend aber schweigend an. — Soll ich mit, Lotti?
Auf eine solche Frage neigte sie das Köpfchen auf die
rechte Schulter und lachte. Rief ich dann den kleinen
Paul und nahm Hut und Stock, war sie wie ein Blitz
im zweiten Stockwerk, wo sie mit der Gouvernante
wohnte, und ich hörte, wie sie schon von der Treppe hinauf
rief: Monsieur Berg va avec nous! — Auf solchen
Spaziergängen hing sie an meinem Arm und war heiter
und schweigsam. Sie hörte ernst, was ich mit der Gou=
vernante sprach. Zu Hause angekommen, konnte sie der
Mutter Stunden lang von diesem Spaziergange er=
zählen und ihn ihr so schön ausmalen, daß die Mutter
am Ende solcher Erzählungen regelmäßig zu sagen pflegte:
Ich muß doch einmal mitgehen! ich muß doch einmal
mitgehen!

Lieber waren mir die Stunden, die ich mit Lotti an
schönen Sommer=Abenden in einer Ecke des Balcons
verbrachte, während Paul, Mathilde und die anderen
Kinder auf der Terasse spielten, die Gouvernante sich
in der anderen Ecke mit dem Buchhalter unterhielt und
laut lachte. Wie schöne Dinge sagte da Lotti: es waren
Gedichte und Märchen. Sie bevölkerte die Sterne mit

ihren Phantasieen und machte aus jeder Wolke ein
Feenland. Einzelne Worte verriethen eine Ahnung alles
Glückes und aller Schmerzen des Lebens, aller Glück-
seligkeiten und Leiden, die ihr noch ein Geheimniß waren.
Es war manchmal, als ob sie sagen wollte: Ich weiß
mehr von der Welt und vom Herzen als du ahnst. Ich
sah sie darauf überrascht an, und siehe da, ein Kind stand
vor mir, das kindlichste aller Kinder. Ein zukünftiges
Weib hatte nur aus dem Schlafe gesprochen. Manchmal
wieder erschrack ich, wie eine besorgte Mutter, die ihr
Kind zu klug und zu gut für diese Welt findet; dann
beruhigte das frische, volle Leben, das aus diesen Augen
blitzte, das aus diesen rothen Lippen, aus diesen weißen
Zähnen lachte.

Manchmal, wenn ich dieser Abendgespräche halber
einen Freundeskreis verließ und heimkehrte, war ich unangenehm getäuscht. Lotti war nirgends zu finden. Sie
ist auf ihrer Stube, hieß es. Aber auch dort war sie
nicht. Endlich entdeckte ich sie unten im Hofe in der
Portiers-Wohnung. Ich belauschte sie durchs Fenster;
da saß sie mit ernstem, doch aufmunterndem Gesichte
und gab bei einer elenden Talgkerze der achtjährigen
Portiers-Tochter Unterricht. Wie oft belauschte ich sie
so! Später bemerkte ich, daß neben der Talgkerze noch
eine Stearinkerze brannte; die hatte Lotti, wie sie, als
der wiederholte Diebstahl bemerkt wurde, selber bekannte,
um einen ungerechten Verdacht niederzuschlagen, oben

aus der Küche entwendet. Wenn die Unterrichtsstunde zu Ende war, zog sie ihr Dessert aus der Tasche, das sie bei Tische eingesteckt hatte, um ihre Schülerin zu belohnen. — Eines Abends sah mich Herr Kistner am Fenster stehen; er näherte sich und sah, was ich belauschte, und lauschte mit. Das Herz war uns beiden voll bei diesem lieblichen Schauspiel; wir drückten einander die Hände und waren seitdem viel intimere Freunde.

Sie wissen das Kind zu schätzen, lieber Berg, sagte er, das macht Sie mir werth. Wir zogen die Mutter und die Gouvernante ins Geheimniß und beschlossen, Lotti in ihrer Wirksamkeit nicht zu stören und ihre Abwesenheit während der Abendstunde nicht zu bemerken. Aber das Geheimniß wurde offenbar, als die Portiers-Tochter eines Tages im Hofe auf- und abging und französische Vocabeln auswendig lernte und endlich, am Erfolge verzweifelnd, laut zu weinen anfing und jedem, der sie nach der Ursache fragte, von ihren Lectionen bei Fräulein Lotti erzählte. Lotti wollte ihr alles beibringen' was sie selber wußte, und so war auch die französische Sprache an die Reihe gekommen. Die gute Lotti hatte nun viel zu leiden. Die Französin nannte sie eine Portiers-Gouvernante, und nun nannten sie auch die Kinder so. Aber sie ertrug es mit Lächeln und kaufte sämmtlichen Kindern den Spitznamen mit Geschenken ab. Nur der kleine vierjährige Bruder verstand nichts von der bindenden Kraft eines Vertrages und nannte sie nach wie vor Portiers-Gouvernante, und er fuhr fort damit, da es Lotti lachen machte.

So vergingen zwei glückliche Jahre. Ich wußte nicht, wie glücklich sie waren; ich wußte nicht, wie sehr heimisch ich in dem Hause geworden. Ich war einundzwanzig Jahre alt, mein Schicksal, das Ahasverusthum fing an, sich mit Macht geltend zu machen. Ich hatte Lust, die Welt zu sehen; es zog mich in eine größere Stadt; in der Residenz wollte ich meine Studien beenden; ich setzte einen Freund an meine Stelle und verließ das Haus — mit jenem Egoismus, mit jener Härte der Jugend, die nur die Zukunft sieht und für die Gegenwart kein liebendes, ruhendes, gern verweilendes Auge hat.

Es thut mir leid, sagte Herr Kistner, aber ich begreife, daß Sie Sich umsehen wollen; leben Sie wohl. Schade, daß Sie nicht länger bei Lotti bleiben können.

Lotti sagte nichts. Mit herabhangenden Armen ließ sie sich von mir umfassen und küssen, und als ich aus der Stube trat, wandte sie sich um und sah die Noten an, die auf dem Claviere lagen.

In der Residenz angekommen, schrieb ich sogleich an meine Schüler und an Herrn und Frau Kistner, kündigte ihnen meine glückliche Ankunft an und versprach, nächstens ausführlicher zu sein — und schrieb nicht wieder. Eine neue Welt, neues Leben, neue Arbeiten faßten mich mit der ganzen Kraft der Jugend, die in mir war. Neue Eindrücke machten die alten zu halbverwischten Erinnerungen. Ein Tag nach dem anderen wob seinen dünnen Schleier vor die Vergangenheit, bis die dünnen Schleier zusammen einen dicken Vorhang bildeten, und — wie gesagt — ich lebte in der Zukunft. Der Mensch lebt so lange in der Zukunft, bis er mit Einem Male in der Vergangenheit lebt. Aber dieser Moment der plötzlichen Umkehr war mir damals noch fern, sehr fern. Die Gegenwart beschäftigte mich nur in so weit, als sie mir die Hülfsmittel zur Erringung einer zukünftigen Freiheit liefern sollte. Ich studirte, ich promovirte, ich sah mir die Welt und die Gesellschaft an, ich machte Bekanntschaften, ich warf mich in politische Verbindungen, ich bereis'te einen Theil Europa's. Das Leben in der Welt kann ermüden, aber nicht beruhigen: es kann auch Erfolge bieten, aber nicht sättigen. Es ist wie jene Bordeaux-Weine, die, je mehr man davon trinkt, desto größeren Durst wecken. Jedes Ereigniß des bewegten Lebens hat, wie die Häuser in den großen Städten, seine hervorspringenden Steine, an denen weiter gebaut werden muß. Wer sich nicht mit einem Hofe wie in seiner Welt abschließt, muß weiter bauen. Ich habe in meinem fünfundzwanzigsten Jahre an einen solchen Abschluß noch nicht gedacht; nichts lag meinem ganzen Wesen so fern, wie Selbstbegränzung, Beschränkung. Mein bisheriges Leben betrachtete ich als Lehrjahre; die Wanderjahre sollten mit der gewonnenen Ausrüstung erst recht beginnen. Ich stand am Anfange einer Laufbahn.

Bevor ich mich aufs Neue vom Stapel laufen ließ, mußte ich in meine Provinz und in die alte Universitäts-Stadt zurückkehren. Als ich durch das breite dunkle Thor derselben einfuhr, fiel es mir schwer aufs Herz, wie sehr ich der Familie Kistner in diesen vier Jahren fremd geworden. Im Posthofe angekommen, ließ ich meinen Koffer ins Gasthaus tragen und nicht zu Kistner's, was mir vor vier Jahren eine Unmöglichkeit geschienen haben würde. Doch war mein erster Weg in das alte befreundete Haus. Es war noch ziemlich früh; Herr Kistner war schon in seinem Comptoir: Madame war nicht angekleidet; so lief ich gleich eine Treppe höher, klopfte an Lotti's Zimmer und stürzte, ohne ein Herein abzuwarten, in den bekannten stillen Raum. Da stand eine blühende Jungfrau vor mir, und ich blieb einen Schritt weit hinter ihr stehen, und die Arme, die sich gehoben hatten, sie zu umfassen, sanken erschrocken herab. Sie aber, sobald sie mich erkannt hatte, lag an meinem Herzen und die augenblickliche Entfremdung verschwand — aber auch nur einen Augenblick. Das Kind, die ehemalige Schülerin hatte sich dem Lehrer ans Herz geworfen — sobald wir einander ansahen, standen sich der fünfundzwanzigjährige junge Mann und die Jungfrau gegenüber.

Diese Umarmung des Wiedersehens war der Abschied vom alten Verhältnisse. In dem lebhaften Gespräche, das sich nach einigen Minuten der Verlegenheit entspann, war es mir nicht mehr möglich, den alten Ton zu finden; ich fühlte die ganze Ueberlegenheit, die ein schönes, edles, achtzehnjähriges Mädchen oft gegen unseren Willen auf uns ausübt, selbst wenn wir Greise sind, um wie viel mehr, wenn man in dem Mädchen alle Glücks= und Unglücksmöglichkeiten dämmern sieht! Nur um einige schöne Trümmer der alten Vertraulichkeit zu retten, faßte ich manchmal mit Bewußtsein ihre Hand und nannte sie schlechtweg: meine liebe Lotti. Alle die schönen Keime, die mir dereinst das Kind so theuer und, wie ich wähnte, unvergeßlich gemacht, hatten sich in ihrem Geiste, wie in ihrem Gemüthe entwickelt. Der Schalk war in den Hintergrund getreten, aber sie lachte noch so herzlich und kindlich wie ehemals, nur daß sich in ihrem Lachen wie in ihrem Ernst immer ein anmuthiges Maß kund that. Doch war mir etwas eng zu Muthe; ich brauchte Zeit, bis ich wieder das Kind in ihr entdeckte, und ich fühlte mich etwas fremd. Erst als sie mich in den Salon führte und sich die ganze Familie mit alter Liebe um mich versammelte, wurde ich wieder ganz heimisch, und wie mir Lotti die Kinder eins nach dem anderen zuführte und die schüchternen aufmunterte, sah ich wieder dieselbe kleine Person, die schon in so früher Jugend die Beschützerin und Führerin der andern machte.

Man sah sich nach meinem Koffer um, und da wurde ich denn mit Vorwürfen überhäuft, daß ich nicht im

Hause abgestiegen, und als ich nach einer Stunde Er=
zählens, Plauderns, Scherzens von Rückkehr in mein
Gasthaus sprach, da hatte Lotti schon alle meine Hab=
seligkeiten holen lassen und ich war in meiner alten Stube
vollkommen eingerichtet.

Es waren einige glückliche Tage, die ich in dem
Hause zubrachte. Ich fühlte mich so wohl unter dem
Scepter Lotti's, denn sie war es, die jetzt die ganze
Wirthschaft leitete; ihr gehorchte, ihrer milden Autorität
unterwarf sich Alles, sie wurde in allen Angelegenheiten
von Vater und Mutter zu Rathe gezogen. Meine liebste
Beschäftigung war es, sie in ihrem Walten und Wirken
zu beobachten; da mußte ich denn staunen, wie Alles
so ordnungsvoll herging und ohne Lärmen, wie sie
überall dabei war und immer unbeschäftigt schien, trotz=
dem sie neben der Wirthschaft das ganze Amt der ent=
lassenen Gouvernante ausübte, und wie sich bei all' den
Beschäftigungen schöne Schätze von Kenntnissen in ihrem
Geist angesammelt hatten. Ich weckte gern das An=
denken alter Zeiten, und wir setzten uns hin, wie ehe=
mals, und nahmen ein Buch und lasen. Wir waren
ungestört, denn ich hatte es mir als eine Gunst erbe=
ten, daß die wenigen mir gegönnten Tage nur im
Schooße der Familie hingehen, daß keine Fremden ge=
laden oder empfangen werden sollten. Sobald ich mich
gewisser Maßen wieder als Lehrer neben Lotti hingesetzt
hatte, kehrte auch das alte ruhige Gefühl wieder, das

an der holden Schülerin seine Freude hatte. Jede Unruhe, jede Befangenheit schwand, und das Zusammenleben wurde dadurch vielleicht nur um so schöner.

Der letzte Tag wurde zu einem gemeinschaftlichen Spaziergange benutzt. Wir durchstreiften einen großen Park. Lotti ging an meiner Seite, an meinem Arme und hörte mir schweigend zu, wie ich ihr von meinen großen Planen erzählte. Mit Einem Male verließ sie mich, um nach den Kindern zu sehen; ich schloß mich an Herrn Kistner an.

Wie herrlich, sagte ich, hat sich Ihre Lotti entwickelt!

Nicht wahr? erwiderte er; sie ist ein liebes Mädchen, gut, liebend, und sie hat so Vieles und so gut gelernt. Loyal, wie sie ist, hat sie die Versprechen gehalten, die ihre Kindheit gegeben. Hübsch ist sie auch; finden Sie nicht?

Hübsch? rief ich — sie ist imponirend schön, und sie wäre es, wenn sie häßlich wäre.

Und doch — seufzte Herr Kistner und zuckte die Achseln.

Was wollen Sie sagen? fragte ich.

Für wen ist sie alles, was sie ist? sagte Herr Kistner, bitter lächelnd — für irgend einen Börsenmann, einen Lederhändler. Mit meinen sieben Kindern bin ich kein reicher Mann; es steht ihr keine große Auswahl zu Gebote — und wie die Verhältnisse sind — ich darf nicht daran denken.

Herr Kistner schwieg. Ich wollte antworten, als Lotti, roth im Gesichte, laufend auf mich zukam und, auf einen kleinen von hohen Buchen umgebenen Rasenplatz deutend, zu mir sagte: Erinnern Sie Sich, Herr Berg?

Wessen, liebe Lotti?

Ach ja, sagte sie, Sie haben es wohl vergessen. Hier auf diesem Platze haben Sie uns die Odyssee erzählt. Ich werde mich immer des Eindruckes erinnern. Sie legten an der Stelle, wo der Sänger von den Thaten des Odysseus erzählt, den Arm über die Augen, Odysseus nachahmend, wie er sich mit dem Mantel verhüllt. O, ich erinnere mich ganz genau. Wir weinten alle über den Tod des treuen Hundes Argos. — Ist es nicht seltsam, fügte sie langsamer und nachdenklich hinzu, daß Sie mir so eben, in demselben Parke, von Ihrer zukünftigen Odyssee sprachen, von allen Wanderungen, die Sie vorhaben? — Wer weiß, wann Sie von Ihrer Odyssee zurückkommen?

Lotti hat Recht, sagte Herr Kistner; es ist mir auch so, als gingen Sie auf die hohe See, als wären Sie bestimmt, von den Wellen des Lebens lange, lange umhergeschaukelt und an verschiedene Küsten geworfen zu werden.

Nicht wahr, Papa? murmelte Lotti vor sich hin. Es war, als hätte sie nur denken wollen, was sie unwillkürlich aussprach.

Schweigsamer, als wir ausgezogen waren, kehrten wir des Abends zurück. Lotti hatte mich um die Erlaubniß gebeten, ihre Freundinnen einzuladen, um sie mit mir bekannt zu machen. Wir fanden sie schon im Hause versammelt, und ich konnte bald bemerken, wie Lotti, ohne es zu wollen, in ihrer Mitte eine hervorragende Rolle spielte. Sie richteten sich nach ihr, sie nahmen ihre Freundschafts-Bezeugungen mit Dankbarkeit und Stolz entgegen, sie wußte mir von jeder etwas Gutes und Schönes zu sagen und freute sich, wie im Laufe des Abends eine schnelle Vertrautheit zwischen uns sich entwickelte. Später servirte sie den Thee und machte die liebenswürdige Hausfrau.

Als die Freundinnen gingen und Lotti sie auf die Treppe begleitete, blieb ich mit Frau Kistner allein im Salon. Ich setzte mich zu ihr aufs Sopha und sagte scherzend: Frau Kistner, jetzt gehe ich in die Welt und mache mein Glück; sobald ich eine Million habe, komme ich zurück und hole mir Ihre Lotti.

Sie können auch etwas früher kommen, lieber Berg, erwiederte Frau Kistner, ebenfalls scherzend.

Drei Tage darauf zog ich mit einem Manuscripte im Koffer in Leipzig ein; nach wenigen Wochen hatte sich das Manuscript in ein Buch verwandelt, und das Buch hatte Erfolg. Man sprach von mir in den Zeitungen, aus den verschiedensten Gegenden Deutschlands bekam ich schmeichelhafte Briefe von Unbekannten; man kam mir überall entgegen. Zeitschriften und Buchhändler warben um mich; in der Gesellschaft wurde ich mit Auszeichnung behandelt. Es kam mir vor, als hätte ich in Allem und Jedem die Wahl, und ich schien mir ein gemachter Mann. Ich wollte mich an der Universität habilitiren und glaubte hoffen zu dürfen, daß sich mit Hülfe meines Namens und fleißiger Arbeit die unfruchtbare Stellung eines Privat-Docenten leicht in eine fruchtbringende und ehrenvolle verwandeln werde.

Bei allen Zeichen meines Erfolges, bei allen Hoffnungen, die er weckte, dachte ich an Lotti und daß ich mir sie holen dürfe, noch bevor ich Millionär geworden. Darum hatten meine Gedanken, ganz gegen meine Natur, die mich immer hinaustrieb in das bewegte Leben, eine so solide Richtung genommen; ein stilles arbeitsames Leben an ihrer Seite schien mir das Wünschenswertheste, und das Bild eines solchen Lebens war in meinem Herzen fertig und begleitete mich durch alle Windungen und Wandlungen, in die ich in Folge meiner neuen Stellung gerieth. Eines Tages setzte ich mich hin und verfaßte einen langen, an meinen Vater gerichteten Brief, in welchem ich ihm die Geschichte meiner letzten Monate aufs ausführlichste aus einander setzte. In einem P. S. fragte ich ihn, was er für mich zu thun gesonnen, im Falle ich mich verheirathete; denn, fügte ich hinzu, ich bin fest entschlossen, mich so bald als möglich mit einem überaus liebenswürdigen und ausgezeichneten Mädchen zu verheirathen. Nächstens mehr, lieber Vater, wenn ich nur erst eine Antwort auf meine Frage erhalten habe. —

Mein Vater ließ mich lange auf diese Antwort warten; sie hätte nach acht Tagen da sein können; sie traf erst nach einigen Wochen ein. Er sprach auf mehreren Seiten eben so ausführlich von seinen Angelegenheiten, wie ich von den meinigen gesprochen hatte; auf meine beabsichtigte Heirath kam er ebenfalls erst in der Nachschrift. Da hieß es: Was deine Heirath betrifft, so bin ich Folgendes zu thun gesonnen: Ich will mit meinem Freunde, dem Doctor Riegler, sprechen und ihn bitten, zwei gute Stuben für dich und deine zukünftige Frau bereit zu halten. Ich bin überzeugt, daß, wenn ich ihm die Umstände näher aus einander setze, er mir meine Bitte gewähren werde.

Das war ein fürchterlich abkühlendes Sturzbad. Doctor Riegler ist der Director des Narrenhauses in unserer Gegend. — Ich war empört über diese Antwort und — fand sie bald gerechtfertigt. Ich hatte indessen einsehen gelernt, daß es Jahre bedurfte, bis ich mir eine Stellung machte, wie ich sie noch vor Kurzem vom Himmel fallen sah. Dazu kamen in Folge des Buches, in welchem manche den Regierungen unangenehme Grundsätze ausgesprochen waren, allerlei Beunruhigungen von Seiten der Behörden, und ich sagte mir: es wäre Verbrechen, das Schicksal eines geliebten Wesens, das für das heimlichste Glück des Hauses geschaffen ist, an eine auf bewegten Wellen schwimmende Existenz zu knüpfen. Ich stellte das Bild Lotti's mit dem Gesichte gegen die Wand und überließ mich dem Rausche, den ich aus den schmächtigen Blüthen meines Erfolges sog, als wäre es unsterblicher Ruhm. Ich lebte, ich trieb mich umher und begegnete — einer ganz kleinen, zarten, blassen, magern, aber reizenden Polin.

Wissen Sie, meine Freunde, was das ist, eine Polin? — Eine Polin ist eine verführerische Creatur, die mit ihren kleinen Füßchen sehr gern auf einem Männerherzen herumtrampelt, die es im Spiele her und hin, herauf und hinunter wirft, wie einen Federball, die es lächelnd mit Stecknadeln durchbohrt und sich in die Hände klatschend an seinen Zuckungen ergötzt. Nun aber ist die Liebe des Mannes und alles, was man so nennt, wie jene Gräser, die immer höher aufwachsen, je mehr man sie tritt. Der Stolz des Mannes empört sich zwar gegen dieses Getretenwerden, aber seine Eitelkeit ist mächtiger; er will ausharren, bis er gesiegt hat, und Gefühl, Wille, Phantasie verstricken sich mehr und mehr. Es entsteht ein Kampf zwischen seinen besseren und seinen kleinlichen Gefühlen, der aufreibend und entwürdigend ist. Diese Liebe regt nicht den Grund des Herzens auf, wie die wahre und wirkliche, aber sie bewegt und erschüttert es an allen seinen Oberflächen; sie ist nicht so tief, aber sie ist heftiger. Sie hat wüste

Momente, und wüst und müde geht man aus ihr hervor und um einen großen Theil des Jugend-Capitals ärmer. Die wirkliche Liebe macht stätig, ruhig, arbeitsam; sie richtet den Blick schön sorgend auf die Zukunft; diese Leidenschaft, diese Liebe zu einer Coquette beunruhigt fortwährend und bannt in die engen Schranken des Momentes, wie in ein Netz, in dem man zappelt, gleich einem Fische. Tritt man aus der Epoche einer edlen Liebe, so ist es, als hätte man ein schönes Land durchwandert; man blickt gern und lächelnd zurück und bewahrt die Erinnerungen als schöne Errungenschaften. Nach der Liebe zu einer Coquette ist es, als träte man aus einer Wildniß voll Gestrüpp in eine Wüste. Eine Wüste ist der Kopf, eine Brandstätte das Herz.

Ich sage nur so viel von einer Episode, die mich definitiv allen Heiraths-Gedanken entriß und das schöne, ruhige Bild Lotti's mit Spinngewebe überschleierte. Glücklicher Weise zwangen mich jene angedeuteten politischen Verfolgungen zur Flucht, und so entkam ich auch jener gefährlicheren Gewalt der reizenden Polin. Ich durchzog Deutschland und andere Länder und ruhte endlich in Paris aus.

Der Divan Lepelletier, ein Kaffeehaus, war damals der Ort, wo die Fremden, die etwas vom geistigen Leben der französischen Hauptstadt kennen lernen wollten, sich gern versammelten. Dort sah man manche Größen der Kunst, Literatur und der politischen Welt und man hörte ihre lauten Gespräche, die durch keine polzeiliche Späherei beschränkt waren. Dort saß ich eines Abends, als mich zu meiner freudigsten Ueberraschung Herr Gerbert, der Musiklehrer Lotti's, anredete. Er war soeben nach Paris gekommen, in der Absicht, sich von hier aus einen Namen zu machen und dann eine Kunstreise zu unternehmen, oder auch, je nach Umständen, sich in Paris festzusetzen. Bei seinem Anblicke fühlte ich mich mit Einem Male wieder in die Atmosphäre des Kistner'schen Hauses versetzt; die ganze alte Zeit lebte in mir auf; es war mir, als hörte ich Burgmüller's Melodieen, von Lotti gespielt, aus dem Salon, durch das Vorzimmer in meine dunkle Stube dringen. Ich zog Herrn Gerbert in einen Winkel, wir setzten uns hin und begannen zu plaudern. Trotz ihren geringen musikalischen Talenten, war Lotti doch immer eine seiner liebsten Schülerinnen gewesen, und so kam das Gespräch natürlich auch bald auf sie.

Sie wissen? — sagte er — sie ist Braut!

Braut? — rief ich — mit wem? — mit einem Lederhändler?

Nein, erwiderte Herr Gerbert, mit einem Zucker=Fabrikanten.

Was ist er sonst? und wie ist er?

Ich weiß nicht viel von ihm — aber es soll ein braver, liebenswürdiger und gebildeter Mensch sein.

Desto besser.

Der Musiklehrer sprach mir darauf, nach Art aller

Neuangekommenen, viel über die Vorzüge und Fehler von Paris und gestattete mir, schweigsam zu sein. Dann führte ich ihn noch einige Male auf den Boulevards auf und ab und ging nach Hause.

Ich hatte die Nachricht von Lotti's Verlobung ziemlich ruhig, ja, sehr ruhig, nur mit Ueberraschung wegen der Neuheit und mit freundlicher Theilnahme aufgenommen; aber der Gedanke, daß nun Lotti Braut sei, verließ mich nicht mehr; er bohrte sich immer tiefer in mein Herz, und als ich mich auf meiner Stube allein fand, gehörte ich ihm ganz. Das ganze Gefühl für Lotti, welches ich bei unserem Abschied mitgenommen und das durch das bewegte, vielgestaltige Leben der letzten zwei Jahre so sehr in den Hintergrund gedrängt worden, trat wieder hervor; mein ganzes inneres Wesen, das seit der verzehrenden Leidenschaft für die Polin brach zu liegen schien, wurde wieder lebendig; alte, begrabene Keime regten sich wieder, als ob sie aus dem verbrannten Boden hervorsprießen wollten. Ich erinnerte mich jedes Wortes, jedes Erlebnisses mit Lotti, jedes ihrer Blicke, jeder Bewegung, und ihre Schönheit wie ihre seelischen Vorzüge standen klar vor mir. Ich verglich sie mit der Polin und konnte nicht begreifen, wie ich sie über diese einen Augenblick vergessen mochte, und verurtheilte das ganze männliche Geschlecht, das sich lieber berauschen, betäuben, als von echten Vorzügen echt beglücken läßt.

Nachdem ich lange in der Stube auf und ab ge-

gangen, warf ich mich unmuthig ins Bett. Da wurde
ich für Lotti's Zukunft besorgt. Hat sie einen Mann
gefunden, der sie zu würdigen versteht? Nein! ich konnte
es nicht glauben, trotz dem Lobe, das ihm Herr Gerbert
gespendet, ohne daß ich die Ursache meines Unglaubens
entdeckt hätte. Mit Einem Male bildete ich mir ein,
daß ich allein dazu ausersehen war, Lotti glücklich zu
machen, und während ich mir Vorwürfe machte, diese
schöne Bestimmung verfehlt zu haben, malte ich mir
zugleich ein glückliches Bild nach dem andern aus, und
während ich eine Art von stachelnden Gewissensbissen
fühlte, schwelgte ich zugleich in den Phantasieen eines
unerschöpflichen häuslichen Glückes. Ich warf mich hin
und her; meine Pulse pochten; ich lag im Fieber. —
Thorheit! sagte ich mir, sollte man nicht meinen, daß
du sie geliebt hast? Niemals! Du hattest eine aufrichtige,
tiefe Freundschaft für sie; als du sie zu heirathen beab=
sichtigtest, wolltest du eine sehr verständige, zweckmäßige
Heirath machen, weil du dir sagtest, daß Lotti eine treff=
liche Hausfrau gäbe. Das ist Alles! Es ist unerlaubt,
sich von seiner Phantasie in eine solche Unruhe fort=
reißen zu lassen.

So raisonnirend wurde ich etwas ruhiger, und da
ich aus Erfahrung wußte, daß ich alle Aufregungen am
besten mit der Feder in der Hand beschwichtigte, sprang
ich auf und setzte mich spät nach Mitternacht an den

Tisch, um, wie es Pflicht und schicklich war, an Herrn Kistner und an Lotti Gratulationsbriefe zu schreiben.

Lange saß ich da vor den Papieren und wußte nicht, an wen ich zuerst schreiben sollte, ob an den Vater oder an die Tochter. Ich entschloß mich zu Letzterem, als der Hauptsache; ist diese abgemacht, werde ich wohl ruhiger sein. Aber wie sie ansprechen, wie überhaupt zu ihr reden? Ich fühlte, daß ich den Ton für sie verloren hatte, und kam mir plötzlich ihr gegenüber schrecklich fremd vor. Ich wollte mir über Ton und Inhalt erst klar werden; ich zündete eine Cigarre an und öffnete das Fenster und sah hinaus. Beim Anblick der Sterne dachte ich an jene längst vergangenen Abendstunden auf dem Balcone. Das liebe Kind stand wieder neben mir — ich hatte Angst, weich zu werden. Da fiel mein Blick auf eine sonderbare Scene. Mir gegenüber in einem anstoßenden Hofe wohnte eine ganze Seiltänzer-Familie. Der Vater und zwei Knaben waren eben von einer nächtlichen Vorstellung in einem Kaffeehause, oder aus den Elysäischen Feldern heimgekehrt und hatten noch die bunte Gauklertracht an. Der Vater nahm ein kleines Kind, das bei seinem Eintritte erwacht war, aus dem Bette, lief damit in der Stube auf und ab, und wiegte und schaukelte es. Da es nicht wieder einschlafen wollte, streckte er sich auf den Boden und scherzte und spielte mit ihm, während die Mutter an dem Heerd stand und das Spätmahl für die Heimgekehrten bereitete. Die beiden Knaben halfen ihr dabei und schienen ihr zu erzählen; dann wurde der Inhalt des Kessels über dem Herde in eine große Schüssel geschüttet und die ganze Familie setzte sich um den Tisch und genoß plaudernd und lachend. Diese Gaukler schienen ein sehr glückliches, liebendes Leben zu führen. Anfangs hatte mich das Schauspiel etwas zerstreut, bald aber führte es mich auf den Gedanken zurück, der mein ganzes Sein in dieser Nacht beherrschte. — Häusliches Glück! Häusliches Glück! murmelte ich, und neue Bilder fing ich an zu malen. Ich schloß das Fenster und begann zu schreiben; aber ich schrieb mich wieder in die Unruhe hinein, in die ich mich vorhin hineingedacht hatte. Ungeduldig und müde, mich länger zu beobachten und zu überwachen, ließ ich meinen Gedanken und meiner Feder freien Lauf — und als ich das Geschriebene überlas, entsetzte ich mich vor der Leidenschaft, die aus jeder Zeile sprach. Ich zerriß den Brief und fing einen andern an; wie ich die Feder hielt, hatte ich das Gefühl, als ob ich ein wildes Pferd bändigend am Zügel hielte. Ich beobachtete mich, ich dictirte mir laut und langsam jedes Wort — da war es ein steifes, kaltes, verlegenes Gratulationsschreiben. Was würde Lotti denken, wenn sie Solches von mir läse! Auch dieser Brief wurde zerrissen und ein dritter und ein vierter. Das Schreiben hatte das Fieber zurückgebracht, ich schüttelte mich und warf mich auf das Bett — ich ließ die Zügel meines Selbst fallen und die Gedanken ihren wilden Gang gehen. Ach, wie sie ausgriffen nach rechts und links — nach vorwärts und rückwärts — die Kerze brannte immer tiefer — sie hatte ausgebrannt — es war hell im Zimmer, ich merkte es nicht. Der Tag war breit und glänzend da, in den Straßen schrieen schon die hundert Ausrufer — ich hatte noch kein Auge geschlossen — es war die erste schlaflose Nacht meines Lebens. — —

Ein Jahr nach dieser schlaflosen Nacht brachten mich die politischen Umwälzungen wieder zurück in die Provincial-Hauptstadt meiner Heimath. Da ich nunmehr, etwas ruhebedürftig, einen längeren Aufenthalt nehmen wollte, miethete ich eine kleine Wohnung. Zu Kistner's kam ich jeden Tag. Wie anders war es jetzt im Hause! Lotti war fort und bewohnte mit ihrem Manne eine andere Provinzhauptstadt; es war, als wäre mit ihr die Geschichte des Hauses zu Ende gegangen, obwohl noch sechs andere Kinder da waren. Diese wie die Eltern lebten in der Erinnerung an die schöne Zeit, wo noch Lotti da gewesen. Nur wenn ein Brief von ihr kam, wurde es lebendig und gab es eine Gegenwart. Herr Kistner war mit der Heirath zufrieden, und das war mir genug, und ich fragte nicht weiter nach Einzelheiten. In ihren Briefen sprach Lotti mit großer Hochachtung von ihrem Manne; wozu sollte ich etwas Näheres wissen wollen? Ich wich sogar allen genaueren Mittheilungen aus. —
Nun war die Reihe an Mathilde. Auch sie war schon

verlobt, auch sie sollte in die Ferne ziehen. Man war im Hause mit den Vorbereitungen zur Ausstattung und zur Hochzeit beschäftigt; das brachte wieder einiges Leben hervor.

Eines Nachmittags fand ich Mathilde kramend und ordnend unter den hundert Kleinigkeiten, die sich in einem Mädchenleben aufhäufen. Sie sichtete, was mitzunehmen war, von dem Gleichgültigen aus, als sie unter Anderem vor meinen Augen einen großen Pack Papiere aus der Tiefe eines Kastens zog.

Siehe da, das hätte ich bald vergessen, sagte sie, sehen Sie, Herr Berg, das sind Papiere, die mir Lotti zurückgelassen und die sie nicht mitnehmen wollte. Was fange ich nun damit an? Soll ich sie mit mir nehmen oder hier zurücklassen? oder soll ich sie verbrennen?

Es kommt darauf an, was sie enthalten. Was enthalten denn diese Papiere?

Was werden sie auch enthalten! rief Mathilde; vielleicht alte Schulaufgaben, allerlei Erinnerungen aus der Kindheit — vielleicht auch Verse, denn Lotti schrieb manchmal Verse und allerlei. Das Beste ist wohl, Sie haben die Güte und sehen diese Papiere durch und sondern aus, was werth ist, aufbewahrt zu werden. Wollen Sie?

Geht das? fragte ich bedenklich, wäre das Lotti recht?

Ach was! lachte Mathilde; Lotti hat vor Niemand Geheimnisse, am wenigsten vor Ihnen. — Uebrigens ist von dergleichen gar nicht die Rede. — Sie werden Aufgaben und Stylübungen finden, die Sie vielleicht interessiren werden, da manche noch Ihrer Zeit angehören mögen.

Darauf hin nahm ich denn spät Abends die Papiere unter den Arm und wanderte vergnügt nach Hause. Ich schloß meine Stube, zündete zwei Kerzen an, schob meinen Lehnstuhl an den Tisch, steckte eine Cigarre in den Mund und setzte mich hin, um ungestört ein stilles Fest der Erinnerung zu feiern; ich war überzeugt, in den Papieren manches zu finden, was, wie eine altbekannte Melodie, wie ein liebes vertrauts Gesicht nach langer Trennung, alte Zeiten neu verklärt heraufbeschwört.

Ich öffnete das Paket und musterte es erst im Allgemeinen, indem ich das Auge über die Blätter hinstreifen ließ: da sah ich Gedichte, Tagebuchblätter, unabgeschickte Briefe, Alles von Lotti's eigener Hand. Dann fing ich zu lesen an. Ich las nicht lange, und feurige Hitze fuhr in meine Stirn, die Hände, welche die Blätter hielten, zitterten, mein Herz pochte. Ich ahnte, daß ich in ein Geheimniß blickte, das mir vor Allen verschlossen sein sollte. Ich fing rasch zu blättern an und las bruchstückweise bald in der Mitte, bald gegen Ende. Alle diese Gedichte, diese Briefe waren an mich gerichtet — es war kein Zweifel, obwohl mein Name nicht genannt war — alle diese Tagebuchblätter beschäftigten sich mit mir; sie begleiteten mich liebend, sorgend auf allen meinen Irrfahrten: und welcher Segen, welche Hoffnungen, welche Sehnsucht waren an meiner Seite dahingegangen, ohne daß ich es geahnt! Und das Alles von frühester Kindheit an — ich — ich war ihr ganzes Leben — der Gedanke an mich war mit all ihrem Denken und Fühlen verwachsen und Eins und untheilbar. — Ich las und las und stürzte endlich weinend auf die Papiere hin und begrub mein Gesicht in diese Blätter voll von Liebe und stillem Schmerze. O Gott, welch ein reiches Herz war mein, welch ein unendliches Glück war mir emporgewachsen, und ich war daran vorübergegangen für immer!

Und der Morgen kam und fand mich mit ausgestreckten Armen auf diesen Blättern liegend, wie auf einem bethauten Grabe.

IV.

Wirkung in die Ferne.

Hermann erzählt:

Es ist wahr, daß man zur Zeit der Nationalversammlung in Frankfurt a. M. sehr liebenswürdig gegen uns gewesen. Das Zusammenstürzen, wenigstes das zeitweilige, der Schranken, die sonst Stände von Ständen geschieden, das Chaos, die Anarchie in den Ideen — Alles erleichterte die Zuvorkommenheit. Man lebte wie in einem Gedränge, in welchem man die unerwartetsten Zusammenkünfte feiert, und die Aufregung machte, daß man mehr als sonst die Formen vernachlässigte und daß aus einer flüchtigen Berührung leicht eine dauernde oder, wenn auch nicht dauernde, doch intime Verbindung wurde. Wir Deputirten hatten es in so fern besser als

Andere, als wir einen sichtbaren Standpunkt einnahmen, neue Erscheinungen waren und darum die Frauen ohne weiteres hervorragendes Verdienst interessirten. Es ist gewiß, daß manchem Volksvertreter manches Glück zu Theil wurde, das er als gewöhnlicher Sterblicher in gewöhnlichen Zeiten nicht gekostet haben würde; indessen so arg, wie man es oft darzustellen suchte, war es doch nicht, und was an Argem übrig bleibt, wenn man die Erfindung von der Wahrheit abzieht, vertheilt sich auf fremde und einheimische, weiche Herzen zu gleichen Theilen. Die Zeit war ja auch zu kurz — und die Stadt zu klein. — Die meisten dieser Verbindungen waren flüchtiger, vorübergehender Natur; aber manches, was sich daran knüpfte, als bloße Nebensache, hatte Wirkungen, die sich im späteren Leben geltend machten.

In einer wunderschönen, mondhellen Julinacht schlich ich aus einem der lieblichen Landhäuser vor dem Eschenheimer Thore über den Rasenplatz des Gartens dem Gartengitter zu. Das Gitterthor war geschlossen, und ich kletterte, wie ich das schon gewohnt war, hinauf, indem ich den Fuß auf das Schloß setzte, und war eben im Begriffe, mich über die spitzigen Lanzen hinaus ins Freie zu schwingen, um dann der Stadt und meiner Wohnung zuzueilen. Da ertönte aus der Ferne der Ruf: Diebe! Diebe! Ich erkannte die Stimmen mehrerer meiner Collegen. Sie hatten in der Nähe in einer Weinschenke gezecht und wanderten voll des süßen Weines

ihren Wohnungen zu. Ihr Ruf: Diebe! Diebe! galt
mir, der ich allerdings wie ein Dieb, der mit seiner
Beute davon schleicht, ausgesehen haben mochte. Hätten
sie mich erreicht und erkannt — der Scandal wäre am
nächsten Tage groß, eine mir geliebte Person wäre aufs
schrecklichste bloßgestellt, ein süßes Geheimniß enthüllt
gewesen. — Rasch sprang ich vom Gitter und eilte da=
von. Aber meine Collegen wurden meine Verfolger.
Aufgeregt vom Wein, wie sie waren, mochte es sie un=
terhalten, auf einen Dieb Jagd zu machen, und wie
Jäger setzten sie sich mit Geschrei in Bewegung und
keuchten hinter mir her wie eine Meute. Ich lief wie
ein gehetzter Hirsch, und um sie von der rechten Spur
abzubringen, verließ ich meinen eigentlichen Weg und
vertiefte mich in das Irrgewinde zwischen den Gärten
und Landhäusern, wohl bedenkend, daß, wenn ich der
Stadt zueilte, sie mich am geschlossenen Thore, das erst
geöffnet werden mußte, erreichen könnten, oder daß mich
Polizei und Stadtsoldaten daselbst, auf den Ruf meiner
Verfolger hin, anhalten würden. Die Schatten zwischen
den Gartenmauern hingegen versprachen mir Sicherheit.
Aber umsonst! Lief ich wie Hektor, so liefen die Anderen
wie Achilles, besonders Einer. Dieser, ein ziemlich guter
Freund, hat es nie geahnt, welchen Angstschweiß er mir
mit seinen Hirschbeinen und mit seinem schrecklichen Ge=
schrei auf die Stirn trieb; armer Freund! er hat seine
Grausamkeit gegen mich in fremder, kalter Ferne gebüßt;

er liegt in Amerika begraben. Er konnte das Brod des Exiles nicht verdauen. — Ich lief und lief. — Ein schwarzer leichter Mantel, den ich bei solchen Gelegenheiten zu tragen pflegte, um mich im Nothfalle zu verhüllen und meine Gestalt unkenntlich machen zu können, war mir nur hinderlich, indem er die Bewegung der Arme und Beine beengte. Fast gab ich mich auf, denn immer näher kam das Getrampel und das Geschrei meiner Verfolger.

Da stand, vom Schatten bedeckt, links von meinem Wege eine Gartenthür offen und in der Gartenthür ein Mann, der nach dem Lärm herauslauschte und sich, da ich mich näherte, zurückziehen wollte. Aber schon hatte ich ihn erkannt. Ich stürzte auf ihn zu und keuchte mit dem kleinen Rest des Athems, der mir geblieben: Fürst, man verfolgt mich! Ich konnte nicht mehr sagen.

Der Fürst — denn es war der Fürst L., mein College in der Nationalversammlung — als ein erfahrener Mann verstand mich sehr schnell und wußte sofort, um was es sich handelte.

Aha! Capisco! lispelte er, nahm mich am Arm, zog mich in den Garten und schloß die Thür, ganz leise, leise. Eine Minute darauf stürmten meine Verfolger draußen vorbei, es muß ihnen gewesen sein, als hätte mich die Erde verschlungen. Als der Lärm in der Ferne verhallt war, fragte der Fürst: Ein Abenteuer?

Ja! antwortete ich, noch athemlos.

Connu! — Wir dürfen jetzt nicht fort, sagte er weiter mit gedämpfter Stimme — wir könnten ihm begegnen, und damit wäre auch mir nicht gedient.

So sprechend drehte er den Schlüssel im Schloß und sagte weiter: Sie sind sehr aufgeregt; ruhen Sie hier ein wenig aus. Kommen Sie!

Er wandte sich dem Hause zu, das ungefähr zwanzig Schritte weit, mitten im Garten, vor uns lag. Ich folgte ihm und wollte über den Sandweg gehen; da aber der Sand unter meinem Schritte zu knistern anfing, wandte er sich zu mir, nahm mich am Arm und führte mich über einen grünen Rasenplatz der erhöhten Veranda zu, die mit zwei Treppen auf den Rasenplatz mündete. So kamen wir ganz geräuschlos auf die Veranda. Ich nahm mich zusammen, um nicht den geringsten Lärm zu machen, denn ich wußte, daß der Fürst nicht hier wohnte und daß wir uns auf fremdem Grund und Boden befanden. Meine eigene Lage machte mir die seinige rasch verständlich, und jeder Zweifel schwand, als er ein kleines Schlüsselchen aus der Tasche zog und die Glasthür öffnete, die von der Veranda in das Innere des Hauses führte. Dies gethan, führte er mich in eine kleinere, dann in eine größere Stube, die durch den Mond nur sehr spärlich erleuchtet war. Er ließ mich stehen und entfernte sich auf einen Augenblick. Ich merkte an seinen Schritten, daß er die Oertlichkeit genau kannte,

und hörte ihn an einem Schranke kramen. Gleich darauf
blitzte ein Zündhölzchen auf, und zwei Kerzen wurden
entzündet. Ich befand mich in einem Speisesaal, und
hätte ich das Haus auch nicht schon draußen erkannt,
ein Familien-Portrait an der Wand hätte es mir jetzt
verrathen, wo ich mich befand. — Der Fürst sah, daß
ich das Portrait bemerkte und lächelte.

Setzen Sie Sich, sagte er, indem er die Leuchter
auf den Tisch stellte.

Ich setzte mich; er ging wieder an den Schrank und
kam mit einer Flasche Madeira und zwei Gläsern zurück
und setzte sich zu mir.

So! — sagte er — jetzt geniren Sie Sich nicht —
wir sind wie zu Hause.

In der That machte er die Honneurs, als wäre er
zu Hause bei sich. Er schenkte beide Gläser voll: Jetzt
trinken wir auf das Wohl unserer Abenteuer!

Die Situation gefiel mir außerordentlich; das ganze
Wesen des Fürsten erschien mir liebenswürdig und überaus
humoristisch, und herzhaft stieß ich an.

St! lispelte er — nicht zu laut! Wir haben nichts
zu fürchten, aber da oben gerade über uns schläft eine
liebe Person den Schlaf des Gerechten. Wir wollen
nicht unschuldigen Schlaf morden.

Wir stießen noch einmal und leiser an. Da schlug
die bronzene Uhr an der Wand Zwei.

Zwei Uhr, sagte der Fürst, eine schöne Stunde, wir

haben Zeit zum Plaudern. Sie sind mir Vertrauen
schuldig — ich habe Sie vor Verfolgern gerettet — war
ein Ehemann, un mari outragé unter ihnen? Erzählen
Sie — aber sotto voce, wenn ich bitten darf.

So saßen wir da, vor dem Weinglase, in fremdem
Garten, in fremdem Hause, von fremden Familienbildern
angesehen, spät nach Mitternacht, zwei Menschen der
verschiedensten Stände, der entgegengesetztesten Parteien
und Ansichten, und plauderten und theilten einander mit,
und je mehr wir plauderten und tranken, desto größer
wurde unser Vertrauen. Kein Prophet hätte es errathen,
daß wir zwei Vertraute waren, und kein Prophet hätte
uns um diese Stunde in dieser Stube gesucht. Die
Gerüchte in der Stadt, die sich viel mit dem interessanten
Fürsten beschäftigten, waren von ihm sehr glücklich und
geschickt irre geleitet, und allgemein wähnte man sein
Herz ganz anderswo gebunden. Auf der Dame, die
über uns schlief und die zu den schönsten der Stadt
gehörte, ruhte auch nicht der geringste Verdacht, und
niemals hatte man von dieser intimen Verbindung die
entfernteste Ahnung.

Die Madeira=Flasche und unsere Herzen waren zur
Hälfte geleert; beinahe zwei Stunden waren aufs ange=
nehmste und gemüthlichste vergangen; der Tag füllte
schon die Stube, und die Kerzen waren überflüssig. Der
Fürst löschte sie aus, stellte Flasche und Gläser wieder
in den Schrank und meinte, es sei nun Zeit, aufzu=

brechen. Wir gingen wieder über den Rasenplatz der Gartenthür zu. Er schloß auf, zog den Schlüssel aus dem Schlosse, schloß die Thür von außen und steckte den Schlüssel in die Tasche. Wie ich mich umwandte, um zuzusehen, bemerkte ich, wie sich ein Fenstervorhang im ersten Stockwerke, gerade über dem Speisesaal, bewegte. Auch der Fürst bemerkte es und sagte: Sie hat heute wenig geschlafen; sie hat uns gehört, und die Neugierde hat sie nicht schlafen lassen. Das liebe Weib wird den ganzen Tag Migräne haben, und was ich mit meinem frühen Fortgehen bezweckte, haben Sie mit Ihrem Abenteuer verhindert. Armes Geschöpf! Aber die Geschichte wird sie amusiren; ich werde ihr Alles erzählen müssen. Sie ist schrecklich neugierig!

Das Erlebniß, das Gespräch, der Wein — Alles hatte uns aufgeregt. Wir dachten nicht an Schlaf und wanderten erst auf den Promenaden, unter den letzten Liedern der Nachtigallen, auf und ab, dann weiter hinaus vor die Stadt, durch die dampfenden Felder, wo bereits die Lerchen sangen und die Sonne ein Meer frischen und erfrischenden Lichtes ausgoß. Der Taunus sah aus, wie ein südliches Gebirge. Es war ein herrlicher Morgen. Der Fürst erzählte von Spanien, von Don Carlos, vom Bürgerkriege u. s. w., und die Zeit verging noch rascher, als im Speisesaal jenes Landhauses. Plötzlich standen wir vor dem Main. Er muthete uns so erfrischend an; ein Bad schien uns sehr wohlthuend nach solcher Nacht, und wir warfen die Kleider ab und stürzten uns in die herrliche, ruhig, tief dahin gehende Flut. Auf dem Rückwege nahmen wir noch zusammen ein Frühstück ein, und als wir endlich in der Stadt ankamen, war es bald Zeit, in die Sitzung zu gehen. — Ade! sagte der Fürst, als wir uns trennten. — Sie kennen mein Geheimniß, ich kenne Ihres; ich hoffe, daß Sie darum eben so wenig besorgt sind, wie ich es bin.

An demselben Tage hielt der Fürst eine seiner glänzenden Reden, in denen er meiner Partei freche und böse Dinge sagte, und für die ich ihn auszischte. Die aristokratischen Damen auf der Galerie applaudirten ihm mit Fanatismus. Ich sah hinauf — die weibliche Crême der Gesellschaft war da, auch jene Dame, die für die Bändigerin dieses Löwen galt, und die wohl in diesem Augenblicke von all den anderen Damen beneidet wurde, denn der abtretende Redner warf ihr einen liebevollen Blick zu. Aber s i e, deren ungebetener Gastfreund ich in dieser Nacht gewesen, von deren Madeira ich getrunken, sie war nicht da. Sie kam nie ins Parlament, wenn der Fürst eine Rede hielt; ihr genügte seine Privat=Beredtsamkeit.

Aber am folgenden Tage war sie in der Paulskirche, und zwar auf der unteren Galerie, in deren nächster Nähe die Linke saß. Sie sah mich einen Moment mit einverständigem Blicke an; ein nur mir bemerkbares Lächeln flog über ihre Mundwinkel, dann schien sie wieder sehr aufmerksam dem Redner zu horchen. Aber ich konnte kaum den Blick von ihr wenden, denn sie war schön, o, wie schön! — Doch ist es mir verboten, ihre Schönheit zu beschreiben. Ich weiß nur, daß ich den Fürsten in meinen Gedanken glücklich pries und ein wenig beneidete. Unwillkürlich wandte sich mein Blick nach ihm, und siehe da, der seinige lag auf mir und beobachtete mich. Ich trat aus der Bank und stellte mich isolirt vor die Tribune, wo ein freier Platz war. Bald darauf fing der Fürst an, in der Versammlung hin und her zu gehen, und endlich stand er, als ob ihn der Zufall dahin geführt hätte, neben mir.

Sie weiß Alles, sagte er zu mir, ich habe ihr Alles erzählt. Wie hat sie gelacht, so daß mich das Abenteuer doppelt freute! Aber wie hat sie die Neugierde geplagt! Sie gestand mir, daß sie das Ohr an den Boden ihres Schlafzimmers gelegt, um zu horchen. Als wir gingen, hat sie Sie erkannt, und Sie sind ihr jetzt einer der interessantesten Menschen der Welt.

Während er mir so sprach, schielte ich mit einem Auge nach ihr — die wir Frau von Castel nennen wollen — ihr Gesicht war von Marmor. Nicht ein Zug, nicht ein Zucken verrieth, daß sie sich für unser Zwiegespräch interessirte. Wir waren gar nicht vorhanden; sie horchte auf den langweiligen Redner, der eine Geschäfts=ordnungs=Frage erörterte, als predigte er goldene Weis=

heit, als lehrte er den geraden Weg zu ewigem, unverwelklichem Glücke.

Ich konnte nicht umhin und machte den Fürsten darauf aufmerksam. — O, sagte er, das überrascht mich nicht! — Die kann es, das weiß ich — die kann es so gut, daß ich manchmal darüber erschrecke. Aber sie ist sehr liebenswürdig, und ich liebe die Weiber, die einer so gewaltigen Diplomatie fähig sind. Die Kraft der Verstellung und Heuchelei, mit Schönheit und Anmuth gepaart, ist eigentlich das Dämonischste, und darum das Interessanteste, was die Menschheit hervorbringen kann.

Wieder theilte der Fürst der Frau von Castel unser ganzes Gespräch mit und brachte mir dafür einige freundliche Worte von ihr zurück. So ging es durch einige Zeit. Grüße, Complimente, Witze wurden von dem geistreichen Boten, oft von ihm bereichert und ausgeschmückt, hin und her getragen; er fand ein eigenes Vergnügen in dieser Beschäftigung, und es bildete sich ein ziemlich intimes Verhältniß, von dessen Existenz in der ganzen Welt keine vierte Person eine Ahnung hatte — und bei all dem habe ich mit dieser Frau, für die ich mich mehr und mehr interessirte, persönlich nie ein Wort gewechselt. — Einmal traf ich sie ganz allein in einem ziemlich einsamen Laubgange der Promenade zwischen dem Eschenheimer und Bockenheimer Thore. Schon von fern, da sie mich kommen sah, lächelte sie sehr freundlich, und an mir vorübergehend grüßte sie mit einem sehr lebhaften Kopfnicken. Ich fühlte mich sehr versucht, sie anzusprechen, aber da ich zaudernd stehen blieb und mich umsah, sagte es mir ihr beschleunigter Schritt, daß sie nicht angesprochen sein wollte. — Einige Tage nach dieser Begegnung traf ich sie zu meiner größten Ueberraschung des Abends beim Thee in einem der Privathäuser. Sie kannte mich nicht und da die Hausfrau sie fragte, ob sie mich nicht vorstellen solle, antwortete sie laut genug, daß ich es hören konnte, sie wolle mit einem Demokraten nichts zu thun haben. — Die sehr gutmüthige Hausfrau war in Verlegenheit. — Er hat Sie gewiß gehört! — sagte sie vorwurfsvoll zu Frau von Castel. — Diese zuckte die Achseln, als ob sie sich nichts daraus mache, einen solchen Menschen zu beleidigen. — Ich erinnerte mich der freundlichen Botschaft, die mir der Fürst erst diesen Morgen bestellt hatte, und dachte: Wahrhaftig, das heiße ich Vorsicht und Verstellung etwas zu weit treiben. — Noch lebhafter aber dachte ich das, als ich eine Minute später das Gespräch auf den Fürsten, seine Beredtsamkeit, seinen Geist, seine glänzenden Eigenschaften wandte und selbst mehrere seiner Feinde ihm in mancher Beziehung Gerechtigkeit widerfahren ließen, Frau von Castel aber ihn auf das geistreichste und mit dem schönsten Redner-Talente so arg zerlegte und analysirte, daß selbst die Vorzüge, die ihm seine Feinde zugestanden, in einem höchst zweifelhaften und ärmlichen Lichte erschienen. — Als ich den Fürsten am nächsten Morgen sprach, war er schon von Allem unterrichtet und wiederholte mir Wort für Wort den ganzen Charivari, den seine Geliebte gegen ihn losgelassen. — So werden Reputationen gemacht, so wird Geschichte geschrieben, sagte er lachend, während Frau von Castel mit unbeweglichem Gesichte von der Galerie auf die Versammlung in der Pauls= kirche niedersah und die Physiognomicen mehrerer Berühmt= heiten zu studiren schien.

So vergingen Wochen.

Sie alle, meine Herren, kennen das Schicksal des Fürsten L. Er wurde im Aufruhr des 18. September erschlagen. Ich stand auf der Zeil, auf meinem Posten, denn ich war einer der Deputirten, die den Waffen= Stillstand zu Wege gebracht, und ich befand mich dort, um die Erneuerung der Feindseligkeiten zu verhindern, während mehrere meiner Collegen im Thurn=Taris'schen Palaste beim Ministerium beschäftigt waren. Eine große Schaar von Bürgern umstand mich und überhäufte mich mit Vorwürfen im Namen meiner ganzen Partei, die man für diesen Tag verantwortlich machte. Die guten Bürger, je mehr sie sprachen, desto tiefer redeten sie sich in eine wahrhaftige, wohlgemeinte Wuth hinein. Ich konnte nichts Besseres thun, als die hundert aufgeregten Stimmen auf mich einstürmen zu lassen. Da drängte sich ein kleiner kaum fünfzehnjähriger Turner durch die Masse und rief mit schrecklicher Naivetät; Der Fürst L. ist ermordet! — Hätten ihn die ergrimmten Bürger ge=

hört, ich wäre vielleicht verloren gewesen, ich wäre möglicher Weise sofort als Sühnopfer für den todten Fürsten gefallen, für den Mann, der mein Vertrauter, dessen Vertrauter in den zartesten Herzens-Angelegenheiten ich gewesen. Das Schicksal hätte da wieder eine seiner schönen Irenieen ausgeführt. — Aber — es ist wunderbar — kein Mensch hörte auf den kleinen Turner — sei es, daß die Wüthenden zu sehr mit dem Momente beschäftigt gewesen, sei es, daß man den Worten des Knaben nicht glaubte. Ich hatte Zeit, dem Turner die Hand auf den Mund zu legen, obwohl ich seiner Botschaft auch nicht glaubte und sie nur für eines der Gerüchte hielt, wie sie an solchen Tagen leicht entstehen. Mittlerweile wurde es spät, und ich mußte, der Erneuerung des Waffen-Stillstandes wegen, der indessen abgelaufen war, in die Wohnung des Reichsverwesers, wo ich mehrere Deputirte und Hofherren des Erzherzogs versammelt fand und wo mir die Botschaft des Turners bestätigt wurde. Mein erster Gedanke bei dieser Bestätigung gehörte der schönen Frau von Castel. Ich sah sie verzweifelnd, händeringend, elend. Hätten mich nicht höhere Pflichten in der Stadt zurückgehalten, ich wäre zu ihr hinaus geeilt — und während die Kanonen wieder zu donnern anfingen, waren meine Gedanken zu gleicher Zeit mit dem ganzen Unglück des Tages, der Zeit und mit dem Unglücke dieser Frau beschäftigt.

Auch in den ersten unheimlichen Tagen, die auf den

18. September folgten, trug ich immer die Absicht mit mir, mich zu ihr zu schleichen und ihr, wo möglich, Trost zu bringen; aber bei kälterer Ueberlegung fragte ich mich, unter welchem Vorwande ich in ihr Haus dringen solle, ob ihr ein Besuch, der ihr Geheimniß vielleicht bloß stellen könne, angenehm wäre, — und ich kam beinahe ganz von meiner Absicht ab, als ich sie kaum fünf Tage nach dem Tode des Fürsten an der Seite eines Mannes stolz, ruhig durch die Straßen der Stadt schreiten sah. Nicht ein Fältchen in ihrem Gesichte verrieth, daß sie in dieser letzten Zeit Trübsal erlitten; mich sah sie mit derselben Ruhe und Kälte an, wie ehemals. — Das ist mir doch etwas zu viel Verstellung, sagte ich mir mit einiger Entrüstung. Aber ich kannte ja ihre hohe Kunst, und es schien mir, daß ich ihr Unrecht thue. Der Himmel weiß, wie viel sie unter dieser Hülle leidet — wenn ihr Gram zu ihrer Verstellung im richtigen Verhältnisse steht, dann muß er ungeheuer sein. Man weiß es ja, daß die größten Seelenschmerzen die unkenntlichsten sind, zumal bei Weibern. Wer kennt das Weib? So eine Frau geht Jahre lang blühend, glänzend, bezaubernd durchs Leben, mit Einem Male bricht sie zusammen, und man erfährt, daß seit lange ein Wurm ihr ganzes inneres Wesen aufgezehrt hat. — Die Verstellung der Frau von Castel, die mich im ersten Augenblicke empört hatte, erfüllte mich, je länger ich darüber nachdachte, mit dem innigsten

Mitleid. Sie war mir als eine Unglückliche und als ein Räthsel doppelt anziehend geworden.

An einem der letzten Septembertage, einem trüben, nebeligen, traurigen Tage schlich ich wie ein Dieb um ihr Haus. Durchs Gartengitter sah ich, wie Diener und Dienerinnen mit Einpacken beschäftigt waren. Auf der bekannten Veranda standen offene Koffer und Kisten. — Sie verreis't, dachte ich, sie hat einen Entschluß gefaßt, sie muß also zu einer gewissen Ruhe gekommen sein; würdest du sie durch deinen Anblick, durch dein Gespräch nicht wieder in dieser Ruhe stören und ihr, anstatt Gutes, nur Böses thun? — Ich trat nicht ein, sondern schlich weiter, aber nicht fort vom Hause. Ich schlich an der Gartenmauer hin und kam zwischen zwei Gärten, hinter das Haus und den Garten der Frau von Castel. Da war eine kleine Holzbank angebracht; ich setzte mich hin und träumte. Welke Blätter fielen auf mich nieder; ich sah auf nach dem Baume, der mir diese melancholischen Todtenzettel schickte, und bemerkte bei dieser Gelegenheit, daß die Gartenmauer nicht hoch war, daß ich, wenn ich mich auf die Lehne der Bank stellte, in den Garten sehen konnte. — Vielleicht erspähe ich etwas, was mir über die verwittwete Geliebte des Fürsten Kunde gibt! — Ich stellte mich auf die Lehne und konnte beide Arme auf den Rand der Mauer stemmen. So stand ich fest und sicher.

Ich sah in ein geräumiges Gartenland, das park-

artig und mehr englisch angelegt war. Mehrere Bäume
südlicher Abstammung, die sich aus der großen Wiese
in der Mitte erhoben, standen bereits nackt und frierend
da, traurig wie Verbannte. Die Sandwege rechts und
links von der Wiese waren von welken Blättern bedeckt;
hier und da zitterte ein Blatt langsam dem Boden entgegen, obwohl sich kein Lüftchen rührte. Es schien, als
wäre es der Schwere des Nebels erlegen, oder als wäre
der klagende Ton des Herbstvogels, der in seiner Nähe
einzelne Seufzer ausstieß, stark genug gewesen, um es
mit seinem krankenden Stiele vom Zweige loszulösen.
Die Bäume und Gebüsche an den Wänden waren noch
dicht genug belaubt, aber bereits gelb, braun und roth
gefärbt. Die Blumen in den runden Beeten mitten in
der Wiese ließen die Köpfe hangen; nur magere Monats-
rosen schienen, ihres Looses unbewußt, der Vergänglichkeit
zu spotten. Er war sehr melancholisch anzusehen, dieser
schön und heiter angelegte Garten; seine ganze Stimmung
klang harmonisch mit der meinigen zusammen, und so
war ich wie die ganze Umgebung gehörig vorbereitet für
den Anblick, der sich mir darbot, als mein Blick an einer
Laube, die links von mir an der Gartenwand angebracht
war, hangen blieb.

Dort, auf einer Bank, saß Frau von Castel. Ihr
schöner Kopf hing tief auf die Brust hinab, daß das
Gesicht kaum zu sehen war; der ganze untere Theil war
unter den Armen verborgen, die sie gekreuzt und fest über

die Brust hielt. Die Füße hatte sie auf die Bank heraufgezogen, und die Kniee berührten beinahe die Stirn. So zusammengeknäuelt saß oder lag sie da — fast unförmlich und bewegungslos. Man hätte sie für todt gehalten, wenn sich ein todter Körper in solcher Lage erhalten könnte. Trotz der späten Nachmittagsstunde hatte sie noch ihr leichtes, weißes Morgenkleid — und kein Tuch, keine Decke, die sie gegen den kalten Nebel geschützt hätte. Die elegante Morgen-Toilette weggedacht, sah sie aus wie jene Weiber und Kinder, die man an kalten Abenden in Paris und London in den Winkeln der Straßen kauernd sieht. Es war ein Bild der Noth und des Elends — wie das Bild jenes berühmten Meisters, der den Schmerz ausdrückte, ohne das Gesicht sehen zu lassen. — Während ich sie so betrachtete — ich gestehe es, daß ich Thränen in den Augen hatte —, kam ihre Kammerjungfer vom Hause her. Sie blieb vor ihrer Herrin stehen und sprach einige Worte, die ich nicht hören konnte. Frau von Castel blieb unbeweglich. Die Kammerjungfer wurde dringender und legte ihr endlich die Hand auf die Schulter und schüttelte sie leise. Sie erhob den Kopf und sah die Zofe gedankenlos an. Da diese wieder zu sprechen anfing, ließ die Frau ein langes, langes Wimmern hören, das zitternd bis zu mir gelangte, dann ließ sie wieder den Kopf auf die Arme fallen und beharrte in der vorigen Stellung. Die Kammerjungfer schüttelte traurig den Kopf und ging ins Haus. Nach einigen Minuten kam sie mit einem Tuche auf dem Arme wieder, breitete es aus und legte es über Kopf und Körper der Frau — die es geschehen ließ, ohne sich zu regen, ohne ein Wort zu sagen. Die Zofe setzte sich dann auf einen Schemel ihr zu Füßen, seufzte, faltete beide Hände im Schooße zusammen und ließ die Blicke über den Garten irren. — Ich fürchtete, daß sie mich erblicken könnte, auch hörte ich von fern Leute herbeikommen und verließ traurigen Herzens meinen Späher-Standpunkt.

Zwei Tage darauf erfuhr ich, daß Frau von Castel Frankfurt verlassen und sich auf eines ihrer Güter im Norden Deutschlands begeben. Ich ging hinaus vor ihr Haus. Alle Jalousieen waren geschlossen; der Garten war öde — nur der Hund des Gärtners lief bellend in den schönen Räumen umher.

* * *

Da Ihnen, meine Freunde, meine Geschichte und meine Schicksale bekannt sind, so wissen Sie nun, wie jenes merkwürdige, geheimnißvolle Trio zerrissen wurde. Der Fürst war erschlagen, seine Geliebte war aus der Welt in die Einsamkeit verschwunden, und ich überschritt, nicht ganz neun Monate nach dem Tode des Fürsten, die Gränzen des Vaterlandes, um den Weg des Exiles anzutreten. Um mich zu zerstreuen, um die erlittenen Niederlagen der letzten Zeit so viel als thunlich und er-

laubt zu vergessen, blieb ich erst, in Arbeit vertieft, einige
Monate am Genfer See sitzen, dann durchstreifte ich die
Schweiz, Großbritannien und Irland, Holland und
Belgien, das südliche Frankreich und setzte mich endlich,
des Umherirrens müde, in Paris fest. Die Hoffnung,
bald wieder ins Vaterland zurückkehren zu können, war
zögernd, aber endlich ganz aus meinem Herzen ausgezo=
gen, und ich sah ein, daß ich mir etwas schaffen müsse,
was die Heimat so gut oder schlecht als möglich ersetze.
Am besten wird die Heimat durch ein home, eine Häus=
lichkeit ersetzt, und ich dachte an Heirath, an einen Haus=
stand, an Weib und Kinder. Die Idee kam mir nicht
so abstract, theoretisch aus der Luft, wie ich es hier dar=
stelle, sondern personificirt in der Gestalt einer schönen
Engländerin, Alice, die mir auf den ersten Blick den
Muth zu einem solchen Schritte, das Vertrauen und
unendlich viel Sympathie einflößte. Alice hatte einen
berühmten Namen, sehr viele häusliche Tugenden, noch
mehr Liebreiz — aber keinen Penny. Da ich mich in
Bezug auf die Vermögensverhältnisse in derselben Lage
befand, so galt es, sich eine Stellung zu machen, die
eine Familie anständig und bescheiden ernähre. Dazu
sollte mir ein berühmter dramatischer Dichter Frankreichs,
in dessen Hause ich Alice kennen gelernt, und der sie
liebte wie eine Tochter, behülflich sein.

Das College St. Barbe ist eine der berühmtesten
Lehranstalten von Paris. Es ist auf große Privatmittel

begründet, sehr reich und wird von einem Comité geleitet, das sich ganz aus Barbisten, d. i. aus ehemaligen Schülern dieser Institution, zusammensetzt. Die Barbisten pflegen diese Institution, die ihr Stolz ist und aus der viele der berühmtesten Männer Frankreichs hervorgegangen, mit großer Liebe, und eine Art Freimaurerthum verbindet sie durch alle späteren Lebensverhältnisse. Die Professoren, die in diesem Collegium lesen, sind vom Staate vollkommen unabhängig, haben keinen Eid zu leisten und sind materiell besser gestellt, als die Professoren ähnlicher unter dem Staate stehender Institute. — Der dramatische Dichter, von dem ich spreche, ist Barbist und Mitglied des Comités, in welchem er, in Folge seines berühmten Namens, den größten Einfluß ausübt. Eine Stelle im College St. Barbe war frei; ich sollte sie erhalten, das war ausgemacht; der Dramatiker wollte dazu seinen ganzen Einfluß aufwenden; dann sollte geheirathet werden und das Glück in meine und Alice's Ehe mit vollen Segeln einziehen. Es war Alles auf das schönste geordnet. Doch mit des Geschickes Mächten ist kein ewiger Bund zu flechten. Eben als ich in den Hafen einlaufen wollte, erhob sich eine Klippe, und das Schifflein, das mein bescheidenes Glück trug, zerschellte. Jenes Frankfurter Abenteuer, jene Mitwissenschaft der Liebe des todten Fürsten ist schuld daran, daß ich ein alter Junggeselle geworden.

Eines Abends — es war zu Anfang des Jahres

1853 — als wir in der Rue de Pigalle gemüthlich zusammensaßen — der Dichter hatte uns eben die zwei letzten Acte einer neuen Komödie vorgelesen, die seitdem über alle Bühnen Europa's gegangen — und Thee tranken, der Dichter, seine fromme Frau, Miß Alice und ich, sagte Madame mit Einem Male zu mir gewandt: A propos! Kommen Sie ja nächsten Dinstag-Abend; Sie werden eine höchst ausgezeichnete Landsmännin, die uns empfohlen ist, kennen lernen; oder kennen Sie vielleicht schon Madame de Castel aus Frankfurt?

Bei diesem Namen sprang ich vor Ueberraschung von meinem Sitze auf. Das ganze Frankfurter Erlebniß, über das fünf Jahre ihre Schleier der Vergangenheit gewoben, stand auf das lebhafteste vor mir. Die Physiologen sagen, daß man im Traume die Dinge nicht nach einander, sondern auf einmal und neben einander sehe, wie auf einem Bilde. So sah ich Alles auf einmal und neben einander. Meinen ersten nächtlichen Eintritt in das Haus an der Hand des todten Fürsten — oben in ihrem Schlafzimmer die schöne Frau, die das Ohr an den Boden legt, um uns zu behorchen — dann dieselbe mit dem theilnahmlosen Gesichte auf der Galerie der Paulskirche — dieselbe, die mich auf der Promenade mit unbeschreiblich freundlichem Lächeln grüßt, als den Vertrauten ihres Glückes — dieselbe in der Laube ihres Gartens zusammengebrochen, stumm, wimmernd — aufgegeben. — Ich starrte vor mich hin und sah diese Bilder an, die leibhaftig, alle auf einmal, eins über und neben dem anderen, wie in einer Galerie in der Luft vor meinen Augen hingen.

Sie kennen sie also? fragte Madame.

Die Frage brachte mich wieder zu Bewußtsein. Wird Frau von Castel von mir gekannt sein wollen — oder nicht? Ich zögerte mit der Antwort; endlich setzte ich mich, und ohne Jemanden anzusehen, sagte ich: Non! Nein!

Madame schüttelte den Kopf und sagte: Sie sind sonderbar, Monsieur Hermann, und schien mit mir unzufrieden.

Alice sah mich forschend an; der Dramatiker sagte: Da steckt etwas dahinter.

Gewiß, da steckt etwas dahinter, wiederholte Madame und schüttelte wieder den Kopf.

Man schwieg, man schien eine Erklärung zu erwarten, und da ich keine gab, war man verstimmt und ging früher als gewöhnlich auseinander.

Nächsten Dinstag fand ich mich in der Rue de Pigalle sehr früh ein; ich wollte der Gesellschaft daselbst zeigen, daß ich die Zusammenkunft mit Frau von Castel nicht zu fürchten hätte, wie man den Verdacht zu haben schien. Die Verstimmung war indessen auch verflogen, und Madame unterhielt mich mit der ihr eigenen Beredtsamkeit von den Tugenden der Dame, die wir erwarteten und ich erfuhr bei dieser Gelegenheit Manches über die letzten vier Jahre der Geliebten des Fürsten L. Madame de Castel, sagte die Frau des dramatischen Dichters mit großer Begeisterung, ist das edelste Geschöpf, die ausgezeichnetste Frau, die ich jemals kennen gelernt. Als noch ihr Mann lebte — sie ist seit zwei Jahren Wittwe —, der Mann, der ihrer so wenig würdig war, that sie nicht wie andere Frauen, die das Glück, das sie nicht zu Hause finden, auswärts suchen — nein, sie zog sich in die Einsamkeit zurück, empfing nur sehr wenig Freunde und pflegte die Keime aller Tugenden, die der Herr in ihre Seele gelegt. Den Mann, dessen Berührung sie nur entweihen konnte, wußte sie ohne Scandal von sich fern zu halten; er verweilte in der Fremde oder auf seinen Gütern, während sie in ihrer geliebten Einsamkeit lebte, wie eine fromme Anachoretin. Die Gräuel der Revolution trieben sie in noch tiefere Einsamkeit, wo sie sich zur Vollendung ausbildete. Mit Gebet und frommen Werken, Werken der Barmherzigkeit, sind ihr die letzten Jahre hingegangen; sobald der Tod ihres Mannes ihr die freie Verfügung über ihr Vermögen gestattete, überließ sie eines ihrer Güter einer frommen Anstalt in Westfalen; jetzt befindet sie sich, ebenfalls frommer und barmherziger Werke wegen, zum Theil als Abgesandte einer gottesfürchtigen Gesellschaft, hier in Paris.

Aus solchen und anderen Reden der Hausfrau, die für Madame de Castel eine Verehrung hatte wie für eine Heilige, erkannte ich vor Allem, daß diese fromm geworden, und seufzte im Gedanken an die Leiden, die sie auf **diesen** Weg des Trostes geführt haben.

Erst gegen neun Uhr kam die sehnsüchtig Erwartete. Madame lief ihr bis ins Vorzimmer entgegen und nahm ihr selbst Hut und Tuch ab. Alice trat ihr bis an die Thür entgegen, verneigte sich tief und ließ sich von ihr auf die Stirn küssen; der alte Dramatiker küßte ihr die Hand. Ich hielt mich abseits, so daß ich nicht gleich bei ihrem Eintritte in den großen Salon, der nur durch eine Lampe beleuchtet war, von ihr gesehen werden konnte. Ich erkannte sie sogleich, obwohl sie ziemlich verändert war. Noch war sie schön, vielleicht schöner, jedenfalls imposanter, als damals; aber sie war um mehr als fünf Jahre gealtert. Das Gesicht war blaß und in die Länge gezogen: die Lippen und Nasenflügel feiner und dünner geworden. Ein beinahe schrecklicher Ernst, der durch ein ruhiges, fast möchte ich sagen: ecclesiastisches Lächeln nicht gemildert, durch die dunkle Tracht aber sehr erhöht wurde, lag über die ganze Erscheinung ausgegossen. Die drei Personen, die sie umstanden, sahen aus, als ständen sie unter ihrer Protection, und die ganze Gruppe erinnerte mich an die Donativbilder, auf denen die Portraits der frommen Geber ihre Schutzheilige umgeben, oder zu ihr hinaufsehen.

Nach den ersten Begrüßungen winkte mir die Hausfrau, daß ich näher kommen solle, und sagte dann zu

Frau von Castel: Erlauben Sie mir, daß ich Ihnen einen unserer Freunde, Ihren Landsmann, Herrn Hermann vorstelle?

Der Blick der Frau von Castel fiel auf mich. Ein leises Zittern vibrirte durch ihren ganzen Körper; ihre feinen Lippen schlossen sich noch fester als sonst, während sie ihren Kopf leise verneigte. Die Augen der drei anderen gegenwärtigen Personen irrten zwischen uns beiden hin und her.

Sie kennen wohl Herrn Hermann? fragte die Hausfrau.

Nein! antwortete Frau von Castel kurz und ausdrucksvoll.

Es ist derselbe, der in Frankfurt Abgeordneter beim Parlamente gewesen. — Sie werden wenigstens von ihm gehört haben? fragte die Hausfrau weiter.

Und ein abermaliges, eben so kurzes und ausdrucksvolles, wenn nicht ausdrucksvolleres „Nein!" bei dem mich zugleich ein bedeutsamer Blick streifte, war die Antwort.

Ihr Plan war also rasch gemacht; sie wollte auch hier, wie in Frankfurt, nicht gekannt sein und mich nicht kennen. Ich hätte auf diesen Plan leicht eingehen können, aber ich war in der peinlichsten Lage. Nach dem zweimaligen Nein, nachdem Frau von Castel sofort ein anderes Gespräch aufnahm, bemerkte ich, daß der Dramatiker, seine Frau und Alice sich eben so gedrückt und beengt fühlten wie ich. Ich wußte nicht, was mit mir anzufangen, und saß schweigend da. Abwechselnd sahen mich die drei Personen forschend an, wie einen Verdächtigen, wie einen, der uns möglicher Weise betrogen hat. Es konnte in der That nicht anders sein. Die Scene während meines letzten Besuches, als mir die Anwesenheit der Frau von Castel in Paris angekündigt wurde, verrieth ihnen, daß ein Geheimniß da sein müsse. Das zweimalige ausdrucksvolle Nein, das vielleicht ausdrucksvoller ausgefallen, als sie es selbst gewünscht, sagte mir zu deutlich, daß mich Frau von Castel, diese tugendhafte, ausgezeichnete Frau, diese Heilige, nicht kennen und nichts mit mir zu thun haben w o l l t e. Noch schlimmer, wenn sie mich in Wahrheit nicht kannte. Nach allem, was ich im vertrauten Kreise von meinem Leben in Deutschland und in Frankfurt erzählt hatte, mußte ich daselbst, besonders in dieser Stadt, ziemlich, ja, sehr bekannt sein. Madame de Castel kannte mich nicht einmal dem Namen nach; ich war also ein Prahler, ein Lügner, ein Betrüger — ein um so größerer Betrüger, als ich meine Erzählung mit einem solchen Accent der Wahrhaftigkeit hervorbrachte. Den dramatischen Dichter hatte ich nur durch Zufall kennen gelernt; er wußte von Deutschland sehr wenig, von mir gar nichts. Ich war ihm von keiner Seite her empfohlen worden; er war mir nur persönlich gut; wie leicht konnte man sich in mir getäuscht haben! Ich war ja ein Flüchtling, un homme sans feu ni lieu. Frau von Castel hingegen war von den höchsten kirchlichen und aristokratischen Autoritäten empfohlen und in ihren Kreisen eine Berühmtheit; in diesem Hause eine Heilige, an deren Wort, an deren Absichten nicht zu zweifeln war. Hätte sie vor den Augen der Hausfrau ein Verbrechen begangen, diese hätte es nicht geglaubt oder eine erhabene Absicht dahinter vermuthet. Sehr schlimm also, wenn sie mich nicht kannte, sehr schlimm, wenn sie mich nicht kennen wollte. Letzteres mußte den drei Personen das Wahrscheinlichere dünken, und welch ein Mensch war ich dann, wenn Frau von Castel meine Berührung scheute, wenn sie mich so weit verläugnete, selbst meinen Namen nicht kennen zu wollen!

Alles das bedachte ich und spann ich in Gedanken aus und saß da am Theetisch, wie auf der Armensünderbank, während Frau von Castel ruhe- und würdevoll über Paris und ihre Geschäfte sprach. Von Zeit zu Zeit schlug ich die Augen auf, um die Meinung über mich aus den Gesichtern zu lesen; aber Hausherr und Hausfrau sahen mich nur selten an; Alice wich meinen Blicken aus, und wenn sie sprach, zitterte ihre Stimme. Wenn ich mich ins Gespräch mischte, wurde mir kalt und höflich geantwortet. Plötzlich war ich ein Fremder geworden in diesem Kreise, den ich seit Wochen als meine Heimath betrachtete.

Mit jedem Worte, das Frau vor Castel sprach,

wuchs die Verehrung der Hausfrau für sie und die
Kälte gegen mich; kaum daß sie mir antwortete, wenn
ich das Wort an sie richtete. Für Frau von Castel
war ich gar nicht da, und wie höflich sie mir auch
manchmal antwortete, war diese Höflichkeit doch so
abwehrend, daß ich endlich kein Wort mehr sagte. Aus
dieser höchst peinlichen Lage rettete mich die Ankunft
mehrerer Besucher: man erhob sich vom Tische und ging
im Saale auf und ab. Ich stand ganz allein in einer
Fensternische und betrachtete die Albums, die dort auf
einem kleinen Tische von Tahan ausgebreitet lagen. Alice
näherte sich mir so schüchtern, als ob Muth dazu gehörte,
mit mir zu sprechen.

Was ist das? fragte sie rasch, welches Geheimniß
haben Sie? Was weiß Frau von Castel von Ihnen?
Um Gottes Willen, Hermann, betrügen Sie mich nicht!
Seien Sie aufrichtig!

Ich zuckte die Achseln. — Miß Alice, Frau von
Castel weiß nichts Schlechtes von mir.

Sie thäten besser, Sie wären aufrichtig! sagte Alice,
ihrerseits die Achseln zuckend, kehrte mir den Rücken und
schloß sich Frau von Castel an, die mit dem dramatischen
Dichter auf und ab ging.

Mein Stolz empörte sich endlich gegen die Stellung,
die man mir mit Einem Male im Hause anwies. Ich
nahm meinen Hut und empfahl mich auf französische
Weise, mit dem festen Entschluß, nicht eher zurückzu-

kehren, als bis mir von dort her etwas geworden, was wie eine Entschuldigung oder Genugthuung aussähe.

Aber es vergingen Tage ohne ein Lebenszeichen aus der Rue de Pigalle — keine Anfrage, keine Einladung — nichts! — Ich verbrachte die Zeit in der schrecklichsten Unruhe; gedemüthigt, gekränkt und voll Kummer, den Menschen, die mir lieb geworden, besonders Alice, in einem ungünstigen Lichte zu erscheinen.

Ich konnte es nicht länger ertragen; ich mußte etwas erfahren und besuchte endlich, unter Tages, den dramatischen Dichter in seinem Arbeitszimmer. Er war nicht im Geringsten überrascht und machte mir auch keine Vorwürfe über mein Ausbleiben. Mehr noch fiel mir auf, daß er, zum ersten Male, mit mir über Politik zu sprechen anfing. Er war ein starker Conservateur und hing mit seinem ganzen Wesen an der vertriebenen Königs=Familie der Orleans, unter deren Herrschaft er Ruhm und Reichthümer gewonnen, mit deren ganzer Epoche seine Wirksamkeit identisch geworden. Man wird ihn immer den Dramatiker der Juli=Epoche nennen. Seine politischen Abneigungen traten mir gegenüber bisher aus Sympathie für meine Person in den Hintergrund. Jetzt sprach er mir von seinen Grundsätzen; wie es zwischen Principien und Principien eigentlich keine Versöhnung gebe, und wie eigentliche Moralität nur mit gewissen genau begränzten Stabilitäts=Principien verträglich sei. Man mache sich manchmal Illusionen, aber

am Ende komme man doch immer wieder auf die alte
Wahrheit zurück. Er versicherte, er spreche nur theo=
retisch, und verhinderte mich, mit jener Höflichkeit, die
nur französischen Weltmännern eigen ist, dem Gespräche
irgend eine persönliche Wendung zu geben. Als ich ging,
fühlte ich, daß ich in diesem Hause vollkommen ent=
wurzelt war.

Wie das geschehen, erfuhr ich viel später, will es
aber des Zusammenhanges wegen sogleich hier erzählen.

Gleich am Tage nach jenem Abende im Hause der
Rue de Pigalle erhielt die Frau des dramatischen Dich=
ters von Frau von Castel einen Brief, der ungefähr
so lautete:

„Meine liebe und würdige Freundin!

„Mein Benehmen gegen Herrn Hermann, den ich
mit einigem Erstaunen in Ihrer Gesellschaft fand, muß
Ihnen aufgefallen sein, und ich bin Ihnen eine Erklä=
rung schuldig. Vor Allem aber muß ich Sie um Ent=
schuldigung für eine Nothlüge bitten, zu der ich mich ge=
zwungen sah, um besagten Herrn nicht zu beschämen.
Ich kenne Herrn Hermann allerdings dem Namen nach,
aber leider nicht von der besten Seite. Ich weiß es
von gut unterrichteten Personen, daß er in Frankfurt
— von seinem Leben in andern Städten Deutschlands
weiß ich nichts — einen scandalösen, ja, leider einen
höchst scandalösen Lebenswandel führte und viel Aerger=
niß gab. Gut unterrichtete Personen sprachen mir von

seinen vielfachen unmoralischen Verbindungen. Aber
dergleichen wäre vielleicht seiner Jugend verziehen
worden. An keines Sünders Bekehrung darf man
zweifeln. Was mich aber ernster um ihn besorgt,
was ihn Ihres Umganges, meine würdige Freundin,
eben so unwürdig macht, als sein Lebenswandel der Liebe
der unschuldsvollen und reinen Miß Alice — das ist
jene Todsünde, die tief in seinem Herzen sitzt und die
meiner Meinung nach aller Sünden schrecklichste ist: die
L ü g e. — Ja, Herr Hermann ist ein Lügner. Das
reinste, gottgefälligste Leben ist vor ihm nicht sicher; er
weiß es durch seine sündhafte Erfindungskraft in den
Augen der Menschen, die so gern Böses glauben, zu be=
flecken. Ich habe kein Recht, Ihnen vorzuschreiben, mit
wem Sie Umgang pflegen sollen, mit wem nicht — im
Gegentheil würde ich Sie ermuntern, Herrn Hermann
fürderhin zu empfangen, da Ihr Beispiel, meine sehr
verehrte Freundin, nur gut auf ihn wirken kann — aber
warnen darf ich Sie: Glauben Sie ihm nichts! Seien
Sie jedem seiner Worte gegenüber auf der Hut! —
Ich habe ihn, Gottlob, nicht zu fürchten, aber ich wollte
den guten Ruf Anderer, die durch ihn bedroht sein könn=
ten, aus Liebe zu meinen Nebenmenschen bei Ihnen
sichern, denn gewiß ist jedem, der Sie kennt, an Ihrer
guten Meinung eben so viel gelegen, als Ihrer erge=
benſten und treuen Freundin
A u g u s t e d e C a s t e l."

Ich war weit entfernt, einen solchen Schritt von Frau von Castel zu erwarten. Die hohe Verstellungskunst, die ich an ihr kennen gelernt, hatte mir, wenn auch nicht einen schönen, doch einen starken Begriff von ihrem Charakter wie von ihrem Verstande gegeben. N'est pas hypocrite qui veut. Es gehört eine große Kraft, eine gewisse Größe dazu, um sich consequent verstellen zu können. Ich hätte nie geglaubt, daß Frau von Castel den gemeinen Kunstgriff gewöhnlicher Weiber gebrauchen werde, welche den Mann, der ein gefährliches Geheimniß kennt, und wäre es selbst ihr Liebhaber, gern als Lügner darstellen, um daraus einen möglichen Verrath so weit als möglich unschädlich zu machen. Es scheint, daß Frau von Castel in dieser Beziehung ein ganz gewöhnliches Weib war. Aber, wie gesagt, ich wußte damals von dem Briefe nichts, und wenn mir der Gedanke kam, daß mich Frau von Castel in einem zweideutigen Lichte darstellen konnte, erinnerte ich mich auch zugleich an das Bild des Schmerzes, das ich im Frankfurter Garten gesehen, und mein Verdacht verdampfte in Nichts. Die Frau, die so leiden konnte, sollte sie verläumden können?

Dennoch kam dieser Verdacht häufiger zurück, als Wochen nach Wochen vergingen und von der Rue de Pigalle her nichts geschah, was eine neue Annäherung von meiner Seite erleichtert hätte. Die Verkennung that mir eben so weh, als der Verlust des Glückes, das ich an der Seite Alice's gehofft hatte. Ich kann nicht sagen, daß ich die etwas kühle Engländerin leidenschaftlich oder tief geliebt hätte — nein, es war eine ruhige, verständige Neigung, die an dem stärkeren Wunsche, mir eine Häuslichkeit und eine Heimath zu gründen, wie die Rebe an einem Hause, rasch und gesund empor wuchs, ohne diesen Wunsch aber kaum eine bedeutende Höhe erreicht haben würde. Nun aber war ich ihr gut und sehnte mich, sie wieder zu sehen und vor ihren Augen rein dazustehen. Nach langen Kämpfen entschloß ich mich, der Freundschaft, der Liebe und meiner Zukunft dieses Opfer zu bringen, mich zu demüthigen, wieder in das Haus zu gehen, in dem man mich nicht mehr zu sehen wünschte, und ohne an Frau von Castel und dem todten Fürsten einen Verrath zu begehen, so weit als möglich mich zu entschuldigen.

Wie ein Verbrecher dem Schaffote, wanderte ich Unschuldiger der Rue de Pigalle zu.

Ich will kurz sein und in wenigen Worten das Ende erzählen. Frau von Castel war seit meiner Entfernung jeden Tag ins Haus gekommen; die Hausfrau, die sie anbetete, wollte nicht, daß sie durch meinen Anblick beleidigt werde, und in Folge der Aufschlüsse, die sie über mich erhalten, ward der gemeinsame Entschluß gefaßt, mit mir zu brechen. Mein Ausbleiben war nur ein Beweis, daß ich die Enthüllungen der Frankfurter Dame fürchtete, und man lobte meine Klugheit, dem Bruche zuvorgekommen zu sein. Der dramatische Dichter konnte mich mit gutem Gewissen dem Comité des College St. Barbe nicht empfehlen, und die freie Stelle wurde dem Protegé eines ehemaligen Ministers, ebenfalls eines Barbisten, gegeben. Ich war brodlos und aus meiner Heirath mit Alice konnte nichts werden, selbst wenn sie den Verworfenen der Frau von Castel noch gemocht hätte. Ihre Mutter wurde von all dem in Kenntniß gesetzt, und sie kam von London herüber, um Alice, die traurig war, abzuholen. Die Mutter pries das Geschick, daß ich noch zeitig genug enthüllt worden. Sie hatte die Ehe mit dem Flüchtling — sie war sehr torystisch gesinnt — nie gebilligt, um so weniger, als sie Aussicht hatte, ihre Tochter mit einem berühmten Künstler zu verheirathen.

Dies alles erfuhr ich von dem dramatischen Dichter, der mir die Begebenheit mit einem gewissen Mitleid mittheilte, da er aus meinem Gesichte die Geschichte meiner letzten schmerzlichen Zeit herauslas. Ich begnügte mich, ihm zu versichern, daß man mich falsch beurtheile, und verwies ihn auf die Zukunft.

So, meine Freunde, wurde ich ein alter Junggeselle. Alice hat den berühmten Künstler, der ihr den Hof machte, weil in ihrer Familie ein großer Schriftsteller war, der ihm nützen konnte, nicht geheirathet, denn er verließ sie nach einiger Zeit, um eine alte, aber reiche Erbin heimzuführen. Als ich sie nach Jahren wieder sah, erzählte sie mir mit Thränen in den Augen von dem Briefe der Frau von Castel und deren Bestrebungen, mich aus dem Hause zu entfernen. Es konnte mir nicht mehr einfallen, das alte Verhältniß mit Alice wieder aufzurichten, aber ich konnte ihr einige Aufklärungen geben; denn Frau von Castel hatte indessen Paris und die Welt verlassen und war zu Dijon mit ihrem ganzen großen Vermögen ins Kloster gegangen. Dort starb sie vor einigen Monaten als Superiorin und im Rufe der Heiligkeit. — Durch Alice hat der dramatische Dichter meine Aufklärungen kennen gelernt und war beschämt, daß er, der so viele Intriguen erfunden, dieses Geheimniß und diese Charaktere nicht durchschaut habe. Aber Madame, seine Frau glaubt noch heute dem Briefe der Frau von Castel mehr als mir, und ich lasse sie bei ihrem Glauben.

IV.

Warten.

Der alte Birkner erzählt:

Ich kann es nicht läugnen, ich war ein verzogenes Muttersöhnlein; doch war ich dabei, als es hieß: „Franzosen zum Land hinaus!" Und ein stattlicher Jäger war ich, das läßt sich auch nicht läugnen, obwohl man es heute, beim Anblick meines wirklichen commerzienräthlichen Bäuchleins auch nicht glauben sollte. Es war an einem Nachmittage nach dem Kaffee, nachdem der französische Oberst, unser Tischgenosse, hinausgegangen war, daß mein Vater zu der Mutter sagte, und zwar mit einer Stimme, die sehr resolut klingen sollte, in der That aber ein wenig zitterte:

„Nun, Alte, unser Eduard wird nun auch fort müssen!"

„Wohin denn?" fragte meine Mutter und that, als ob sie nicht verstände, während ihr abgewandtes Gesicht verrieth, daß sie wohl verstand.

„Nun, meine Alte, Du verstehst mich wohl," sagte er und legte die Hand auf ihre Schulter. „Eduard weiß, was ich meine," fügte er hinzu.

Ich nickte mit dem Kopfe; die Mutter sah mich mit einem unaussprechlichen Blicke an, dann zog sie einen Schlüssel aus der Tasche, öffnete die Kommode, und indem sie auf eine reiche Ausstattung von Hemden, Taschentüchern, Nachtleibchen und andere Wäsche zeigte, sagte sie: „Ihr seht wohl, daß ich längst daran gedacht habe und daß Alles vorbereitet ist!"

„Gute Mutter," lächelte mein Vater, Deine Fürsorge ist zu reich ausgefallen; bewahre das Alles für seine Heirath; er kann nur so viel mitnehmen, als in einen Tornister geht."

Meine gute Mutter blieb schweigend vor der geöffneten Lade stehen und sah die Wäsche an, ohne ein Wort zu sagen, ohne nur einen Seufzer auszustoßen.

Mein Vater wandte sich zu mir: „Jetzt, Eduard, sei vorsichtig — geh' zum Dr. Schrader — der wird Dir sagen, was Du zu thun hast."

Die alte Margareth, unsere Hausmagd, die mich auf den Knieen geschaukelt, ein treues Hausmöbel, das zur Familie gehörte, und vor der meine Mutter kein Geheimniß hatte, trat in die Stube, und da sie die Lade offen und den ernsten Ausdruck auf unseren Gesichtern sah, lächelte sie einverständlich und murmelte ein: „Endlich, endlich!" zwischen den Zähnen.

„Hast Du denn gar kein Herz, Margareth?" fragte meine Mutter vorwurfsvoll.

„Ob ich ein Herz hab', Frau Birkner, das wissen Sie wohl, und ob ich den Eduard lieb hab', das wissen Sie auch; aber was nützt das Alles, die Franzosen müssen fort!" rief Margareth und streckte den Arm so energisch und unabhängig in die Luft, wie sie es in Gegenwart ihrer Herrschaft vielleicht in ihrem Leben nicht gethan.

Am Abend schlich ich mich zu Dr. Schrader, einem Gelehrten, der seit einigen Wochen die Flora unseres Gebirges studirte und vor der Stadt in einem kleinen Häuschen wohnte. Aber die besten Deutschen unserer Stadt wußten, daß er ein Abgesandter des Tugendbundes, daß das kleine Häuschen ein Werbebureau sei. Wir waren westphälisch, und die größte Vorsicht that noth. Dr. Schrader, der von Allem vortrefflich unterrichtet war, sagte mir, ich müsse von allen Freiwilligen der Letzte sein, der die Stadt verlasse, damit der französische Oberst, der in unserm Hause wohnte, auf das Verschwinden der jungen Leute nicht aufmerksam werde. Das that meinem Ehrgefühl sehr wehe, daß ich von allen Patrioten, die zur Vertheidigung des Vaterlandes auszogen, der Letzte sein sollte. Die wenigen Tage, die ich in meiner Vaterstadt noch verbrachte, wurden mir eine wahre Hölle. Alle meine Altersgenossen waren verschwunden; wenn man mich so allein durch die Gassen schlendern sah, zuckte man die Achseln. So oft ich ausging, um bei einem alten Soldaten einige geheime Exerzierstunden zu nehmen, setzte Margarethe voraus, daß ich endlich abreise und daß ich nur der vielen französischen Soldaten wegen, die sich in unserem Hause herumtrieben, nicht offen Abschied nehme, und sie lächelte mir einen liebevollen Gruß zu. Kam ich aber des Abends wieder zurück, so rief sie ganz laut: „Noch nicht fort?" und schüttelte den Kopf über mich, wie über einen verlorenen Menschen.

Endlich, endlich kam der Tag, da ich, nach kurzem Abschied, auf preußischen Boden entweichen durfte.

Na, ich will unsern Feldzug nicht erzählen; den kennt ja Jeder, oder es sollte ihn wenigstens Jeder kennen, um was daraus zu lernen für künftige Zeiten, die vielleicht nicht zu fern sind. Auch meine Heldenthaten und Schlachten will ich nicht erwähnen, und wie ich überall mit heiler Haut davon kam. Nur ein eigenthümliches, rührendes Vorkommniß will ich erzählen.

Wir waren schon am Rhein, als meine Schwadron den Befehl bekam, schnurstracks zurückzureiten und in einer gewissen Gegend Westphalens Posto zu fassen. Ich glaube, wir sollten dort eine Kriegskasse erwarten, um sie dann weiter an die französische Grenze zu begleiten. Das verdroß uns ein wenig, weil wir uns auf Paris gefreut hatten — aber die Aliirten zogen ja in Frankreich ein, und das war die Hauptsache, und wir waren im Ganzen lustig und guter Dinge. In Westphalen, mitten in einer großen Ebene, welche die Heerstraße in grader Linie durchschnitt, wurden wir in einzelne Höfe, die über das Land zerstreut lagen, einquartirt. Mir und noch fünf meiner Cameraden wurde ein kleiner Hof angewiesen, der unmittelbar an der Landstraße lag. Als wir daselbst mit unsern Zetteln in der Hand vorritten, kam uns ein altes Mütterchen entgegen, das uns überaus freundlich anlächelte und mit Kopfnicken, ohne eigentlich ein Wort zu sprechen, willkommen hieß. Sie wollte uns jeden Einzelnen aus dem Sattel heben und hätte es gewiß gethan, wenn wir nicht rasch abgesessen wären.

„Mutter Schleinitz," sagte ich, „hier ist unser Quartierzettel."

„Das bin ich nicht; die Mutter Schleinitz wohnt im oberen Hofe, dort oben; ich bin die Mutter Lene," sagte die Alte, immer lächelnd.

Wir sahen, daß wir uns geirrt hatten, und wollten wieder aufsitzen, um weiter zu reiten. Aber Mutter Lene flehte: „Das thut ja nichts; bleibt, Kinder, bleibt hier; Ihr sollt's gut haben, wahrlich sehr gut! Caspar," rief sie, und ein Knecht kam aus dem Hofe. — „Caspar, führ' die Pferde in den Stall. — Kommt, Kinder, bleibt hier!" bat die Alte wieder, nahm Zwei von uns am Arm, und zog sie in die Stube; die Andern folgten unwillkürlich. Wir wußten gar nicht, wie uns geschehen war; die Alte bat so innig, daß wir nicht widerstehen konnten. In der Stube öffnete sie eine Kammerthür, und wir sahen Würste, Schinken, Eierkörbe und allerlei andern Mundvorrath schön geordnet aufgehängt und aufgestellt. „Mein Keller," sagte sie, ist auch gut bestellt. — „Ihr sollt es gut bei mir haben, Kinder. — Ihr müßt nicht sparen, und leben, so gut Ihr wollt."

Graff aus Hamburg machte hinter dem Rücken der Alten mit der Hand eine Bewegung vor der Stirne, als wollte er andeuten, daß es bei ihr nicht richtig sein müsse. Indessen ließen wir uns die gastliche Aufnahme gern gefallen und blieben bei der Mutter Lene. Caspar brachte unsere Pferde unter, und die Magd deckte den Tisch mit reinlichem Linnen, während die Alte sehr emsig am Herde beschäftigt war, uns eine Mahlzeit zu bereiten. Aber diese Beschäftigung hielt sie nicht ab, uns, als wir uns an das Putzen unserer Uniformen und Waffen machten, hie und da hülfreiche Hand zu leihen und Manches herbeizubringen, was unsere Arbeit erleichtern konnte. Wir waren erstaunt. Bei manchem Patrioten waren wir gastlich aufgenommen worden, aber solche Güte und Gastlichkeit, wie bei der alten Bäuerin, hatten wir noch nicht erfahren.

„Ja, das Volk, das Volk!" rief der Eine, „ich sage es ja immer, das Volk, nur das Volk!"

Und der Andere: „Wie müssen die Unterdrücker und der Herr Hieronymus hier gehaust haben, wenn die Befreier so geliebt werden!"

Bei Tische trug sie selber auf und bediente uns wie eine Magd; dann setzte sie sich zu uns und sah lächelnd zu, wie wir mit jugendlichem Appetit in ihre Speisen einhieben, und munterte uns auf, fortzufahren. Sie saß mir gerade gegenüber, und da bemerkte ich erst, daß ich kein gewöhnliches Gesicht vor mir hatte. Es lag etwas wie ein Schleier darüber, wie ein Schleier, der ein Geheimniß verdeckt.

Wie braun und gehärtet auch die bäuerlichen Züge erschienen, hatte doch das ganze Gesicht etwas unsäglich Mildes; nur zwei kummervolle Falten, die die Stirn von oben nach unten durchschnitten, machten den Eindruck, als wären sie nie glättbar und doch wieder, als warteten sie fortwährend einer Freude, die mit weicher Hand darüber fahre und sie verwische. Eigenthümlich war es, in wie geringer Verbindung Mund und Augen standen; denn während jener immer lächelte, blickten diese eben so unausgesetzt mit einem unsagbar sehnsüchtigen Ausdrucke und immer, als blickten sie in weite, verschwommene Ferne. Die Gestalt der alten Mutter Lene war kräftig, aber von der Last der Jahre und, wie man sich sagen mußte, von einer anderen unsichtbaren Last etwas zusammengekrümmt. Je länger ich sie ansah, desto freundlicher, fast möchte ich sagen, desto zärtlicher wurde meine Stimme, wenn ich mit ihr sprach, und desto trauriger wurde ich im Innern meines Herzens, und ich konnte bemerken, daß es meinen Cameraden eben so erging. Es war unsern heitern und jugendlichen Gemüthern förmlich eine Last vom Herzen genommen, als sie, da die Schwarzwälder Uhr drei schlug, plötzlich aufstand und rasch zur Thüre hinaus schritt, um nicht wieder zurück zu kommen.

Nach Tische sahen wir nach unsern Pferden, die wir gut versorgt fanden, und gingen dann, uns im Hause einzurichten. Obwohl uns Mutter Lene die Stube ganz überlassen, wollten wir die gute Gastfreundin doch nicht aller Bequemlichkeit berauben und sahen uns im Hause um, wo wir unser Nachtlager aufschlagen könnten, ohne ihr beschwerlich zu fallen. Ich stieg zu diesem Zwecke die schmale Treppe hinauf, die vom Vorhause auf den Boden führte. Oben angekommen, hatte ich einen sonderbaren Anblick. Vor einer Dachluke auf einem Strohsessel saß Mutter Lene, die seit mehr als einer Stunde verschwunden war, und sah unbeweglich vor sich hin. Ich hielt sie für schlafend, da ich mich aber näherte, sah ich ihre Augen weit geöffnet. Sie starrte unabwendbar der Landstraße entgegen, die wie ein gerader weißer Strich die Ebene durchschnitt und sich in weiter Ferne am östlichen Horizonte verlor. Ich stand neben ihr, ich sah in ihre weit offenen Augen, aber sie bemerkte mich nicht, obwohl ihr ganzes Leben in diesen Augen concentrirt schien. Ich hätte sie, ohne den ungewöhnlichen Glanz der Augen, für todt gehalten, so aber glaubte ich, sie befinde sich in irgend einem krankhaften Zustande, und fragte sie mit lauter Stimme: „Mutter Lene, fehlt Ihr was? Was macht Sie hier?"

Ein abwehrendes „Sch" war die einzige Antwort; ihre Augen wandten sich dabei von der Straße nicht ab.

Ich legte meine Hand auf ihre Schulter und schüttelte sie leise. Eine ungeduldige Bewegung sagte mir, daß ich ein unberufener Störer war, brachte aber ihren Blick nicht eine halbe Secunde lang aus seiner Richtung.

Ich wußte nicht, was aus all' dem zu machen, und rief die Cameraden, die auf ein gegebenes Zeichen auf den Fußspitzen herankamen. Da standen wir nun im Halbkreise um die Alte herum, sahen sie an, zuckten die Achsel, schüttelten die Köpfe und schlichen endlich fort, ohne auch nur von ihr bemerkt zu werden.

Im Hofe trafen wir Caspar, den Knecht, und fragten ihn, was das zu bedeuten habe.

„Bah," sagte Caspar, „so sitzt sie jeden Tag; sie erwartet ihren Sohn, ihren Wilhelm.

„Sie hat einen Sohn?" fragten wir.

„Ja, sie hatte einen Sohn. Die Franzosen haben ihr ihn vor drei Jahren fortgenommen, da er noch nicht

siebzehn Jahre alt war, und haben ihn nach Rußland
geführt. Na, man weiß, was aus den Franzosen und
aus den Deutschen in Rußland geworden ist, aber die
Alte läßt sich's nicht ausreden, daß ihr Wilhelm noch
einmal heim kommt. Sie erwartet ihn jeden Tag und
sitzt da oben an der Dachluke, wo sie die Landstraße
übersehen kann; denn von da, bildet sie sich ein, müsse
er herkommen, weil er auf dem Wege fortgegangen ist.
Sie besorgt ihr Hauswesen, arbeitet den ganzen übrigen
Tag, damit ihr Wilhelm, wenn er heimkommt, sein
väterliches Erbe in guter Ordnung finde, aber wie's drei
schlägt, läßt sie Alles stehen und liegen und steigt da
hinauf und wartet."

„Also darum liebt sie die Soldaten, weil sie selbst
einen Sohn unter den Soldaten hat?"

„Ja, freilich darum. Sie war mit den Franzosen,
wie sie hier durchgekommen sind, gerade so gut und frei=
gebig, wie mit Euch. Das ist ihr ganz gleichgültig,
Deutsche oder Franzosen, wenn's nur Soldaten sind."

„Daß sie uns aber von ihrem Wilhelm noch gar
nicht gesprochen hat?"

„Das kommt daher, daß sie sich schämt und fürchtet.
Es haben sie schon viele Leute ausgelacht und ihr gesagt,
ihr Warten sei überflüssig und ihr Wilhelm werde nie
wieder nach Hause kommen, und da haben sie ihr erzählt,
was Alles in Rußland vorgegangen, und haben ihr
gesagt, es sei verrückt, noch länger zu warten. Der

Napoleon freilich, der ist entwischt, und unser Hieronyms, der hat sich noch früher aus dem Staube gemacht, bevor das Unglück und die große Kälte gekommen sind; aber die armen Soldaten — Nun schämt sie sich, daß man sie für verrückt hält, und fürchtet sich, daß man ihr sagen werde, daß ihr Wilhelm auch umgekommen, und da spricht sie nicht mehr darüber."

Die ganze Geschichte machte uns sehr traurig, und als wir Abends in der Stube um den Tisch saßen und spät nach Sonnenuntergang die Alte murmelnd die Treppe herunterkommen hörten, wurden wir ganz still. So bemerkte sie uns gar nicht, als sie eintrat, und wir hörten deutlich, wie sie, die Hände ineinandergelegt, vor sich hinmurmelte: „Er ist nicht gekommen; nun, er wird wohl morgen kommen; gewiß, er wird morgen kommen."

„Er wird kommen!" rief unser Camerad Helffrich, der Sohn eines Pastors und Studiosus Theologiä, „glaube, liebe und hoffe, Du gute Mutter."

Aber die Alte hatte nur die ersten Worte gehört mit strahlendem Gesichte wandte sie sich zu uns und rief: „Nicht wahr, er wird kommen? Gewiß er wird kommen!" Dann setzte sie sich zu uns, stützte beide Arme auf den Tisch, sah uns lächelnd an und sprach mit halber Stimme, vertraulich, als ob sie von Anderen nicht hätte gehört sein wollen: „Seht, Kinder, hier zu Lande glaubt Niemand mehr, daß er wiederkommen werde, die

Leute hier verstehen nichts von Kriegssachen; Ihr aber, Ihr seid Soldaten, Ihr versteht's. Und was meint Ihr, wie geht es ihm in Rußland?"

„Nun," sagte Graff, „es geht ihm wohl so gut, wie es Einem in Feindes Land gehen kann."

„Feindes Land?" lächelte die Alte, „Du bist ein närrischer Mensch; mein Wilhelm ist keines Menschen Feind; das ist ein gutes Kind, mein Wilhelm, und das werden sie ihm überall ansehen. Er ist ja auch nur mitgegangen, weil er hat mitgehen müssen, sonst hätten sie ihn erschossen. Da habe ich selbst gesagt: Wilhelm, gehe lieber mit, Du wirst schon wieder gesund und frisch heimkommen. Gut werden sie auch überall gegen ihn sein. Warum sollten sie nicht? Ich bin ja auch gut gegen die Soldaten. Immer, wenn Soldaten kommen, behandle ich sie, als wären's meine Söhne. Ich muß ja heimzahlen, was man anderwärts für meinen Wilhelm thut, und wenn man anderwärts hört, wie hier zu Lande die Soldaten gut behandelt werden, wie Kinder im eigenen Hause, wird man sie dort zu Lande auch so behandeln. Ist das nicht richtig?"

Wir nickten mit den Köpfen, denn Keiner von uns war im Stande, ein Wort hervorzubringen. Die Alte fuhr fort: „Na, und wann er morgen nicht kommt, so kommt er gewiß, wenn Friede ist. Nach der Schlacht bei Leipzig sagten sie hier, daß nun gewiß Friede wird-

aber das war wohl nicht der rechte Friede? Ihr müßt ja das verstehen als Soldaten."

„Nein," sagte Helffrich, „das war nicht der rechte Friede!"

„Das sage ich auch. Mit dem rechten Frieden kommt mein Wilhelm gewiß. Ach Gott!" rief sie und sah uns dabei mit glückseligem Gesichte an, „wie mir das wohl thut, einmal so recht über diese Dinge zu sprechen, so recht verständig und mit Leuten, die sich darauf verstehen."

Sie nickte uns voll Liebe zu und sah Einen nach dem Andern schweigend an, immer lächelnd, ohne zu bemerken, daß uns die Augen voll Wasser standen und daß es uns schwer war, ihren Blick auszuhalten. Nach einer langen Pause erst legte sie das Gesicht in beide Hände und sagte: „Wenn nur erst der rechte Friede käme! — Ja, der Napoleon! Wozu macht man denn alle die Kriege? Der rechte Friede, wenn nur erst der rechte Friede käme! So immer zu warten, das könnte Einen ganz krank machen. Es ist ein rechtes Elend!"

Helffrich stand auf und holte eine kleine Bibel, die er immer mit sich führte, setzte sich der Alten gegenüber und begann mit lauter Stimme aus dem Buche Tobias zu lesen: „Und Tobias sprach zu ihr: Schweige und sei getrost! Unserem Sohne geht es, ob Gott will, wohl, er hat einen getreuen Gesellen mit sich."

„Sie aber wollte sich nicht trösten lassen und lief

alle Tage hinaus und sah auf alle Straßen da er herkommen sollte, ob sie ihn etwa ersähe."

Die Alte erhob ihren Kopf aus den Händen und sagte: "Das ist ein tröstliches Buch, das Buch des Tobias!" — Und ehe Helffrich weiter lesen konnte, sagte sie auswendig: "Hanna aber saß fast täglich am Wege auf einem Berge, daß sie könnte weit um sich sehen. Und als sie an dem Orte nach ihm sahe, ward sie ihres Sohnes gewahr von ferne und kannte ihn von Stund' an —"

Darauf sagte sie mit zitternder Stimme den Lobgesang her, und wir sahen mit Staunen, daß sie das ganze "tröstliche Buch" Tobias auswendig wußte. Sie nahm Helffrich die Bibel aus der Hand, legte sie vor sich nieder, zog das Licht näher, legte die Stirn in beide Hände und begann zu lesen und vergaß uns und die ganze Umgebung. Es wurde spät; sie las noch immer. Wir schlichen uns vom Tische, legten uns, müde vom Ritte, auf unsere Lager und schliefen längst den festen Schlaf der Jugend, als sie noch da saß und im tröstlichen Buche von der Wiederkehr des geliebten Sohnes las.

Am anderen Morgen war sie wieder eine gute Bäuerin, wie viele andere. Sie wirthschaftete in Haus und Hof umher und sorgte dafür, daß uns nichts fehle. Aber Nachmittags war sie wieder verschwunden. Wir stiegen Einer nach dem Andern einen Theil der Treppe hinauf, so daß nur der Kopf über den Boden des Speichers hervorragte, und sahen uns die Mutter Lene an, wie sie ruhig, unbeweglich dasaß und der Straße, die nach Osten führte, entgegensah. Wir schlichen wieder fort, ohne sie zu stören, und unwillkürlich gingen wir während des Nachmittags in den unteren Räumen des Hauses auf den Fußspitzen umher, als wäre ein Kranker im Hause, oder als würde eine heilige Handlung vorgenommen.

In später Dämmerung erschien sie wieder und murmelte: „Er ist nicht gekommen; nun, er wird wohl morgen kommen; gewiß, er wird morgen kommen."

So verging ein Tag um den andern; jeder Tag sah sie um dieselbe Zeit auf ihrem Warteposten; jeder Tag brachte uns dieselbe mütterliche Pflege von ihr. Nach und nach bekamen wir vor ihrem heiligen Wahnsinn eine solche Scheu, daß wir die Stunden, die sie vor der Dachluke zubrachte, auf unseren Pferden im freien Felde verweilten, um während dieser Zeit dem Hause und ihr die ganze ungestörte Ruhe zu lassen. Auch ritten wir immer nach der entgegengesetzten Seite der Landstraße, gegen Westen, da es uns etwas unheimlich gewesen wäre, unter diesem starren, concentrirten Blicke der wartenden Mutter hinzureiten oder gar vor diesem Blick wie ein Hinderniß zu erscheinen.

So vergingen nahe an zwei Wochen, bis wir Befehl erhielten, uns wieder auf den Weg zu machen, und

zwar Frankreich zu. Mutter Lene füllte uns noch alle
Taschen mit Lebensmitteln, und in der innersten Seele
gerührt nahmen wir Abschied. — „Schade," sagte sie,
„daß Ihr nach d e r Seite reitet und nicht nach der anderen;
da wäret Ihr vielleicht meinem Wilhelm begegnet. Na,
wenn Ihr aus Frankreich zurückkommt, haltet Euch nur
hier auf, da werdet Ihr ihn schon kennen lernen und
sehen, daß es ein so stattlicher Soldat ist wie Ihr."

Wir versprachen, auf unserem Rückwege, wenn nur
irgend möglich, gewiß wieder bei ihr einzukehren, und
ritten unter ihren Segenswünschen und von ihrem Lächeln
begleitet davon, Frankreich und dem Feinde entgegen.

———

Wir hielten Wort. Die Schlachten auf französi=
schem Boden waren geschlagen, der Friede war seit
mehreren Monaten geschlossen, und wir ritten als Sieger
mit glücklichem und gehobenem Gefühl der Heimat zu.
Wir kamen wieder nach Westphalen; aber wir sollten
diesmal eine andere Straße reiten. Doch nahm man es
mit uns Freiwilligen, die wir halb und halb schon ent=
lassen waren, nicht so genau und man erlaubte uns,
einen Umweg zu machen, der uns gestattete, die alte
Mutter Lene wieder zu sehen. Wir hatten uns vorge=
nommen, mit einem der damaligen Sieges= und Frei=
heitslieder in den Hof einzureiten; aber wir hatten die

Zeit schlecht bemessen und es war schon ziemlich spät am Nachmittage, also um die Zeit ihres Wartens, als wir daselbst ankamen. So ließen wir das Singen sein, stiegen hundert Schritte vom Hause ab und führten die Pferde sachte und am Zügel in den Hof.

Im Stalle sahen wir den Knecht Caspar, der uns froh willkommen hieß. „Was macht die Alte?" fragten wir beinahe einstimmig.

„Schlecht, schlecht!" antwortete er kopfschüttelnd. „Seit man hier im Lande überall große Feuer ange=zündet und den Frieden verkündigt hat, geht's schlecht. Sie ging von Hof zu Hof und fragte, ob das der rechte Frieden sei, und seitdem hat sie Alles liegen lassen und sitzt nun den ganzen Tag vor ihrer Dachluke und wartet; denn jetzt, meint sie, müsse ihr Wilhelm kommen. Und da er nach dem rechten Frieden doch nicht kommt, scheint ihr das etwas quer, und nun, glaub' ich, macht sie's nicht mehr lange. So eine Hoffnung in so einem alten Haus ist wie ein Stützbalken; nimm den Balken weg, das alte Haus stürzt zusammen. Ich glaube, daß ihr Balken angefault ist."

Wir wollten doch wenigstens die Alte sehen und stie=gen, wie ehemals, die halbe Treppe hinauf. Da saß sie richtig auf ihrem Posten. Aber es fiel uns auf, daß sie nicht mehr, wie sonst, gerade vor sich hinstarrte, der Landstraße entgegen, und daß ihr Kopf auf die Brust herabgefallen war, wie bei einer Person, die sich nicht

aufrecht halten kann. Besorgt schlichen wir näher. Da
sahen wir, daß sie die Augen geschlossen hatte. Bei
unserem Herantreten öffnete sie dieselben und da sie uns
erkannte, lächelte sie freundlich, wie ehemals, aber bei
weitem schmerzlicher. Es fiel uns auf, wie arg in die=
ser kurzen Zeit ihr Gesicht verfallen, war und daß sie
sich uns zuwandte, während es damals nicht möglich
war, ihre Augen von der Landstraße abzulenken.

„Seid Ihr da, Kinder," sagte sie mit schwacher Stimme.
„Ihr kommt von der anderen Seite, von dieser Seite
kommt Niemand. Und ist doch der rechte Friede ge=
schlossen? Oder ist's noch nicht der rechte Friede? Wo
ist der, der mir aus dem tröstlichen Buche Tobias vor=
gelesen und der mir vom rechten Frieden gesprochen?"
Sie suchte Helffrich mit den Augen — da rief sie:
„Aber Einer fehlt! Wo ist denn der Lange, Schwarze?"

In der That fehlte Graff in unserer Mitte; in Loth=
ringen hatte ihn eine Kugel aus dem Hinterhalte hin=
gestreckt.

Wir antworteten nicht.

„Ich weiß," sagte die Alte, „ich weiß. Dessen Mutter
wird auch lange warten." So sprechend, wandte sich
ihr Gesicht wieder der Luke und der Landstraße zu. „Ich
werde nicht länger warten," sagte sie weiter und lächelte.
„Seht Ihr dort — er kommt!"

So sprechend, stand sie auf und streckte den Arm der
Straße entgegen. In demselben Augenblicke aber stürzte

sie in den Stuhl zurück, und die Augen weit geöffnet, noch immer wartend und auslugend, saß sie da und — war todt.

Wir blieben einen Tag länger, als unser Urlaub gestattete, um der guten Mutter Lene die letzte Ehre zu erweisen. Hoch zu Roß folgten wir ihrem Sarge. Helffrich hatte sich vom Pastor die Erlaubniß ausgebeten, an seiner Statt ihr die Grabrede zu halten. Aber er war noch nicht genug Pastor, und brachte vor Rührung kein Wort hervor.

V.

Eine deutsche Löwin in Paris.

———

Eduard erzählt:

Vor ungefähr achtzehn Monaten, an einem schönen Frühlingsmorgen, da ich, nichts Böses ahnend und arbeitend, auf meiner Pariser Stube sitze, tritt ein Commissionair bei mir ein und übergibt mir mit den Worten: „Ich bin schon bezahlt" ein sehr elegantes Briefchen, das, deutsch geschrieben, ungefähr so lautete:

„Verehrtester Herr H..!

Sie würden ein gutes Werk thun, wenn Sie die Güte haben und mich besuchen wollten. Lassen Sie sich durch meinen Namen, wenn er Ihnen bekannt ist, von dem Besuche nicht abschrecken, da es sich, ich wiederhole es, um ein gutes Werk handelt, um eine Wohlthat, die

Sie erzeigen sollen, indem Sie in einer wichtigen Angelegenheit Ihren Rath ertheilen. Alles, was ich von Ihnen gehört, gibt mir den Muth zu dieser Bitte, so wie den Wunsch, mich nach Ihrem Rathe zu richten. Ich wohne Boulevard des Capucines Nr. 17 im zweiten Hofe links, zwei Treppen hoch, und erwarte Sie zwischen ein und zwei Uhr. Ich bitte Sie noch einmal und aufs Inständigste, kommen Sie, und wenn es Ihnen heute nicht möglich ist, doch einen dieser Tage um dieselbe Stunde.

Auf Ihre Güte trauend, Ihre ergebenste Dienerin
Augustine R. —"

Kennen Sie diesen Namen, meine Herren? Nicht? — Ich kannte ihn. Augustine ist eine Deutsche und eine der elegantesten, schönsten, blondesten und verrufensten Löwinnen von Paris. Es ist sehr merkwürdig, welchen großen Erfolg unsere schönen Landsmänninnen haben, wenn sie sich mit Energie und Ausdauer darauf werfen, Lionnes zu werden. Sie überstrahlen dann alle französische Löwinnen, die doch den Ruf größerer Koketterie und höherer Grazie haben. Da ich den Namen kannte, war ich etwas verlegen, um so mehr verlegen, da in demselben Hause, im vierten Stocke, aber auf einer anderen Treppe ein bekannter Musiker des Conservatoriums wohnt, dessen wöchentliche musikalische Soireen ich regelmäßig besuchte. Wenn mich dessen Frau zu Augustine gehen sähe! oder auch nur der Portier, der mich ganz genau kannte! — Und was kann sie von mir wollen? Was habe ich mit dieser Halbwelt zu thun? Ich habe mich von solchen Berührungen immer so fern als möglich gehalten, soll ich jetzt mit Gewalt in diese Welt hineingezogen werden? Man kann nie voraussehen, in welche unangenehme Geschichte man bei solchen Weibern verwickelt wird. — Aber der Brief war so dringend, es wehte mich eine Luft der Wahrhaftigkeit, der Aufrichtigkeit, ja der Trauer aus diesen Zeilen an, die mich nachdenklich machte und beinahe rührte. Es ist jedenfalls Pflicht, nachzusehen, dachte ich und machte mich gegen ein Uhr auf den Weg.

Der zweite Hof des Hauses Nr. 17, Boulevard des Capucines ist ein sehr schöner, freundlicher Square. Mit dem ersten Schritt in diesen Hof glaubt man sich hundert Meilen weit von Paris. Aller Lärm der Straße verhallt in der Ferne, wie das Rauschen eines fernen Stromes; man hört nur das melodisch-monotone Fallen des Springbrunnens, der sich silbern, glänzend aus der Mitte des Rasenplatzes erhebt, um in ein rundes, von Blumen umgebenes Bassin zurückzufallen. Die Bäume, die den Rasenplatz umgeben, standen schon in Blüthe und in ihren Zweigen zwitscherte ein Volk von Vögeln, als ob es sich mitten in einer lachenden Landschaft befände. Auf den Square hinab sehen die großen Krystallscheiben der Fenster, die mit Sculpturen im Renaissancestil geziert sind und zwischen welchen hübsche

Statuen, Nachahmungen der Antiken im Louvre, in
Nischen stehen. Aus jeder einzelnen Wohnung führt ein
kleiner Balkon, dessen geschmackvolles Gitterwerk hie
und da vergoldet ist und Blumen und Laubgewinde vor=
stellt, aus dem kleine Köpfchen von Rittern und Damen,
von Pagen und Knappen hervorblicken. Aus den vier
Ecken führen vier weiße Treppen in den Hof, welche
von breiten Glasdächern bedeckt sind, die wieder von
eisernen, bronzirten schlanken Säulen getragen werden.
In manchen der Wohnungen war die Dienerschaft noch
mit Aufräumen und Reinmachen beschäftigt, und aus den
offenen Fenstern hingen bunte Teppiche oder wurden
glänzende Decken geschwungen und geschüttelt. Dort und
da sah man eine Dame im Nebenstübchen am Fenster
vorübergehen, oder auch einen Cigarre rauchenden Gentle=
men im seidenen Schlafrock; aus dem und jenem Fenster
kamen einzelne Pianotöne hervor. Das ganze Haus
schien die Wohnung, die Zufluchtstätte sorgloser, glück=
licher Menschen. Im zweiten Stock, in einem der schönsten
Appartements dieses Hauses, wohnte Augustine, der
mein Besuch galt.

Ich zog die Glocke; ein Bedienter in Livrée öffnete
mir und führte mich in den Vorsaal, wo mich ein
anderer Bedienter empfing. — „Madame erwartet Sie",
sagte dieser und führte mich in den Salon. Meine
Herren, Sie kennen den Luxus luxuriöser Pariser Salons
und ich will Ihnen diesen nicht erst beschreiben. Nur

Nur so viel, daß hier mit all dem Gold, Sammt, Seide, Bronze, Marmor, Porzellan u. s. w. nicht nur Luxus und Reichthum verschwendet waren, beide waren mit Geschmack gewählt und geordnet. Kaum war ich eingetreten, als mir Augustine schon voll Dankbarkeit entgegenkam; wie sie aus dem zweiten Zimmer heraus und mir entgegentrat, war ich in der That von der Schönheit dieser Erscheinung wie gebannt. Sie kennen sie ja! — Nicht? — Ach, Sie müssen sie kennen, Sie wissen es nur nicht. Hundert Mal müssen Sie sie schon im Bois de Boulogne gesehen haben — offener Wagen — blaue Livrée, englische Füchse — sie ist meist allein — blonde Locken — die schönste Person der ganzen Demi-Monde. — Ach! nicht wahr? Sie erinnern sich? Sie frappirt ja jedes Auge; man vergißt es nicht, wenn man sie einmal gesehen; sie beschämt alle großen Damen, — diese Küferstochter aus Hanau.

Bon! ich will kurz sein. Nachdem sie mich zum Sitzen gezwungen und sich noch hundert Male wegen ihrer Zudringlichkeit entschuldigt — und das Alles auf das Einfachste, ohne Koketterie, stand sie wieder auf und bat mich um Verzeihung, sie werde in einem Augenblicke wieder zurück sein. Nach einigen Minuten kam sie mit einem kleinen Knaben von ungefähr sieben Jahren. Ein wunderschöner Junge und in dieser Beziehung vollkommen würdig, der Sohn dieser Mutter zu sein. Er hatte blonde, lange Locken, die auf einen sehr weißen, nackten Hals herabfielen und trug eine schwarzsammtne Blouse mit blauen Knöpfchen. Die vollen runden Beinchen waren nackt und die Füße stacken in schottischen Strümpfchen. Das tiefblaue Auge dieses Kindes war, trotz des gesunden Wesens der ganzen Erscheinung voll von Melancholie und zugleich voll auffallender, leuchtender Intelligenz. Augustine sah mit offenbarer Freude, wie ich mich an dem Anblick des holden Kindes weidete, und hörte mit Theilnahme zu, wie ich an dasselbe Fragen richtete und wie sie das Kind beantwortete. Dann nahm sie den Jungen wieder an den Schultern und führte ihn an die Thür, küßte ihn und sagte: Adieu mon bijou, geh' jetzt mit Pauline in die Tuilerien. Der Knabe schickte mir noch ein Lächeln und einen freundlichen Blick zu und ging. Augustine kam zurück, setzte sich mir gegenüber auf's Sopha und sagte: „Nicht wahr, es ist ein liebes Kind?"

„Ein prächtiger Junge, eben so schön als intelligent."

Augustine seufzte, schien sich zusammen zu nehmen und sagte endlich: „Des Kindes wegen habe ich Sie um diesen Besuch gebeten."

„Bitte, erklären Sie sich deutlicher."

„Ich muß Ihnen erst sagen, Herr Doctor," nahm Augustine wieder das Wort, „daß ich Sie schon seit lange zu kennen die Ehre habe. Als Sie in Frankfurt waren, war ich noch in Hanau; dort habe ich oft von Ihnen gehört, später habe ich Sie in Frankfurt selbst gesehen. Vor Kurzem war hier in Paris bei einem Souper junger Leute von Ihnen die Rede. Erlauben Sie mir, Ihnen zu sagen, daß man nur Gutes von Ihnen gesprochen und ernster, als junge Leute bei solchen Gelegenheiten zu sprechen pflegen. Bei dieser Gelegenheit erfuhr ich, daß Sie in Paris wohnen, und ich beschloß, mich in einer wichtigen Sache, die mir seit lange schwer auf dem Herzen liegt, an Sie zu wenden. — Ich habe Freunde genug, aber Sie wissen, von welcher Art diese Freunde sind. Ich bin da, um sie zu amüsiren, nicht Sie mit ernsten Dingen zu langweilen oder Ihnen von Sachen zu sprechen, die mich beängstigen. Thäte ich das, sie würden mir ins Gesicht lachen. Augustine wird sentimental, Augustine wird eine bourgeoise, Augustine wird langweilig, wird moralisch, wird dumm, würde es heißen und man würde mir den Rücken kehren. Im besten Falle würde man meine Sorgen, meine Angst, mein Unglück für eine neue Art von Koketterie halten. Sie, lieber Herr Doctor, werden mich trotz Allem, nicht für unwürdig halten, mir einen Rath zu geben, der einem unschuldigen, lieben Kinde nützen soll."

„Bitte, sprechen Sie; ich höre Ihnen mit der größten Aufmerksamkeit zu."

„Ich wollte Sie um Ihren Rath in Betreff der Erziehung meines Kindes fragen. Sie haben es gesehen, von Tag zu Tage wird der Knabe schöner, von Tage zu Tage entwickelt sich sein Geist mehr und mehr. Er stellt mir oft Fragen, die mich auf die verschiedenste Weise in Verlegenheit bringen. Ich zittere vor dem Tage, da er mir eine gewisse Frage vorlegen wird, oder da er Alles verstehen wird ohne Frage. Was soll ich thun?"

"In wie fern? Was meinen Sie?"

"Ich habe zwischen zwei Wegen zu wählen. Entweder ich erziehe ihn, wie man in dieser meiner Welt erzieht, oder ich erziehe ihn außerhalb dieser Welt zu einem anständigen Menschen."

"Glauben Sie, daß Sie hier noch meines Rathes bedürfen? Sind Sie zweifelhaft, für welchen dieser beiden Wege ich mich entscheiden werde?"

"Nein, gewiß nicht! aber, Herr Doctor, Sie haben nicht Alles bedacht, was ich bedacht habe; Sie ängstigt bei dieser Wahl nicht, was mich ängstigt."

"Was ist es?"

"Lasse ich ihn in dieser meiner Welt aufwachsen, dann wird er leichtsinnig, frivol, schlecht vielleicht; er wird denken und fühlen, wie man in meiner Welt denkt und fühlt; er wird nichts Anderes kennen — aber seine ganze Umgebung wird ihm eben so natürlich erscheinen, wie seine Abstammung, und es ist dann noch möglich, daß er seine Mutter liebt; sein Ursprung wird ihn nicht kränken, nicht beschweren, und er wird seine Mutter vielleicht nicht verachten — er wird so viele ähnliche Mütter, so viele ähnliche Kinder sehen. — Lasse ich ihn

aber draußen in der anständigen Welt erziehen, in an=
ständigen Ansichten und Grundsätzen aufwachsen, lasse ich
seinen Geist und sein Herz sich so weit entwickeln, als
sie können — wird er dann nicht doppelt unglücklich sein
und wird er sich, sobald er zu Verstande kommt, von
seiner Mutter nicht abwenden? Wird er seine Mutter
nicht verachten? Und doch kann ich mich nicht ent=
schließen, ihn absichtlich zu einem gemeinen Menschen zu
machen. — Ach, es wäre so schade um das Kind, es ist
so lieb, so gut, so klug. Und wieder soll ich mich von
ihm verachten lassen? Soll ich es selbst herbeiführen,
daß er sich einst meiner schäme? — Was soll ich thun?
— Was soll ich thun? Herr Doctor, geben Sie mir
einen Rath, was soll ich thun, was fange ich an?"

Sie rief diese letzten Worte in einem Tone der
bebendsten Herzensangst; sie faltete die Hände im
Schooße übereinander und sah mich fragend an. Ich
gestehe es, ich war gerührt, ich war erschüttert. Ich sah,
wie der Dichter sagt, durch tiefes Verderben ein mensch=
liches Herz.

Nur das wollte ich erzählen. Meine Antwort auf
diese Frage brauche ich wohl nicht zu wiederholen. Meinem
Rathe fügte ich nur noch den Trost bei, daß von einem
in guten Grundsätzen erzogenen Sohne eine gute Mutter,
und sei ihre Vergangenheit wie immer beschaffen, stets
mehr Liebe und Achtung zu gewärtigen habe, als von
einem, der ihr durch seinen Leichtsinn, durch seine Fri=

volität näher stehe. Ich versprach ihr, daß sie in ihrem Sohne, wenn seine Eigenschaften auf edle Weise ausgebildet würden, dermaleinst, wenn Alles sie verlassen haben wird, einen Freund, einen Tröster finden werde -- indem ein Sohn seiner Mutter gegenüber zur Liebe keiner anderen Ueberzeugung bedürfe, als derjenigen, daß sie eine liebende Mutter gewesen u. s. w. u. s. w.

Das und Aehnliches führte ich ihr aus, so gut es ging, und sie hörte mir zu, als ob ich ein neues Evangelium predigte. Jede Auseinandersetzung, daß sie sich ihres Kindes durch eine gute Erziehung nur desto mehr versichere, nahm sie mit einem glückseligen Lächeln hin. Dann mußte ich ihr noch einen Erziehungsplan machen. Ich war dafür, daß das Kind aus ihrer Welt entfernt werde; ich glaubte, daß es am besten wäre, wenn man es in eine Erziehungsanstalt nach Deutschland schickte. — „Mein Trost," rief sie, „mein einziges Glück!" und während Thränen über ihre Wangen herabfielen, beschloß sie, auch darin meinem Rathe zu folgen.

Meine Herren, ich will Ihnen noch etwas sagen, weil es die Geschichte completirt — und ich hoffe, Sie werden nicht lachen. Als ich ging, faßte Augustine meine Hand, und ehe ich mich dessen versah, hatte sie einen Kuß darauf gedrückt. Ich habe sie seit damals noch einmal besucht. Ihr Kind war in Heidelberg.

Novellen.

Die Glocke.

> Jetzt läuter's, es ist Mittagszeit;
> Einst scholl's so hold in dieser Stunde,
> Der Glocke Ton, er war der Neid
> Von tausend Dörfern in der Runde.
>
> Ach, das ist nicht der alte Klang,
> Der mild und hell das Herz erfreute,
> Auch sie ward älter und zersprang —
> Sie läutet sich ihr Grabgeläute.
>
> (Zeitlosen.)

Nachfolgende Briefe fand ich, während eines kurzen Aufenthaltes in Deutschland, unter dem Speicher eines Frankfurter alten Hauses, als ich meine daselbst im Jahre 1849 zurückgelassenen Papiere zusammensuchte, um sie in die Fremde fortzunehmen. — Die Briefe bildeten ein kleines Packet mit der Ueberschrift: Max. — Als sie mir in die Hände fielen, tauchte eine ganze alte, vergessene Geschichte in mir auf und es war mir, als hörte ich eine melancholische Dorfglocke läuten. Ich las sie durch und fand, daß sie zusammenhängend eine ganz sonderbare, etwas räthselhafte Geschichte erzählten, und ich copirte sie und ließ Manches weg und gebe sie jetzt dem Leser, als ob es eine Novelle von mir wäre. Das ist das Recht des Novellisten. Nach vollendeter Lecture wird es vielleicht den Leser interessiren, wenn ich ihm sage, daß diese Briefe von einem Jünglinge geschrieben sind, der jetzt, als einer der größten Unternehmer, als einer der besten Köpfe der hohen Industrie Oesterreichs berühmt ist.

Den 3. April 184..

Mein Freund! Wenn wir es dereinst mit unseren Liebesschwüren nicht ernster nehmen, als mit unseren Freundschaftseiden, dann bedauere ich unsre zukünftigen Geliebten und fürchte ich für uns große Strafgerichte. Aber ich hoffe, daß Jupiter die Studentenschwüre ebenso wenig beachte, wie Liebesbetheuerungen. — Bald schreiben! riefst Du mir noch in den Wagen nach und ich legte die Hand auf's Herz, als ob ich sagen wollte, daß ich das als die heiligste Pflicht anerkenne und siehe da, nun sind Monate vergangen, Du hast meine Schrift, ich hab Deine nicht gesehen. Ich weiß, was Du zu sagen hast: Du warst mit Deinem Examen beschäftigt. Wisse Du, daß ich indessen auch manche schwere Prüfung bestanden. Ich will es Dir in wenigen Worten sagen. Mein Bruder ist todt. Als ich das Schreiben

erhielt, in welchem mein Vater mich von der Universität
abberief, war der gute Bruder schon seit mehreren
Wochen begraben. Die Mutter wollte nicht, daß man
mich früher von dem Unglücksfalle in Kenntniß setze,
auch nicht, daß ich früher nach Hause komme, da sie
mir die Theilnahme an der traurigen Stimmung im
Hause ersparen wollte. Die Rückberufung sollte, wie
Du Dich erinnerst, nur auf einige Monate gemeint sein,
aber kaum in meinem Dorfe angekommen, sah ich wohl
ein, daß ich der Wissenschaft, oder vielmehr der Universität und Euch, Ihr lieben Freunde, für immer Lebewohl gesagt habe. Die juristische Carrière, zu der mich
mein Vater bestimmt hatte, war zu Ende, ich sollte nun
meinen geschiedenen Bruder ersetzen, meinem Vater in
seinem Geschäfte und in der Verwaltung der Eisenhämmer beistehen und eine Schule bei ihm durchmachen, die
mich befähige, Geschäft und Gut dermaleinst als einziger
Erbe zu übernehmen. Auch soll ich die Leere, die im
Hause entstanden, ausfüllen und durch meine Gegenwart die gute, tiefbetrübte Mutter trösten. Das ist
Alles nur verständig und billig, und meine gebieterische
Pflicht ist es, mich dem Schicksal und den Anordnungen
des Vaters willig und mit gutem Herzen zu fügen. —
Mein Bruder, von dem mich ein großer Altersunterschied
trennte, war mir immer ein Fremdling geblieben. Als
er vor mehreren Jahren von der polytechnischen Schule
heimkehrte, verließ ich das Haus, um die Universität

zu beziehen. So sah ich ihn nur in meinen Knabenjahren, wenn er in seinen Jünglingsjahren, auf Ferien nach Hause kam. Sein Tod betrübte mich tief, tiefer aber der Schmerz, den er der guten Mutter verursachte. Sie ist aber, bei allem weichen Gefühl, ein starker Charakter, der das Unvermeidliche zu tragen versteht. Der äußerliche Umstand, daß sie immer nur einen Sohn in ihrer Nähe gehabt, trägt gewiß auch dazu bei, sie seit meiner Heimkunft die entstandene Lücke weniger schmerzlich fühlen zu lassen. So ist denn nach dem großen und plötzlich hereinbrechenden Unglück nach fünf Monaten Alles wieder so ziemlich in's Gleiche gekommen und es ist zu hoffen, daß die Wunden im Vernarben sind. Meinen Vater beschäftigte es auf wohlthuende Weise, mich in die Geheimnisse seines Geschäftes und der Gutsverwaltung einzuweihen, Geheimnisse, die leicht zu durchschauen sind, der gute, alte Mann aber für viel bedeutungsvoller hält. Geschäft und Verwaltung sind so gut geordnet, daß Alles wie am Schnürchen von selber geht und ich — Nichts, sage gar nichts zu thun habe — und dieser höchst unangenehmen Muße — gestehe ich's nur offen und unverschämt, — verdankst Du diesen ersten Brief. — Hast Du, lieber Georg, seit unsrer Trennung nur irgend welchen erfreulichen Fortschritt in der unerfreulichen Kenntniß des menschlichen Herzens gemacht, so hast Du auch schon errathen, daß ich Dich um irgend etwas bitten will. — Ich bitte Dich um Bücher, ja, ja, um Bücher, um recht viele Bücher, und zwar nicht um Romane oder dergleichen, sondern um echte, wissenschaftliche Bücher. Seit ich die Wissenschaft verlassen, ist sie mir theuer geworden — nicht eben die Juristerei, die ein caput mortuum ist, wenn sie nicht von einem Professionisten getragen wird, aber die Wissenschaft überhaupt. Ich will die Sprachen, die Geschichte, die Literaturen der Völker studiren — denn ich lebe in der beständigen Angst, zu verbauern und ich langweile mich. — Im Hause ist es noch immer etwas düster und von einem Umgange außer dem Hause ist nicht die Rede. Dorf und Thal liegen mitten im Walde und sind nur von stumpfsinnig gewordenen Bauern und von rohen Eisenschmieden bewohnt. Umsonst habe ich diese ganze Zeit nach der Poesie des Dorflebens gesucht; umsonst bin ich von Haus zu Haus gegangen und habe ich nach Bauerngenies à la Hofschulze und Buchmeier geforscht. Ich glaube nicht an diese Poesie. Unser Bauer ist in Armuth und Arbeit stumpf geworden; was ihm an Geist übrig geblieben, hat sich in List verwandelt. Er ist viel unmoralischer als der verschriene Städter. Nur an Sonn- und Feiertagen sehe ich Leute, die wie civilisirte Menschen aussehen — aber auch nur aussehen. Es sind das die kleinen Beamten mit ihren Frauen und Töchtern aus der benachbarten kleinen Stadt, die uns, als den Reichen der Gegend, den Hof machen. In ihrer Gesellschaft sehne ich mich nach den Bauern,

die ich so eben verleumdet habe. — Weßt Du, was mir
an diesen Leuten vor Allem fehlt? — Die Anmuth! —
Die Anmuth, die, wie uns die Poesie einreden will, sich
vorzugsweise auf dem Lande finden soll, denn sie sei die
Schwester oder erstgeborene Tochter, oder Gott weiß,
welche nächste Verwandte der Naivetät. Die Beamten-
töchter und Frauen sind in ihrem Benehmen geziert, oder
steif und immer lächerlich; in ihrem Gemüth kleinlich,
boshaft, neidisch, klatschsüchtig. Die Bäuerinnen sind
plump, roh an Körper, Geist und Gemüth, wenn von
Geist und Gemüth überhaupt die Rede sein kann. Weiß
der Himmel, wie ich jene Episode, die jedem Menschen
meines Alters aufgespart ist, ich meine die Liebe, hier in
diesem verödeten Erdwinkel durchmachen werde! O mein
Freund! wie sehr steigen alle die Putzmacherinnen, mit
denen wir so lustige Donnerstage beim Tanzmeister zugebracht haben, in meiner Achtung! Agnes, Hedwig,
Adele, Tine, Olympia, wo seid Ihr? Selbst die dicke
Rosalie oder das ellenlange Julchen erscheint mir in der
Erinnerung wie der Charitinnen eine. — Mir bleibt
nur die eine Hoffnung, daß ich unglückseliger Städter
selber verbauere; aber Du begreifst, daß man sich gegen
eine solche Metamorphose so lange als möglich sträubt.
Dieses Sträuben soll mir durch die Bücher erleichtert
werden. Ich habe bemerkt, daß Menschen, die sich mit
Abstractem beschäftigen, lesen, allerlei Studien treiben,
selbst auf dem Lande und in der ungebildetsten Umge-

bung etwas städtisch Feines bewahren; ihre Haut wird nicht elephantenhaft, ihre Hände bleiben schön und ihre Bewegungen, wenn auch unbeholfen, werden doch nicht bauernhaft und zu derb. Also, mein Freund, Bücher! Bücher! und zum dritten Male Bücher. Wie der lechzende Hirsch nach Wasserquellen, schreie ich nach Büchern. Erlöse mich aus dieser Langeweile, bewahre mich vor Verbauerung, daß ich würdig bleibe, zu sein Dein Freund
Mar.

Den 25. April.

Du bist ein guter Freund! Ich hungerte und schrie auf zu Dir und Du reichtest mir schnell, was mir damals das Brod des Lebens schien. Wie wirst Du Dich verwundern, daß ich alle Deine Historiker und Dichter, die Du mit so viel Geschmack und Kritik für mich ausgewählt, kaum eines Blickes gewürdigt — und daß ich heute bereit bin, Alles zu leugnen, was ich vor kaum vier Wochen als unumstößlich wahr gedacht und gefühlt habe. Daß man auf dem Lande nur Rohheit und Plumpheit finde, daß man verbauern müsse, daß man die Bücher nicht entbehren könne, daß die Langeweile die nothwendige Genossin eines Beatus ille procul negotiis sei. — Alles das ist heute nicht mehr wahr. Ich bin bereit, die entgegengesetzte Thesis mit aller in mir

zu Grunde gegangenen Advocatenberedtsamkeit und mit
aller Poesie Deiner mir übersandten Dichter zu verthei=
digen. Kaum zweiundzwanzig Jahre alt, habe ich doch
schon erkannt, daß man keine Wahrheit als die absolute
hinstellen und daß man nicht auf vierzehn Tage voraus
sein Leben bestimmen könne. Eine einzige kleine, unbe=
deutende Entdeckung oder Bekanntschaft hat mich plötzlich
aus jener Lebensleere und Einförmigkeit herausgerissen,
die Dich aus meinem letzten Briefe mit weit aufgerisse=
nen Kiefern angähnte. — Ich war auf der Vogeljagd —
um sich zu zerstreuen, wird der gelangweilte Mensch auf
dem Throne wie in der Hütte ein Verfolger — und
streifte hinter dem Dorfe auf den Feldern umher. Da
läutete die Mittagsglocke, die in unsern patriarchalischen
Verhältnissen zugleich, wie Byron sagt, the tocsin of
the soul ist — das heißt, zum Mittagstische einla=
det. Ich eilte von den Feldern, die im vollen Früh=
lingssonnenscheine dampften, zurück und kam eben dort
an, „wo die letzten Häuser stehen!" — Plötzlich höre
ich eine überaus liebliche Stimme, die irgend Etwas mit
zärtlichsten, verführerischten Liebkosungen lockte. „Jakob!
Jakob! komm doch zurück! komm zurück, Du guter Kerl!
Kobi! Kobi! Koberl! komm zurück, Du böser Kerl!
Schau Kobi, Semmel! Semmel mit Butter!" Nun
heiße ich zwar nicht Jakob, aber ich folgte doch der
Stimme und sah ein allerliebstes blondes Mädchenköpf=
chen, das aus einer Gartenhecke auf's Feld und auf

einen Baum sah. Ich folgte ihren Blicken und erkannte, daß ihr Locken einem Raben galt, der kein anderer war, als besagter Jakob, Kobi auch Koberl genannt. Es war, wie ich auch aus den Blicken Kobi's und aus seinem Gekrächze, das sich dem Mädchen wie antwortend zuwandte, ersah, ein zahmer Rabe, der seiner Herrin entflohen war. — Soll ich schießen? fragte ich, indem ich mich dem Mädchen näherte. — Um Gotteswillen nicht! schrie das Mädchen und sah bestürzt zu mir auf. Er wird schon wiederkommen, wenn er Hunger hat. — Nachdem sie so gesprochen, erröthete sie und machte Miene, ihr liebes Köpfchen wieder durch und hinter die Hecke zurückzuziehen. Ich fühlte das Bedürfniß, sie zurückzuhalten, was mir auch gelang, indem ich mich instinctmäßig mit dem Raben zu beschäftigen anfing. Es interessirte sie, meine Bemühungen, des Raben habhaft zu werden, zu beobachten und sie blieb und lachte manchmal über das zankende Gekrächze, das mir das possirliche Thier vom Baume herunter schickte, als ich ihn von demselben in den Garten zurückzujagen strebte. Am liebsten hätte ich ihn gefangen. Ich würde den Vogel dann, wie der Jäger im Nachtlager von Granada, seiner Besitzerin zurückgebracht haben; wir hätten ein Duett gesungen und Alles wäre gut gegangen. In der That war ich geneigt, dem schönen Geschöpfe die zärtlichsten Arien zu singen; da das aber nicht anging, blieb ich am Baume, schüttelte ihn, drohte dem Raben mit dem Kolben meiner Büchse und da er sich trotz all dem nicht rührte, kroch ich endlich am Stamm hinan, in die Zweige. Während dieser ganzen Zeit wurden zwischen mir und dem Mädchen allerlei Reden, Rathschläge, Protestationen, Danksagungen, Ausrufungen gewechselt. Endlich saß ich rittlings auf einem Aste, dem Raben grade gegenüber und streckte die Hand aus, ihn zu fangen und hoffte schon auf Verwirklichung jener Opernpoesie, als der Rabe sich vor meiner Nase erhob und graden Weges seiner Herrin entgegen und ihr auf den Kopf flog. Sie lachte, streckte eine nette kleine, etwas rothe Hand aus der Hecke hervor, faßte den Raben, rief mir ein freundliches: Danke! zu und verschwand hinter der Hecke. Von der Höhe meines Baumes sah ich eine reizende Gestalt, rasch und anmuthig wie ein Reh, durch den Garten, über den Hof dem Hause zulaufen und darin verschwinden. In demselben Augenblicke trat ein Mann mit langem weißem Schnurrbart in den Hof und in das Haus. Ich beneidete den alten Wachtmeister — denn dieser, der Glöckner des Dorfes, war es — und saß wie ein Narr auf dem Baume und wußte nicht, mit wem ich es zu thun hatte und es schien mir, als stünde ich am Anfange neuer und unbekannter Dinge. Die Glocke hatte längst zu läuten aufgehört: die Eltern erwarteten mich zu Hause und ungern stieg ich wieder auf platten Boden hinab. Meine Mutter war erfreut, mich bei Tische so munter zu sehen, während ich nur

etwas aufgeregt war und fragte mich, ob ich eine gute
Jagd gehabt. Ich glaube es, dachte ich bei mir, denn
es war mir, als wäre ich nicht mehr so einsam in dem
Dorfe.

Was mich vor Allem beschäftigte, war vorerst die
Neugierde. Ich kenne jedes Kind im Dorfe, aber ich
kannte jenes Mädchen nicht. Sie war gewiß eine Fremde.
Ihr Gesicht, die Art ihres Ausdruckes, ihr ganzes Be=
nehmen, ihr Wuchs, Gang, Blick, selbst ihre Aussprache,
Alles so ganz anders, als wie man es in hiesiger Gegend
findet — Alles an ihr so fein, zart gebildet. Den Mann,
bei dem sie wohnte, den Wachtmeister, kannte ich wohl.
Er ist ein Sohn dieses Dorfes und zog sich nach beinahe
dreißigjähriger Dienstzeit als ausgedienter Soldat mit
einer kleinen Pension hierher zurück bekleidet nun, wie
es sein herkömmliches Recht, als eines ausgedienten Sol=
daten ist, alle kleinen Gemeindeämter, die so wenig als
möglich einbringen; er ist Glöckner, er ruft die verlorenen
Sachen aus, er klebt die Verordnungen des Magistrats
der nächsten Stadt, unter deren Verwaltung und Juris=
diction wir gehören, an das Brett vor der Kirche. Sonst
sieht und hört man ihn nicht. Er sitzt den ganzen Tag
zu Hause, bearbeitet seinen Garten und liest Bücher, alte
Geschichten des Landes und Allerlei. Man spricht nicht
von ihm, aber man respectirt ihn und die stolzesten
Bauern ziehen den Hut vor ihm, dem sie doch jedes
eine Viertel Metze Weizen und zu Weihnachten einen

Kuchen in's Haus schicken müssen. Jeder Andere würde unter diesen Umständen von ihnen mit aristokratischem Stolze betrachtet und de haut en bas behandelt werden. Es muß also etwas Rechtes, so was wie ehrenhafter Stolz, oder männlicher Kern in ihm stecken. Aber was kümmerte mich der Alte! mich interessirte es, zu wissen, wer das holde Mädchen war, das in seiner rauhen Nähe blühte, wie das Blümchen Augentrost neben einer knorrigen Eiche. Doch wollte ich nicht fragen und beschloß in der Nacht, mich an die beste Quelle, an sie selbst zu wenden. Aber wie das anfangen? Offenbar kam auch sie aus ihrem Bezirke nicht heraus, sonst hätte ich sie in dem Dorfe schon sehen müssen und so in's Haus zu fallen, das ging mir, dem reichen Sohne reicher Familie überall an, nur nicht bei dem alten Wachtmeister, der auf dehors steht und sich stolz vor aller Welt verschließt. Aber er ist ja Glöckner, er muß jeden Tag dreimal in das alte Schloß; dort in der Mitte des Schloßgartens steht die kleine Kirche mit der Glocke; er muß, um dahin zu gelangen, durch das ganze Dorf, das Läuten dauert über eine Viertelstunde — ich habe also im Ganzen nur über eine halbe Stunde Zeit, die Gelegenheit aufzusuchen, um an das Mädchen zu gelangen. Morgen Mittag, um dieselbe Stunde, da ich heute die Bekanntschaft gemacht, sollte sie fortgesetzt werden.

Wie beschlossen, so ausgeführt. Gegen Mittag saß ich, wie König Artus oder Marke lauschend in demselben

Baume, in dem ich gestern gesessen hatte, und blickte in den Garten und in den Hof des alten Haller, unsers Glöckners. Im Garten arbeitete das Mädchen, und zwar war sie nicht poetisch mit Blumen, sondern offenbar höchst wirthschaftlich mit einem zukünftigen Kohl- oder Mohrrübenbeete beschäftigt. Ihr blaues Kleidchen hatte sie vorn aufgeschürzt und die Aermel bis über den Ellenbogen zurückgeschoben. Ich sah ein kleines Füßchen, einen sanftgerundeten weißen Arm, ein gar liebes Händchen, in das der Spaten ebenso wenig paßte, wie die ganze Arbeit zu dem feinen, sinnigen Profil. Von Zeit zu Zeit erhob sie sich, richtete sich auf, wischte den Schweiß von der Stirn und sah zum Himmel auf, der schon maienhaft blau wie ihre Augen niederlächelte, voll einer schönen Zukunft. — Ich versichere Dich, lieber Freund, ich fing an, mich über diese Hecke hinüber zu sehnen, als wüchse in diesem Gärtchen mein Glück — und als der Alte das Haus verließ und dahinter verschwand, um läuten zu gehen, war ich mit zwei vorsichtigen Sprüngen an der Hecke. Hände und Herz zitterten mir ein wenig, als ich das Gebüsch auseinanderbog, um an derselben Stelle, wo sie gestern ihren Kopf herausgesteckt, heute den meinigen hineinzustecken. Sie hörte die Bewegung, sah darnach und meine Augen trafen sofort mit den ihrigen zusammen. „Guten Morgen!" rief ich in einiger Verlegenheit. Meine Position mag ihr etwas komisch vorgekommen sein, denn sie lachte auf, faßte sich aber doch schnell, ließ das Kleidchen fallen, streifte die Aermel ab und fuhr sich in jenem bekannten Eitelkeitsinstinkt der Mädchen mit beiden Händen ordnend über die Scheitel, während sie den Spaten im Boden stecken ließ. — "Kann ich heute mit Nichts helfen?" fragte ich. "Danke, mit gar nichts!" erwiderte sie. "Vielleicht doch, bei der Arbeit," sagte ich und drang mit einem Rucke durch die Hecke und stand neben ihr.

Lieber Freund, erinnerst Du Dich, daß Ihr mich schon vor Jahren unverschämt genannt habt, von wegen der Sicherheit, mit der ich mich in Damengesellschaft, auf Bällen und bei Thee bewegte? Dieser Euer unverschämter Freund stand wie ein dummer Junge vor dem Mädchen vom Lande da, und warum? Weil dieses Mädchen bei meiner jetzigen Unverschämtheit ein wenig die Stirn runzelte und unzufrieden vor sich hin sah. Ich brachte kein Wort hervor, obwohl ich das größte Bedürfniß fühlte, mich zu entschuldigen, und so standen wir Beide da, mit niedergeschlagenen Augen und ich mit klopfendem Herzen; ich hatte nicht einmal den Muth des Davonlaufens. — Da ertönte die Glocke. Wie ein Alp fiel es von mir; wir athmeten Beide auf; sie lächelte, ich streckte unwillkürlich die Hand nach der ihrigen aus; sie wollte es nicht sehen, und so fragte ich, ohne zu wissen, was ich fragte und mit sehr unterthäniger Stimme: "Wie heißen Sie?" — Sie sah mich einen Augenblick an und sagte: "Marie." — Dann wieder Stille; die

Glocke läutete und läutete. Der Spaten, der halb aufgerichtet gestanden hatte, fiel um; ich hob ihn auf und gab ihn ihr. Maria nahm ihn, dankte mit einer Kopfbewegung und wandte sich gegen das Haus. Ich ging einige Schritte mit ihr, da blieb sie stehen und ich sagte: „Man sieht Sie ja niemals im Dorfe, Fräulein Marie?"

„Ich bin ganz fremd hier," sagte sie.

„Ich auch!" versetzte ich.

Marie sah mich erstaunt an: „Wie, sind Sie nicht Herr Max K., der Sohn des Fabrikanten und Gutsbesitzers?"

„Ja, aber ich bin hier fremd geworden und ganz einsam."

Sie sah mich mit einem Blicke voll Verständniß an und ging wieder einige Schritte bis an den Eingang des Gartens. Ich blieb stehen, als ob ich ihr etwas zu sagen hätte, und ich sagte Nichts. Da hörte die Glocke auf zu läuten; wir fuhren Beide zusammen; die Zeit war so schrecklich schnell vergangen. „Leben Sie wohl!" sagte ich und hätte gern: „Auf Wiedersehen!" hinzugefügt, aber ich hatte nicht den Muth und lief mit großen Schritten aus dem Hofe nach Hause.

Ich war sehr unzufrieden mit mir und meinem Benehmen, aber im Grunde doch sehr glücklich. Bei der Erinnerung an jenen Tag kocht und brodelt Alles in mir und meine Hände zittern. Ich kann nicht weiter schreiben und lasse den Brief abgehen, obwohl noch viel zu erzählen ist, denn auf diesen Tag folgt ein zweiter und ein dritter. Morgen erzähle ich weiter. Glaubst Du nun eine Entdeckung gemacht zu haben, indem Du ausrufst: Er ist verliebt! so mache ich Dir die Priorität streitig, denn diese Entdeckung habe ich längst gemacht; ja, ich habe noch mehr entdeckt: ich bin nicht verliebt, sondern ich liebe.

Den 29. April.

Am folgenden Tage, da die Mittagsglocke läutete, war Marie nicht im Garten; so ging ich geraden Weges bis an die Thür des Häuschens. Da stand sie am Herde und bereitete ihr und des Oheims Mittagsessen. Und wieder am folgenden Tage stand ich neben ihr am Herde. Ich will es Dir nicht erst beschreiben, wie ich den ungeheuren Raum zwischen Thür und Herd durchmessen und besiegt habe, wie ich die Zeit von einer Mittagsglocke zur andern verbracht, wie ich keine der vorbereiteten Reden, die ich jeden Tag mitgebracht, gehalten habe, wie es mich schmerzlich durchzuckt, wenn der letzte Glockenton verhallt und ich fort muß; ich will Dir nur sagen, was ich von Marie über sie selbst erfahren und welche Umstände mir die Annäherung erleichterten.

Marie ist die Nichte des Glöckners, die Tochter seiner Schwester, die er an einen Kameraden verheirathet hatte. Dieser, damals Wachtmeister, war glücklicher als er und brachte es zum Offizier und wurde später Postmeister in einem kleinen Städtchen Postmeister, das ist ein Mann, der an seiner Thür einen Briefkasten hängen hat, den er jeden Tag oder auch nur zwei, drei Mal die Woche leert und dessen Inhalt er an die nächste wirkliche Poststation sendet, und ferner ein Mann, der die drei oder vier Briefe, die er bei dieser Gelegenheit von der Station zurückerhält, im Städtchen austheilen läßt. Die Functionen sind, wie Du siehst, nicht sehr bedeutend, aber der Mann, der sie ausübt, ist trotzdem kaiserlicher Beamte, wird mit Recht oder Unrecht von der Bevölkerung Herr Postmeister genannt und gehört zu den Honoratioren der Gegend oder, wie man sich bei uns auszudrücken pflegt, zu den Herrschaften, und wenn er eine Tochter hat, so ist diese Tochter ein Fräulein. Als ein solches Fräulein ist Marie aufgewachsen; sie gehört zur vornehmen und gebildeten Gesellschaft ihrer Gegend, ist von Natur an Leib und Seele zart gestaltet, und da sie alle ihr zugänglichen Bildungsmittel mit empfänglichem Sinne und weiblichem Takte benutzt hat, ist sie in der That ein Mädchen geworden, das sich mit unsern liebenswürdigsten Städterinnen in Allem, was Anmuth, Zartheit des Benehmens betrifft, messen könnte, nicht zu gedenken der Sinnigkeit ihres Wesens, das sie vor den gebildetsten Städterinnen voraus hat. Ein solches Wesen muß sich hier sehr einsam fühlen, und sie war gezwungen, sich hierher zu verbannen, da ihr beide Eltern starben und der Glöckner ihr einziger

Verwandter auf Erden ist. — Merkst Du's, daß wir
zwei Einsamen einander nothwendig sind? Fühlst Du,
was mir den Weg von der Thür zum Herde erleichtert
hat? Ich bitte Dich herzlichst, mache Dir das klar,
stelle Dir das ganze Unglück der Verlassenheit in den
wahrsten Farben vor, erkenne, wie nothwendig es einem
liebevollen, zarten, gemüthsreichen Geschöpfe ist, sich anzuschließen, mitzutheilen, geliebt zu werden, vielleicht auch
zu lieben, auf daß Du nicht den leisesten Gedanken in
Dir aufkommen lässest, wenn ich Dir sage, daß Marie
und ich, daß wir heute gute, intime Freunde sind, deren
höchstes Glück sich in der kurzen Stunde des Glocken-
läutens concentrirt. Mache Dir auch klar, wie groß
das Bedürfniß des Anschließens in mir gewesen und wie
zudringlich, vielleicht überredend mich dieses Bedürfniß
gemacht hat. So ein gutes Geschöpf ist ja waffenlos
gegen solche wohlwollende und gut gemeinte Zudringlichkeit. Außerdem bringe ich ihr Bücher, erzähle ihr von
der Welt, beantworte ihre wißbegierigen Fragen und
bin gewiß eine Quelle der Zerstreuung und der geistigen
Beschäftigung für sie. Wäre die Tugend, die ein solches
Zusammenleben verbieten wollte, nicht sehr grausam?
Und doch müssen wir es verbergen und auf die kurze
Zeit des Mittagsläutens beschränken. Freilich wird auch
des Morgens geläutet und des Abends wieder. Aber
des Morgens darf ich zu Marie nicht kommen, wegen
der zu frühen Stunde, und des Abends nicht wegen der

Dämmerung. Ist unser Glück ein Geheimniß, so sieht es doch der helle Tag; es soll sich nicht wie ein Verbrechen in die Schleier der Dämmerung verstecken. So ist das Gefühl Marie's, und ich will auf Nichts bestehen, was ihrem überaus sensitiven Seelenleben widerstrebt.

Nun weißt Du ungefähr Alles. Lebe wohl! — Ich bitte Dich, verurtheile ein Mädchen nicht, weil es Rendezvous hat.

Dein Mar.

Den 25. Mai.

Das Glück der Liebe ist schweigsam wie der Tod. Vielleicht sind Beide so, weil sie viel zu viel zu sagen hätten. Ich bin glücklich; ich bin würdig des wunderschönen Monats Mai. Eine kleine Veränderung irgend eines kleinen Umstandes, welche große Veränderung kann sie in unserm Gemüthe hervorbringen. Ein Schritt über die Stubenschwelle hat mich um tausend Schritte in meinem Glücke weiter gebracht. Jetzt sitze ich mit Marie die kleine halbe Stunde lang in der Stube, und ich kann es Dir nicht ausdrücken, welch' unendliches Behagen ich empfinde, wie wonnevoll ich mich fühle, wenn ich so in der kleinen Stube dasitze oder den Arm um ihren Hals gelegt, in dem dämmerigen Raum umherwandle und mich mit allen Gegenständen vertraut mache.

die sie jeden Tag und jede Stunde ansehen. Es ist so nett, so lieblich in der Stube. „Nicht jedes Mädchen hält so rein." — Die Möbel unterscheiden sich nur wenig von den gewöhnlichen Möbeln in unseren Dorfhäusern: ein massiver, etwas ausgeschweifter brauner Tisch mit einer kleinen, sehr ursprünglichen Malerei in der Mitte: dahinter eine rothe Bank mit rother Lehne; daneben ein harter, ungepolsterter Lehnstuhl; einige gewöhnliche Stühle; ein schwarzer Kachelofen, der in eine Art Thurmspitze im Jesuitenstile endet und die Decke berührt; das Bett des Oheims, so einfach wie ein Feldbett, aber von blauen, schöngefältelten Vorhängen umschattet. An den Wänden in schwarzen Holzrahmen einige Schlachtbilder in Holzschnitt, welche eigentlich nur Illustrationen zu den ringsumher in gothischer Schrift gedruckten Kriegsliedern und Balladen sind. Da ist der Prinz Eugen der edle Ritter mit der Belagerung von Belgrad, da ist der General Laudon und sein Ueberfall der Preußen bei Olmütz, da die Schlacht bei Leipzig mit Napoleon auf der einen und den alliirten Potentaten auf der andern Seite. Auch einige Heiligenbilder sind da mit einem kleinen Weihkesselchen und einigen frischen Zweigen von Ostern. Du weißt, ich liebe die Attribute der Frömmigkeit nicht; aber hier gefällt mir das Weihkesselchen eben so sehr, wie die Resedatöpfe vor dem Fenstern, welche klein und niedrig nur ein dämmerisches Licht hereinlassen. Wir sind in der Wohnstube; die Schlafstube Marien's

ist unter dem Dache. — Da sitze ich nun und die Glocke läutet und ich bin sehr glücklich. Das ist mein Schmerz, daß ich nicht länger bleiben kann, als die Glocke läutet, ja, nicht einmal so lange ; denn sobald die kleinere Glocke das kurze Geläute beginnt, das man hier das Ave Maria nennt, fängt Maria an Abschied zu nehmen und mit Schmerzen sage ich oft: Ave Maria, gratia plena..., was sie mir als eine Blasphemie strenge verweist. Sie ist überhaupt fromm, und wie klug, wie verständig und klar sie auch alle weltlichen Dinge beurtheilt, wie schnell sie auch bei der kleinsten Andeutung Alles erräth, was zur geistigen Bildung beitragen kann, so beharrlich treu bleibt sie Allem, was sie in ihrer Kindheit lieben gelernt. Ich nehme das als ein Zeichen der Treue und freue mich, dies Symptom auf unsere Liebe zu übertragen. Indessen umwölkt dieser Mysticimus doch manche Minute meiner glücklichen halben Stunde. Oft macht sie sich Vorwürfe darüber, daß das Glockengeläute, das Andere zur Andacht ruft, von ihr zu liebendem Geplauder miß=
braucht werde. Glücklicherweise gehen diese Schatten schnell vorüber, denn sie sagt sich selbst, daß diese Vor=
würfe nur aus Gewohnheit entspringen und daß sie sich im Grunde doch glücklich und nicht im Mindesten in ihrer Liebe und in ihrem Glücke sündhaft fühle. Ernsthafter sind die Gewissensbisse, die sie sich in Bezug auf den Oheim macht. Daß der alte, würdige, brave Mann selber das Zeichen geben müsse zu unserm heimlichen

Glücke, das scheint ihr hinterlistig und in der That, wenn ich es ganz ruhig betrachte, ist es auch so; ja es hat sogar etwas Komisches, das einem so braven, guten Kerl gegenüber zur Sünde wird. — Aber ist das Alles unsre Schuld? — Würde er, wenn er um unsre Liebe wüßte, uns so ruhig und glücklich zusammen lassen? würde er nicht jeden von uns wieder in seine traurige Einsamkeit und Verlassenheit zurückjagen? würde er nicht durch Verbot und Ueberwachung unser so reines Verhältniß trüben und durch Verdächtigung beflecken? und sollen wir dieser kleinen Rücksicht unser so großes, so ungeheures Glück opfern? — Wahrlich, das Opfer stände in keinem Verhältniß zu den Zwecken. —

Du siehst, daß in unserm lichten Gemälde auch kleine Schatten sind. Aber wo sind nicht Schatten? — Der Maler, der zuerst mit Schatten malte, hat die Kunst auf den höchsten Gipfel gehoben, denn sie machen das Licht erst zum Lichte. Und so will ich auch nicht klagen; ich wäre der undankbarste Mensch, wenn ich klagen wollte. Neben allem Glücke gibt mir diese Liebe so viele Erfahrungen über mich selbst und über das menschliche Gemüth, lehrt sie mich das Schöne der Beschränkung und des Maßes — lehrt sie mich ihre hohe Alchymie, die aus scheinbar Geringem pures Gold und Edelsteine schafft, daß ich in ihr einen Schacht von Schätzen besitze. Außerdem ist das ganze Verhältniß wie für mich gemacht. Nur in der Stille und Einsamkeit, nur zu Zweien konnte ich so glücklich werden; in der Welt hätte mich eine so heiße Liebe, bei meiner eifersüchtigen Natur, in beständige, häßliche Unruhe versetzt und mir das Leben verbittert. So habe ich mich über Nichts zu ärgern, als über das Ave Maria, das zum Aufbruch mahnt und uns scheidet.

Alles, was zu dieser Liebe gehört und in der kaum sechs Wochen alten, aber unendlich reichen Geschichte meiner Liebe eine Rolle spielt — Alles ist schön, selbst der Ton der Glocke, der unsre Reden und — unsre Küsse begleitet. Er ist bei aller Fülle und Kraft, bei allem Ernst und aller Tiefe hell und klar wie reines Silber und füllt das ganze, waldumfaßte Thal mit Harmonie; bei gewissen Verhältnissen der Atmosphäre zittert er lieblich und melancholisch über die Hügel und Wälder hinweg, bis in die benachbarten Dörfer, die uns um diesen Schatz beneiden. Es ist auch keine gewöhnliche Dorfglocke. Sie ist das Geschenk eines Prager Fürsterzbischofs, der im siebzehnten Jahrhundert in unserm Dorfe geboren worden. Der gute Erzbischof! Gott habe ihn selig. Wie viele Generationen hat sein Geschenk schon erfreut, wie viele wird es noch erfreuen. Er hatte gewiß nur die Absicht, die Gläubigen zum Gebete einzuladen und dachte nicht im Traume daran, daß seine Glocke eine Liebe einläuten und begünstigen und hold durchtönen sollte. Möge ihn die theilweise Verfehlung seines Zweckes und die Profanation in seiner Gruft zu St. Veit nicht

beunruhigen — meine Liebe ist so innig, wie das gläu=
bigste Gebet und die Liebe Marien's ebenfalls, deß bin
ich gewiß. — Wenn ich ehemals in den Ferien heimkam,
fühlte ich mich erst recht zu Hause, wenn ich die Glocke
ertönen hörte; was Wunder, daß es mir scheint, als ob
ich bei Marien für immer in den Hafen eingelaufen sei...
Lebe wohl....

Den 10. Juni.

Die Nachricht, daß ich bei Marien in der Stube
sitze, daß ich, den Arm um ihren Hals, mit ihr auf und
nieder gehe, hat Dich aufgeschreckt und Du kommst mit
Warnungen, Du treuer Eckart. Du bist ein guter Freund,
thust Deine Pflicht und hast in Deinem Sinne Recht.
Aber die anders denken, weil sie anders fühlen, haben
auch Recht. — Du kommst mit Deiner Warnung zu
spät und wärest Du früher gekommen, sie hätte auch
nichts gefruchtet. Die Liebe, eine wahre Liebe geht ihren
unwiderstehlichen Lauf, wie das Schicksal; die Umwege
macht oder sich durch Verstand, Rücksichten oder äußere
Verhältnisse den Weg verlegen, die sich irgendwie in der
Mitte abschneiden läßt, die ist es nie gewesen. Ihr
höchstes Streben ist die Vereinigung; erst mit der Ver=
einigung ist der Kreis geschlossen, ist das Unendliche und
Unmeßbare da, das man Liebe nennt, das diesen Namen

verdient. Alles Vorhergehende ist nur Vorbereitung, nur
Einweihung, Leben in den Propyläen. Der Mann kommt
früher nicht zu jener Ruhe, die ihn allein zum Manne
macht, die ihm die Kraft gibt, Entschlüsse zu fassen und
zu handeln. Das fühlt das Weib und sie gibt sich als
Opfer hin und wehe dem, dem sie in diesem Augenblicke
und von diesem entscheidenden Augenblicke an nicht heilig
ist. Ich bin ein anderer Mensch, ich weiß, daß Marie
mein ist; ich bin ein Mann und ich durfte nicht erst
Entschlüsse fassen. Es ist Alles fertig in mir. Nenne
Du Marie immerhin meine Geliebte; sie ist es, sie ist
mein Weib. Ich erwarte Deine Antwort mit Ruhe.

Den 15. Juni.

Freilich will ich sie heirathen: Es ist nicht wahr,
daß man „eines solchen Verhältnisses" müde wird. Was
Du von „Achtung," „Reinheit," „Profanation" ꝛc. sagst,
ist dummes Zeug. Du bist ein unerfahrener Mensch,
der sich auf seine negative Tugend etwas zu Gute thut
und seine Weisheit aus schlechten moralischen Büchern
holt, welche jedes wahre Gefühl und die schönste Mensch=
lichkeit verläumden. Müde werden? „Verlöschen?" Ich
fühle einen Vorrath von Wärme in mir, daß selbst,
wenn von einem Ausgeben und nicht von einem bestän=

digen Empfangen die Rede wäre, ich getrost bis in das
späteste Alter wandern kann, ohne ein Auskühlen zu be=
fürchten. Gluthen genug, um das kalte Alter an ihren
Kohlen zu erwärmen. — „Achtung?" — Welch ein
reines Weib ich an Marie besitze, weiß ich erst, seit ich
sie besitze. Ich bitte Dich, sprich nicht hergebrachtes Zeug.
Die Sonne steht und wir sagen nach hergebrachter Weise,
sie geht auf und unter. In der moralischen Welt sind
die Täuschungen noch größer. Mit Widerwillen denke
ich an meine tugendhafte Studienliebe, an Adele, die zu
mir sagte: Seien wir wie Bruder und Schwester! und
mit der innersten Verehrung denkt jeder meiner Gedanken
Marien's. Was ich immer denken mag, der Gedanke an
sie steht immer daneben; er ist der Begleiter aller meiner
andern Gedanken; ich denke zweifach. — Lieber Freund,
sei nicht tugendhaft wie es geschrieben steht und predige
mir nicht mit allen Mitteln der Rührung. Warum hast
Du mich der Unannehmlichkeit ausgesetzt, nach jedem
Deiner Sätze ein innerliches Connu! Connu! auszu=
rufen, als hätte ich ein banales Buch gelesen? — Was
sprichst Du mir pathetisch von Vater und Mutter? Ich
soll ein vortreffliches Geschöpf, das besser ist als alle
Schwiegertöchter, die sich meine Mutter aussuchen könnte,
das sich mir mit Leib und Seele hingegeben, das mir
alle Minuten meines Lebens mit Glück und Schönheit
ausfüllt, ich soll es den Vorurtheilen meiner Eltern auf=
opfern? — und nicht lieber diese Vorurtheile besiegen?

— Das hast Du nicht gewollt, mein Schweizer! Geh in Dich und thue Buße und schreibe in Deiner liebenswürdigen Weise, daß Du Deine Pflicht gethan, wie's hergebracht und daß Du eine Dummheit gemacht hast.

Ich will Dir erzählen, auf daß Du erkennest, wie Alles zwischen mir und Marie eine eigenthümliche Weihe hat; daß unsre Liebe, ebenso wie sie holdestes Glockengeläute durchtönt, in Allem auf die geheimnißvolle, fast möchte ich sagen, mystische und große Weise durchweht ist.

Es war ein tropisch=heißer Tag, der aller Welt unheimlich vorkam, weil er plötzlich auf einen anhaltenden vierzehntägigen Regen folgte, der die Bauern um ihre Saaten besorgt machte. Der Himmel war bis gegen zwei Uhr wie ein glühendes Erz, wie der Himmel über einer afrikanischen Wüste. Plötzlich verwandelte er sich in das schwefelhafteste Gelb und die Luft wurde unheimlich drückend, als ob man irgend einem großen Naturereignisse entgegenginge. Wie auf einen Schlag war der ganze Horizont von den dunkelsten Wolken umgeben, während die Sonne auf ihrer Höhe noch von einem großen gelben Hofe umschlossen war und die glühendsten Strahlen herabschickte. Die Wolken rückten immer höher und es sah aus, als ob sich Heere sammelten, um eine gewaltige Schlacht zu liefern. Dort und da, an den verschiedensten Seiten, rollte schon ein einzelner Donner, zuckte ein verlorener Blitz, während die Sonne in ihrem immer enger werdenden Bereiche zu brennen und grell zu leuchten fortfuhr. — Die Bauern des ganzen Dorfes sammelten sich, wie immer, wenn sie rathlos sind, vor dem Hause meines Vaters und sahen stumm zum Himmel hinan. Sie fürchteten übermäßige Gewitterregen, die den Rest ihrer Hoffnungen nach den vierzehntägigen Wolkenbrüchen zu nichte machen würden. Plötzlich rief Einer, warum man denn nicht die Glocken läute, um die Gewitterwolken zu zerstreuen? Und sofort setzten sich Mehrere in Bewegung, um den alten Haller zu holen. Als gebildeter Mensch wollte ich Einspruch thun gegen diesen alten Aberglauben, aber es fiel mir ein, daß ich einmal zu ungewöhnlicher Stunde Marie sehen konnte, und zwar etwas länger als sonst, und ich ließ sie ziehen und den alten Haller holen. Auch hatte ich Marie seit vier Tagen nicht gesehen; ich war eben mit meinem Vater von einer Geschäftsreise heimgekehrt und meine Sehnsucht nach ihr war unendlich. Ohne das Gewitterläuten hätte ich bis morgen Mittag warten müssen. Ich ließ also die Bauern bei ihrem Aberglauben und näherte mich auf einem andern Wege, durch die Gärten, dem Hause des Glöckners. Die Bäume mit ihren Blättern und Blüthen, die Gräser zitterten; dort und da neigte sich ein einzelner Baum etwas tiefer als die andern, als hätte er ein besonderes Leben; das Vogelgezwitscher war überall verstummt; geraden Weges, mit einem lang anhaltenden Tone flogen wenige verspätete Bienen ihren Stöcken zu. Alles hatte

Angſt. Ich dachte, wie die kleine empfindliche, ſenſitive Marie Angſt haben müſſe, ſie, die ſich ſo gern in die Schauer alles Unerklärlichen verſenkt, und ich konnte es nicht erwarten, zu ihr zu gelangen und ſie zu beruhigen. Mit den erſten Tönen, die die Glocken von ſich gaben, man läutete beide, die ſchöne große Glocke und das kleine Glöcklein, mit dem das Ave und die Agonie geläutet wird — ſprang ich aus dem Garten und in das Haus. — Es war indeſſen ganz dunkel geworden, ſo daß ich die Gegenſtände in der Stube des Glöckners kaum unterſcheiden konnte. „Marie!" rief ich — keine Antwort — ſie war nicht da. — Auch in der Küche nicht. — Da ſtand ich an der Treppe, die hinaufführt in ihr Stübchen. Ich lehnte mich ans Geländer und aufgeregt wie ich war — durch die Gewitterluft, durch das ganze metereologiſche Phänomen, durch die Hoffnung des Wiederſehens und durch die Zaghaftigkeit, ſie in ihrer Stube aufzuſuchen — zitterte ich wie jene Bäume in den Gärten, die ich eben kopfſchüttelnd betrachtet hatte. Ich hatte nicht den Muth, die Treppe hinaufzuſteigen. Da fiel ein furchtbarer Donnerſchlag und er war noch nicht verhallt, als ich ſchon in Marien's Stübchen ſtand. Sie lehnte an ihrem kleinen Fenſterchen und ſah entſetzt hinaus in die ſchauerliche Welt, der Untergang drohte. Mit einem Freudenſchrei wandte ſie ſich und lag in meinen Armen. — „Wie lieb, wie gut, daß Du gekommen biſt," ſagte ſie mit blaſſen Lippen: „ich wäre vor Angst vergangen. Das ist ja ein schrecklicher Tag. Aber jetzt fürchte ich mich nicht mehr." — So sprechend schloß sie mich mit solcher Inbrunst in ihre Arme, schmiegte sie sich so eng an mich, daß ich es mit Glück fühlte, wie viel ich ihr war — ihr Freund, ihr Schutz, ihre Hülfe, ihr Trost — und ich schwor mir, es ihr immer zu sein. — Ich streichelte ihr die Scheitel, wie man einem bangen Kinde thut, und konnte kein Wort hervorbringen vor Rührung. — Sie sah mich an und mochte wohl so was in meinem Auge entdeckt haben, und lächelte und der seligste Kuß ließ uns die Welt und den donnernden Himmel vergessen. — Dann sah ich mich in der kleinen Stube um. Mein Freund, es gibt nichts Schöneres, nichts Rührenderes als so eine kleine Stube eines armen, schönfühlenden Geschöpfes; so ein Stübchen, wo der Mangel und die Dürftigkeit mit Anmuth verhüllt und zu Harmonie geordnet sind. Die Blumen waren vom Fensterbrett vor dem Gewitter gerettet und standen in einem Winkel, den alten Freund Jakob verbergend, der sich hinter ihnen versteckte und nicht wagte, einen unharmonischen Ton hören zu lassen. An der einen Wand die wenigen Kleidchen neben einander hängend und von einem weißen Tuche bedeckt; an einem Balken des Dachstuhles ein kleines Spiegelchen, kaum so groß wie Mariens Gesicht; doch versuchten wir es, uns zu gleicher Zeit Wange an Wange darin zu sehen. „Jetzt hast Du auch hineingesehen," sagte sie, als ob

sie sagen wollte: Jetzt ist der Spiegel etwas werth —
und fügte dann in demselben Sinne hinzu: "Jetzt bist
Du auch in meiner Stube gewesen." — Links dem
Fenster gegenüber, ein kleines, kleines Bett von einer
großen Decke bedeckt; daneben ein Tischchen mit der
Silhouette ihrer Mutter und einige Bücher von mir
und ein Bleistift, den ich in einem der Bücher hatte
stecken lassen. Wieder einen Kuß für diesen Ehrenplatz,
den der Bleistift einnahm, und einen noch wärmeren
Kuß für die getrockneten Feldblumen, die ich einmal von
der Jagd mitgebracht und die jetzt über dem Bett an
einem Bande hingen. Da saßen wir, vor diesem Bett,
und die Stube wurde immer dunkler, die Donner rollten
wie tausend Schlachten und blaue und gelbe Blitze tauch=
ten uns in die grellsten Lichtströme und die Glocken
läuteten wie rasend und wir hörten Nichts und sahen
Nichts. Wir hörten nur die Liebe und das Glück und
die Jugend. Die Welt kämpfte und war bange und
zitterte; wir waren auf einer seligen Insel — die Welt
vergessend und vergessen von der Welt, ganz nur uns
angehörend und untergehend in der Seligkeit des Neh=
mens und Gebens.

Später.

Ich hätte Dir noch Vieles zu sagen, aber denke ich
jenes Nachmittags, schwinden mir alle andern Gedanken.
Jener donnernde, blitzende Nachmittag mit seinem Abend

hat so große Seligkeiten für mich, daß ich ihn in meinen Gedanken noch nicht erschöpft habe; erinnere ich mich sein, bin ich zu nichts Anderm fähig — am wenigsten ihn zu beschreiben. Sein Andenken wird mich ewig begleiten und Alles, was darauf folgte, ist seiner vollkommen würdig.

Den 22. Juni.

Du fährst beharrlich fort, ein Philister zu sein. Ich verzeihe Dir, weil Du diese Tugend der Beharrlichkeit auch in der Freundschaft übst. Du findest Leichtsinn, Frivolität darin, daß wir so glücklich sein, daß wir Alles vergessen konnten, während die Elemente im Aufruhr, die Menschen voll Bangen und Zagen, die Hoffnungen Tausender bedroht waren. Das klingt sehr schön, besonders in einer Predigt. Aber ich bedaure, daß Du den hohen Ernst, der mit einem hohen Glücke verbunden ist, noch nicht kennst. Wahrlich, ich sage Dir, Nichts ist so rein, so hoch, so erhebend wie das Glück. Des schönsten Glückes Kern ist gewiß der schönste Ernst. Ueber Deinen Vorwurf bin ich ganz ruhig. Marie ist heiter. Das ist mir genug. Wäre in jenen glücklichen Stunden irgend eine befleckende Secunde, auf dem reinen Spiegel dieser Seele hätte sich eine Trübung geäußert. Aber sie ist heiter und fleckenlos glücklich. — Fahre Du

fort mit Deinen Ermahnungen, wie Du willst; aber
Eines verbiete ich Dir mit dürren Worten. Keine, auch
nicht die leiseste Verdächtigung gegen Marie; erlaube
Dir nicht irgend eine, auch nicht eine berechtigte Berech=
nung bei diesem uneigennützigsten, hingebendsten Ge=
schöpfe vorauszusetzen. — Sie liebt, das ist Alles. —
Du hast gut von Opfern sprechen, die ich ihr bringen
müßte. Als ob das so leicht wäre, ihr ein Opfer zu
bringen, ihr, die zu jedem bereit ist und jedes Darge=
brachte zurückweist. — Als ich ihr von Heirath gespro=
chen, schüttelte sie den Kopf. — „Die Verhältnisse,"
sagte sie, „sind zu verschieden; sind nicht nach Heirath."

„Glaubst Du, daß ich den Widerstand meiner Eltern
nicht besiegen könnte?"

„Gewiß könntest Du das, aber Du sollst für mich
keine Hindernisse besiegen; Du sollst nicht in den ge=
ringsten Widerstreit gerathen um meinethalben; ich soll
in Deiner Familie, in Deinem Leben nicht das kleinste
Wölkchen machen."

„Hast Du nicht ein Recht darauf, meine theure
Marie, daß ich Alles für Dich thue und dulde?"

„Ja, ich habe dieses Recht und ich schenke es Dir.
Wozu Verdruß und Hin= und Herreden und alle diese
häßlichen Sachen? Sind wir nicht so glücklich?"

Kenntest Du sie, mein Freund, sähest Du ihr nur
eine Secunde ins Auge, Du wüßtest, daß das Alles so
wahr ist, wie das Lallen eines Kindes — leider zu

wahr für mich, denn ich bin entschlossen, sie zu meinem Weibe zu machen, und fürchte die Hindernisse nur von ihrer Seite. Sie ist ein eigenthümlicher Charakter. Jeder Gedanke, jedes Gefühl, jeder Entschluß, den sie faßt, schlägt so schnell und so starke Wurzel, umrankt ihr ganzes Wesen mit einer solchen Energie, daß sie ihm angehört und sich seiner Herrschaft nicht mehr entziehen kann. So weiß ich, daß sie jetzt ganz ihrer Liebe angehört, so fürchte ich, daß sie von unserm Glücke, wie es jetzt ist, nicht lassen kann, daß sie irgend eine andre Form desselben nicht annehmen würde. In der That ist es so schön als möglich. Die letzten Tage haben wir auf die herrlichste Weise verlebt.

Der alte General Graf P... hat auf sein sechs Meilen von hier gelegenes Schloß zu seinem siebenzigsten Geburtstag alle in dieser Gegend noch lebenden Kriegskameraden von Anno 13 geladen. Der alte Wachtmeister Haller, ehemals ein Liebling des Generals, durfte nicht fehlen. Mit seinem Kreuz auf dem Invalidenrock marschirte er ab, nachdem er seine Glocken einem andern alten Soldaten übergeben, und blieb volle fünf Tage aus. O diese fünf Tage, für mich fünf Jahrhunderte der Wonne, der reichsten Genüsse.

Gleich am ersten Tage verabschiedete ich mich von meinen Eltern unter dem Vorwande einer geologischen Wanderung, und ging zu Marien. Mit dem ersten Schritte über ihre Schwelle gab ich der Welt hinter mir

einen Stoß, ungefähr wie Tell dem Schiffe des Land=
vogts, als er an's Land sprang. Ich schob den Riegel
vor die Thür und meine Welt war abgeschlossen. —
Ein glücklicheres Paar ist wohl selten zu sehen hier unter
dem wandelnden Mond. Das Schönste war die Ruhe,
mit der wir uns freuten; das Glück des Zusammenseins
genügte uns. Die Grundmelodie unseres harmonievollen
Idylls war wohl die Melodie zu:

> Hand in Hand, und Lipp' auf Lippe,
> Liebes Mädchen, bleibe treu.

Wie Philemon und Baucis saßen wir ruhig neben einan=
der auf der Ofenbank und ließen draußen die Sonne
scheinen, die Blüthen duften und die Vögel singen. Was
wir so lange vergebens gewünscht hatten, uns ruhig,
ohne Beschränkung der Zeit, ohne Hast ausplaudern,
Eins das Andre in Ruhe genießen, ansehen, anhören zu
können, Etwas mit einander zu lesen, das Alles war
uns nun in vollem Maße gegönnt. Auch den hohen
Genuß schweigend und sinnend, sich in sein Glück ver=
tiefend neben einander zu sitzen, haben wir gekostet. Wie
oft dachte ich Dein mit einer gewissen Schadenfreude,
Dein und Deiner Bedenken, ob ein solches Mädchen
vom Lande mit seiner Bildung und seinem Benehmen
zu mir und in die Gesellschaft, in der ich zu leben be=
stimmt bin, passe. Die Dichter, die ich ihr vorlas, nahm
sie mit einem Verständniß auf, daß ich mir hundertmal

sagte, wie sie nach kurzer Zeit alle die Damen Eurer gebildeten Gesellschaft beschämen würde. Ihre Anmuth, um die sie, wie um ihre Hände und Füße, jede Herzogin beneiden könnte, war mir längst bekannt — diese Bildungsfähigkeit, oder besser, diese ursprüngliche Bildung des Geistes und des Gemüthes dazu und ich fordere diese ganze Gesellschaft, die ich mit ihr entbehren kann, in die Schranken. — Gegen Mittag ging man an die Bereitung einer kleinen Mahlzeit und ich half treulich mit in der Küche. Da ertönte die Glocke. Aus alter, lieber Gewohnheit umarmte und küßte man sich, so lange die Glocke tönte, und als das Ave kam, lächelte man, daß man sich nicht zu trennen brauchte. — Dann saß ich vor einem schön gedeckten Tische und durfte nicht von der Stelle und mußte mich bedienen lassen. Wir aßen beide mit frischem Appetit, wie Kinder, wenn sie im Spiele Mahlzeiten halten. Nach Tische stiegen wir hinauf in das liebe, kleine Stübchen, das ich seit jenem Gewittertage, seit jenem glücklichen Tage nicht gesehen hatte. Ich mußte mir sagen, daß ich heute noch glücklicher bin und ich dachte unwillkürlich an Goethe, der diese höchste Poesie des ruhevollen Glückes versteht, weshalb er so oft mißverstanden wird von den Leuten, die nicht wissen, daß Ruhe so viel bedeute, wie Tiefe — daß nur im Maße sich das Unendliche fasse, und daß die unruhige Leidenschaft nur das Vergnügliche, das Momentane darstelle.

> So tiefe Ruhe, wie da träumt der Fromme,
> Daß sie nach letztem Kampf ihn überkomme,
> So tiefe Ruh', wie junge Liebe denkt,
> Daß sie nach erstem Kuß sich niedersenkt —

solche tiefe Ruhe, ihrer selbst bewußt, deshalb doppelten und dreifachen Genusses fähig, gab unsern Tagen den Ton und die Stimmung. Ich weiß nicht, welchem von ihnen der Preis gebührt; erzählbar ist nur der letzte. —

Ich erhob mich, der Verabredung gemäß, schon vor Tagesanbruch vom Lager, und als ich zu Marien kam, fand ich sie schon angekleidet und zum Aufbruch gerüstet. Wir wollten ungesehen aus dem Dorfe kommen und den Tag in Wald und Feld verbringen. Das ganze Dorf lag noch im tiefsten Schlafe, als wir an den letzten Häusern dahinhuschten; nur die Brunnenröhre murmelte und die Schwalben zwitscherten. Ein Kalb, das man im Dorfe die Nacht durch weiden ließ, blökte uns freundlich an und machte uns einige Freudensprünge vor. Marie drückte mir den Arm und lachte vor Seligkeit. Sie war so frisch und blühend, wie ich sie noch nicht gesehen hatte. Sie trug ihr Sonntagskleid von blauem, leichtem Merino; über den Kopf hatte sie eine Art von schwarzem Schleier oder Tuch geworfen, das sie nach der Weise unsrer Bäuerinnen vorn unter dem Kinn zusammenband. Schwarz und blau scheint mir die schönste Farbencombination, besonders seit ich ihr blaues Auge mit den schwarzen Wimpern und Brauen kenne; denn sie hat schwarze Wimpern und schwarze, feine Augenbrauen, troß dem blonden Haar. — Laufend kamen wir in's freie Feld, wo schon die Lerchen sangen und die Thaue zu glänzen anfingen, obwohl der kleine Bach noch so laut plauderte, wie er nur in dunkler Nacht zu thun pflegt. Wir eilten, so fern als möglich vom Dorfe zu kommen und sprachen wenig; nur daß wir uns von Zeit zu Zeit ansahen und lachten und die gute Idee dieser Wanderung nicht genug preisen konnten. Jeder suchte das Verdienst der Erfindung dem Andern zuzuschieben. — Auf einem Hügel angekommen, blickten wir zurück und überschauten die Gegend und unser Dorf. Unfre Gegend ist nicht schön; es hat Alles einen kleinen Charakter und nichts Erhebendes; aber in der Morgenbeleuchtung, hier und da von Nebeln verhangen, hatte sie doch etwas Romantisches und Friede wehte aus allen Winkeln. Das Haus meines Vaters mit dem rothen Dache und dem blechernen Thürmchen ragte stolz aus dem Dorfe hervor, stolzer als das kleine Schloß; links im Thale lagen nach einander den Bach entlang seine Hämmer mit dem großen, alten Verwaltungsgebäude, das noch, vom vorigen Jahrhundert her, roth und weiß angestrichen ist und mit breiten Rundbogenfenstern glänzt. Auf einem fernen Hügel, uns gegenüber, machte sich eine große Meierei breit, die ebenfalls meines Vaters Eigenthum ist. — „Siehst Du," sagte ich zu Marie, auf deren Schultern mein Arm lag, „siehst Du, das Alles soll Dein sein!" — "Weiche von mir, Versucher!" lispelte sie und zuckte die Achseln und wurde traurig. — Zum Glück fing eben die Morgenglocke zu läuten an; diesem Zeichen konnte unsre holde Gewohnheit nicht widerstehen und sie lag in meinen Armen, so lange die Glocke läutete — zum ersten Male bei der Morgenglocke.

Dann ging es weiter den Hügel hinab, und das Dach verschwand und wir waren in einer ganz neuen, fremden Gegend, fern von unsrer Welt. Noch über eine Reihe von Hügeln, dann begann ein schöner Laubwald, der uns in seine Dämmerung verschlang, eben als die übrige Welt in der schönsten Morgensonne zu leuchten begann. Zu uns kam die Sonne nur in gebrochenen Strahlen, oder im Wiederschein eines Thautropfens, oder als goldene Blättchen, die auf dem Wege lagen. In den Zweigen huschte, raschelte und sang es. Käfer und Mücken suchten den Weg in die Sonnenstrahlen und summten ungeduldig, daß sie mit ihrem Zickzackfluge immer wieder von den Lichtpfaden abkamen. Wie mit raschem Entschlusse erhoben sie sich plötzlich und fuhren laut summend wie im Triumphe graden Weges aus der Dämmerung heraus in die Sonne. Marie sah und hörte Alles; nicht der geringste Vorgang im Leben der Blätter, Gräser und der kleinen Thierchen entging ihr; sie errieth alle ihre Wünsche und Schicksale und sprach mit einer Ueberzeugung davon, wie ein glückliches Kind, und mit einer mährchenhaften Einsicht, als wäre sie die kluge Frau des Waldes. Nie war sie wegen der Erklärung irgend welcher Erscheinung in Verlegenheit und brachte so manchen holden Unsinn hervor, der mich laut lachen machte; das ermunterte sie nur und der holde Unsinn wurde zu ganzen Mährchen, die sich an Blumen, Steinen, Bäumen und Ameisen auf unserm Wege fortspannen. — Es ist wunderbar, wie in ihr, neben dem klarsten Verstande, Phantasie und Gemüth unabhängig fortarbeiten und ihr Alles bedeutend machen, was in ihr Leben tritt, und sei es das Aeußerlichste und Zufälligste. Sie hat das, wie ich aus mancherlei Erzählungen entnahm, von ihrer Mutter. Diese starb, weil sie bei einem Besuche am Grabe ihres Mannes stolperte und auf das Grab fiel. Sie nahm das als Vorbedeutung und starb in demselben Jahre, nachdem sie Alles mit Ruhe geordnet hatte. Ihrer Tochter hinterließ sie die Regel, sich von der Welt fern zu halten, denn jede Berührung mit dieser, jede Veränderung im Leben habe verhängnißvolle Folgen, die unberechenbar und unabwendbar seien. Es gebe Menschen, die gewaffnet seien gegen die gewaltigsten Ereignisse, andre erliegen einem Stecknadelstiche, ja dem Glücke sowohl, wie dem Unglücke. Sie, Marie, gehöre zu den letztern. Daß ein Rabe der Vermittler unsrer Bekanntschaft gewesen, hat ihr schon manche trübe Stunde gebracht, und der arme Vogel hat ihre Freundschaft verloren und ist endlich verschenkt worden. Umsonst arbeite ich gegen diese Art, die Dinge zu sehen; sie wurzelt tief in ihr, wie Alles, was sie einmal in sich aufgenommen. Hätte ich sie als verständiger und versorglicher Vater zu erziehen gehabt, ich hätte ihr vielleicht eine rein mathematische Erziehung gegeben, um diesem Wesen ein Gegengewicht zu bieten und sie vor sich selbst zu schützen.

Doch das schreibe ich jetzt mit kaltem Blute; auf jener Wanderung im Walde hätte ich um alle Schätze der Welt ihren symbolisirenden Uebertreibungen nicht Einhalt gethan; sie berauschten mich, sie umwoben mich mit einer Atmosphäre, daß ich in einem Mährchen zu leben glaubte; sie vergoldeten und erhoben mir die Welt, daß sie mir lieb wurde, daß ich sie in einem Lichte sah, wie niemals.

Die Sonne stand schon hoch, als wir auf einer Lichtung ankamen, von der aus man das Land nach zwei Seiten hin überblicken konnte. Marie war müde, denn es war heiß geworden und sie war früh aufgestanden. So lagerten wir uns in das Moos unter einem alten knorrigen Eichenbaum. Sie lehnte ihr liebes Köpfchen an meine Brust, plauderte immer weiter und während sie plauderte, näherte sich der Schlummer, den sie diesen Morgen zu früh verlassen hatte, machte seine Rechte geltend und drückte sanft seine Hand auf die beiden blauen, lieben Sterne. Während sie schlief, hatte ich mit Anschauen des holden Gesichtes genug zu thun — aber je länger ich es ansah, desto trauriger wurde ich, ohne zu wissen warum. Neben der holden Ruhe lag ein Zug von Melancholie darauf, der mir zu Herzen ging, und dämonischerweise kam mir einmal über's andere der Gedanke: So würde sie aussehen, wenn sie todt wäre. Und im vollsten Genusse meines Glückes erinnerte ich mich an alles Elend, das dieses Leben erfüllt oder bedroht, und da schien mir ein solcher friedlicher, ewiger Schlummer unendlich wünschenswerth, für mich und für sie. Wie der Chor in der griechischen Tragödie, der beim höchsten Glücke vor dem Neide der Götter zu warnen anfängt und jene selig preist, die ausgekämpft — so stand Etwas neben mir und außer mir, das solche Lieder sang. Ich schüttelte mich vor Schauer und Marie erwachte. Ein Blick in ihre Augen, und die behagliche, unheimliche Stimmung verschwand.

Wir wanderten weiter, Arm in Arm, den Berg hinab, durch ein breites Thal, in der Geisterstunde des Mittags, da die Gegenstände keinen Schatten haben und eben darum unwahrer erscheinen, so zu sagen, abstrakt. Alles schwieg; die hohen Saatfelder rechts und links standen aufrecht und ruhig und die Aehren glühten. Man horchte vergebens nach einem Laut. In einem Kornfelde lag ein Wanderbursche mit dem Gesicht zur Erde gedreht und schlief; auf der Schläfe, die sichtbar war, standen große Schweißtropfen. Marie ging auf den Fußspitzen, schloß sich enger an mich und wir wandten, uns einem Gehöfte zu, das freundlich hinter Linden versteckt lag.

Unter einem der Bäume waren Tisch und Bänke angebracht; dahin setzten wir uns und wurden, da uns der Hund ankündigte, von einer hübschen jungen Frau, so einer Goethe'schen Pächterin, sehr gastlich empfangen. Ich stellte uns als Bruder und Schwester vor und daran anknüpfend erfand Marie gleich eine ganze Geschichte, im übermüthigsten Tone, wie unser Vater, Verwalter des Grafen P..., von einem Gute auf das andre versetzt sei — die Pächterin hatte richtig von der Versetzung sprechen hören — wie unsre Habseligkeiten auf der großen Straße dahingebracht würden, wir es aber vorgezogen hätten, durch das schöne Land abseits von der Straße zu wandern, um bei dieser Gelegenheit die Ruinen des Schlosses Kaiser Karl's IV. zu sehen ec. Wie ich, der Bruder, der eigentlich zur Advocatur bestimmt gewesen, nun auch in die Landwirthschaft eintreten werde, weil ich als Student auf der Universität tolle Streiche gemacht und Nichts gelernt hätte. Darauf kam eine lange Reihe toller Streiche, die sie mit ausgelassenster Phantasie ersann und in deren Aufzählung sie sich durch Nichts stören ließ. Aber nach und nach wurden aus tollen Streichen wahre Großthaten und ich aus einem Taugenichts ein romantischer Held, der das Unerhörteste gethan und sich immer für seine Freunde auf's Großmüthigste geopfert. So nimmt in diesem Kopfe Alles, Dichtung und Wahrheit, am Ende eine Wendung zum Ernsthaftesten und Romantischsten. — Für diese Mährchen

bewirthete uns die gute Frau so gut sie konnte mit
Allem, was eine solche Meierei aufzubieten vermag. Zu-
letzt brachte sie uns noch ihr Kind, einen hübschen weiß-
köpfigen Jungen von drei Jahren, der für Marie sofort
eine lebhafte Neigung faßte. — Wie sie ihn auf dem
Schooße hielt, sah sie aus wie eine Vor-Raphaelische
Madonna, und wie sie mit ihm spielte und ihm Geschichten zu erzählen anfing, hatte ich allerlei ernsthafte
und schöne Gedanken. Sie mochte Aehnliches gedacht
haben, denn von Zeit zu Zeit hielt sie im Spielen und
Erzählen inne, sah den Knaben lang und ernsthaft an
und erröthete, ohne sich nach mir zu wenden. Endlich,
da die Schatten länger wurden, mußten wir aufbrechen,
wir nahmen herzlichen Abschied und gingen. Lange hörten wir noch den Jungen, der nach Marien schrie. „Nah,
sieh mal das Kind!" sagte sie gerührt und blieb mehrere
Mal stehen, um ihm noch einen Gruß zuzuwinken.

Wir wanderten dem Bache nach, der aus dem Quer-
thal in das Hauptthal führte, an dessen Ende unser
Dorf liegt. Wirklich war es, wie Marie der Pächterin
sagte, unsre Absicht gewesen, das Schloß Kaiser Karl's IV.
zu besuchen, aber jetzt war nicht mehr daran zu denken,
und in der That, wir bedurften keines Reisezweckes und
keines äußern Gegenstandes, um den Tag abzukürzen
oder auszufüllen. Ich mußte Marien von meiner Vergangenheit, von unsrer Häuslichkeit, von meiner Mutter
erzählen; sobald ich aber auf unsre Zukunft kam und

mit ihr schwärmen wollte, von den Tagen, die da kommen sollten, lenkte sie das Gespräch immer wieder auf die Vergangenheit. — Der Abend war da, ehe wir uns dessen versahen, aber wir hatten keine Ursache, deshalb schneller vorwärts zu schreiten. Wir schlenderten so fort in angenehmer Dunkelheit und kamen erst spät in der Nacht am Dorfe an. Ich stand mit Marien an der Thür ihres Hauses; sie griff unter die Schwelle, wo der Schlüssel versteckt war und schloß auf. In der Thür stehend legte sie beide Arme auf meine Schultern und sagte mit bebender Stimme: „Mar, mein Freund, mein theurer Mar — wie glücklich —" Sie konnte vor Schluchzen nicht weiter sprechen; ich wollte sie beruhigen, aber bevor ich ein Wort gesprochen, war die Thür zugefallen und der Riegel vorgeschoben.

Ende Juni.

Mein Freund! Es wäre schrecklich, wenn jene schönen Tage der Höhepunkt unsers Glückes gewesen wären; wenn es jetzt abwärts ginge in dunkle Schluchten ohne Sonne und Blumen! Das ist eine der traurigsten Seiten unsers Lebens, daß es von einer Stunde zur andern nicht die geringste Sicherheit gibt! Das ist ein Gemeinplatz, aber wenn man selber die Erfahrung macht, ist sie immer neu und traurig. Zwar berechtigt mich nichts Positives zu diesen Jeremiaden, aber ich bin verdrießlich. — Seit ich Dir geschrieben, habe ich Marie kaum gesehen. Der Oheim kam von seinen Invalidenfesten und dem langen Marsche ganz ermüdet zurück und überließ sein Glöckneramt auf unbestimmte Zeit dem Stellvertreter. Da tönen mir nun die Glocken nutzlos und zwecklos, und ich stehe am Fenster und ärgere mich, so lange es läutet. Nur einen Augenblick in allen diesen Tagen gelang es mir, Marien im Garten zu sprechen, und da hatte sie mir auch Nichts zu sagen, was mich aufgerichtet hätte. — Der alte General Graf P. hat durch den Oheim erfahren, daß noch eine Tochter seines Lieutenants da sei, und will nun für sie sorgen. Seine Tochter, die Baronin L., soll sie zu sich in die Stadt nehmen, und zwar schon nächsten Winter — für ihre Bildung zu sorgen, ihr vielleicht einen Mann verschaffen. — Freilich ist das Alles so in die Luft gesprochen; der Oheim läßt Marien volle Freiheit, zu thun und zu lassen, was sie will, und ich kann ja auch dem ganzen Plane ein Ende machen. Doch ärgert es mich, daß sich fremde Menschen und Pläne in unser Leben drängen, und schrecklich ist es mir, daß ich von Marien nicht erfahren kann, was sie zu alle dem denkt. — Als ich sie fragte, antwortete sie nur mit gebrochenen Sätzen: — „wer weiß — es wäre vielleicht am besten" — „wenigstens für Dich" — „denken wir nicht an die Zukunft." — Dann mußte sie mich wieder verlassen und ich sitze da

und ärgere mich und kann es nicht erwarten, sie wieder
zu sehen, sie zu umarmen und die ganze trübe Stimmung all' der Tage in einen glücklichen Moment zu
versenken.

Den 14. Juli.

Eine Ewigkeit habe ich geschwiegen und doch schreibe
ich Dir in keiner glücklicheren Stimmung. Der Tag
nach meinem letzten Schreiben war der Tag meiner Erlösung, aber er war vom Zufall schlecht gewählt. Der
Ohm trat bei einer unglücklichen Gelegenheit wieder sein
Amt an. Das ganze Dorf war in Trauer versetzt.
Eine junge, schöne, von Allen geliebte Bäuerin, Mutter
von vier Kindern, die in den glücklichsten Verhältnissen
lebte, wurde plötzlich vom Tode dahingerafft. Das
Todtenglöcklein versetzte die ganze Gemeinde in die größte
Niedergeschlagenheit; überall Klagen und Weinen, das
sich wiederholte, als sich sechsunddreißig Stunden später
beide Glocken in Bewegung setzten, um mit ihrem Heimathsklange den Sarg zu begleiten, der, vom halben
Dorf gefolgt, auf den Kirchhof der nächsten Stadt gebracht wurde, da wir in unsrer kleinen Gemeinde selbst
keinen haben. Das Geläute dauert bei solcher Gelegenheit so lange, bis man von der Höhe des Thurmes die
Beerdigung auf dem fernen Friedhofe als beendigt er-

kennt — d. i. beinahe zwei Stunden, da sich ein solcher Zug sehr langsam bewegt. — Ich hatte Marien seit so vielen Tagen nicht gesehen, ihre Erzählung von den Plänen des alten Grafen, die Art, wie sie dieselben aufnahm, Alles das beunruhigte mich, versetzte mich während der ganzen Zeit in die fieberhafteste Aufregung, so daß ich von dem Unglück des ganzen Dorfes kaum berührt wurde und an Nichts dachte, als wie ich wieder zu Marie gelangen könnte. — Was Wunder, daß, als das Grabgeläute erscholl und da ich wußte, daß der Oheim wieder an der Glocke war, ich mich sogleich aufmachte und zu Marien eilte. — Aber ich fand die Thür verschlossen, und als ich pochte, öffnete sich das Fenster und Mariens lieber Kopf erschien hinter den Resedatöpfen.

„Ich wußte, daß Du kommst, sobald die Glocken läuten," sagte sie in vorwurfsvollem Tone, — „und seien es auch Todtenglocken, und habe mich darum eingeschlossen. Heute darfst Du nicht herein, lieber Max, — sieh, die gute, schöne Marianne wird begraben."

„Wie!" rief ich, „nachdem ich Dich so viele Tage nicht gesehen und gesprochen, kannst Du mich hier vor Deiner Thür so stehen lassen? — schiebst Du mir den Riegel vor?"

„Ach," seufzte sie und legte die Hand auf's Herz, „das ganze Dorf ist so traurig, und die armen Kinder — und Alles denkt jetzt an Tod und Kummer, und wir sollen glücklich sein — das ist so herzlos, so hart."

Wie sie sprach, sah sie unsäglich gut und lieb aus, daß ich ihr unwillkürlich die Arme durchs Fenster entgegenstreckte, aber sie zog sich in die Stube zurück und unwiderstehlich angezogen, sprang ich ihr durch das Fenster über die Resedatöpfe nach. Voll Angst, daß ich bei dem hastigen Sprunge falle, fing sie mich mit beiden Armen auf und halb lächelnd, halb grollend sagte sie: „Das ist nicht recht, Mar, das ist gewiß nicht recht."

„Böses Mädchen!" rief ich, ganz glücklich, sie wieder in meinen Armen zu halten — „kannst Du mich nach so vielen Tagen der Trennung so behandeln? — nachdem ich all' die Zeit aufs Schmerzlichste über Deine Kälte, mit der Du mir die Pläne des alten Grafen mittheiltest, gebrütet habe! Hast Du denn gar kein Herz mehr für mich? War jener Tag im Walde ein Abschiedstag?"

Obwohl das Alles scherzend gesagt war, erkannte sie doch die innere Bewegung, die mich diese Worte sprechen ließ, und gab es auf, mich gegen die Thür zu drängen. Ich war so glücklich, wieder bei ihr zu sein! Ich war wie berauscht; ich nahm sie auf meine Arme und trug sie wie ein Kind in der Stube auf und ab.

„Gewiß," wiederholte sie, „es ist nicht recht, so glücklich zu sein — ein Glück, zu dem die Todtenglocken das Zeichen geben! — Ist das nicht eine Sünde?"

„Kannst Du nicht auch sündigen für mich?" fragte ich. Gegen dieses Wort war sie waffenlos. Ein dunkler

Wunsch, mich zu überzeugen, daß sie mir nicht verloren
sei — nachdem sie mir all' die Tage so fern gerückt
schien, sie neu zu erringen — ein wilder Drang, mich
vor mir selbst als den Herrn aller ihrer Aengstlichkeiten,
aller ihrer Gefühle zu bewähren, und der Rausch, in
den mich ihre traurige, umhüllte Anmuth und das Glück
des Wiederzusammenseins versetzte, machten, daß ich mich
ganz, und ihre gefühlvollen, gewiß berechtigten Rücksichten
ebenso sehr vergaß, wie ich den Ton der Grabesglocke
überhörte. — Als sie mich eine Stunde später zur Thür
hinausbrängte, sagte sie auf der Schwelle stehend, ruhig,
aber blaß und die Hand an die Stirn legend: "Heute
haben wir eine Sünde begangen. Ich nehme die Strafe
und die Folgen auf mich."

Ich kam am folgenden Tage wieder. Es wollte keine
rechte Freude zwischen uns aufkommen. Marie war
schwermüthig. Sie setzte sich mit mir auf die Bank,
nahm meine Hand und schwieg, so lange die Glocke
läutete. Mir ist ganz bange zu Muthe, als ob mir ein
Kampf mit Schatten bevorstände.

Den 17. Juli.

Mein Freund, ein Unglück! — Eine Kleinigkeit, eine
Thorheit, eine äußerliche Zufälligkeit, und doch — ich
kann's nicht anders nennen, Etwas wiederholt es mir

fortwährend, es ist ein Unglück. Es geschah heute, vor wenigen Stunden. Ich war bei Marien; die Glocke läutete — sie war wieder heiter. Sie stand am Herd, ich neben ihr, den Arm um ihren Hals. Wir plauderten. Plötzlich ein schauerlicher, unheimlicher, durch und durch häßlicher Ton. Die Glocke war gesprungen. Marie fuhr zusammen; ich fühlte, wie ihr Leib unter meinem Arm durch alle Nerven erzitterte; der letzte Blutstropfen floh aus ihrem Gesichte, sie fuhr sich mit beiden Händen über Stirn und Scheitel und sah mich starr an mit entsetzten Augen. Ein tiefer Seufzer entrang sich ihrer Brust. Ich faßte mich schnell und suchte sie zu beruhigen, aber sie hörte nicht und antwortete nur mit einem schmerzlichen Lächeln: „Siehst Du's nun? Siehst Du's? — Ich nehme Alles auf mich." So sprechend ging sie ruhig in die Stube. Ich stürzte fort und fand das ganze Dorf in Aufruhr. — Die geliebte Glocke, der Stolz des Dorfes, sein schönster Schatz war ja dahin! Alles stürzte der Kirche zu, um den kaum sichtbaren Sprung zu betrachten. Bei der Gelegenheit erfährt man, daß die Glocke beinahe zweihundert Jahre lang zu Leid und Freud des Dorfes geklungen. Seit Stunden spricht man nur von dem Unglück und jeder knüpft seine Betrachtungen daran und Niemand weiß, was sie mir gewesen — und mir ist, als wäre ein schöner Ton aus meinem Leben geschieden für immer.

Den 21. Juli.

Der Ton der Glocke ist gräßlich. Man fährt fort sie zu läuten, weil man keine andere hat; manchmal versucht man es mit dem Todtenglöckchen, mit dem ehemals im alltäglichen Leben nur das Ave Maria geläutet wurde. Und die zersprungene Glocke, wie das Ave Maria-Glöckchen — ich erinnere lieber an seine heiterere Bestimmung — geben den Ton unsrer Liebe an, sind die Stimmgabeln für unsere Harmonie geworden. Ist das nicht schrecklich? — Bin ich nun bei Marien, horchen wir unwillkürlich dem Geläute. Ist es die gesprungene Glocke, denken wir Beide, daß unser Glück einen Riß bekommen, wenn wir es uns auch nicht sagen; ist es das Ave Maria-Glöckchen, dann denken wir aus alter Gewohnheit nur an Scheiden. Der Oheim ist verdrießlich geworden, denn es hat sich im Laufe der Jahre zwischen ihm und der schönen Glocke ein intimes Verhältniß gebildet und er kann ihren Tod nicht verschmerzen. Er bildet sich ein, Mariens Traurigkeit entspringe aus dem langweiligen Leben mit ihm und spricht davon, sie nächstens dem alten Grafen vorzustellen, daß er sie nach der Stadt zu seiner Tochter schicke. — Ich habe Marien vorgeschlagen, dem Unbehagen ein Ende zu machen und meinen Eltern meine Liebe und den Entschluß, sie zu heirathen, mitzutheilen. — „Um Gotteswillen nicht!" — rief sie entschieden — „warum den Kummer Deiner Eltern noch zu meinem Unglücke fügen?"

„So bist Du unglücklich, Marie?" —

„Nicht durch Dich, nicht durch unsere Verhältnisse; ich bin es durch mich. Du bist es auch seit einiger Zeit und Du bist es durch mich. Siehst Du, so wäre unsre Ehe; sie ist nicht gut eingeläutet! Darum soll auch nichts daraus werden, aber ich kann ohne Dich nicht leben."

Sie schwieg; dann fuhr sie fort: „Erinnerst Du Dich des holden Kindes, mit dem ich bei der Pächterin gespielt habe? Das Glück der Pächterin ist mir nicht beschieden, — vielleicht ist das eine Strafe, vielleicht ein Verhängniß."

Solche Andeutungen verrathen mir ihre geheimsten Gedanken, denen sie nicht klare Worte zu geben wagt. Was andere Mädchen bei einem so innigen Zusammen= leben ängstigen würde, ängstigte sie im entgegengesetzten Sinne — zugleich mit der Erinnerung an jene sündhaft glückliche Stunde, da man die arme Marianne begrub. Beide Gedanken spielen ineinander und es entsteht ein vages Gefühl von Tod, Sünde, Strafe, Unglück, die einen Schleier von Schwermuth um ihr Leben, Phantas= magorien vor ihre Augen weben. Alle meine Be= mühungen, sie aus diesem Zustande zu reißen, sind ver= geblich, denn jeder Anhaltepunkt ergibt sich als unfaß= bar. — Aber nach und nach werde ich mit ihr mystisch. So hoffe ich jetzt viel von einer neuen Glocke und da die Subscriptionsliste zu meinem Vater kam, bewog ich ihn, eine große Summe zu zeichnen, damit die Angele=

genheit so schnell als möglich erledigt werde. Wenn nur
erst das Todtenglöcklein und das Todesgeröchel der alten
Glocke verhallt sind, die uns gespensterhaft verfolgen!
Vielleicht wird Marie bei einem frischen Tone wieder
aufblühen und wieder heiter. Freilich der alte Ton
wird es nicht wieder sein; das fürchte ich, das weiß ich.

Den 19. August.

Wieder habe ich lange geschwiegen und diesmal
nicht, weil ich zu glücklich war. Anfangs weil ich einen
Entschluß gefaßt hatte und Dir nur den ausgeführten,
und wie ich hoffte, freudig und als glücklicher Verlobter
mittheilen wollte. Das hat sich leider nicht verwirklicht
und ich fürchte, Dich mit meinen ferneren Klagen zu
langweilen. Marie wird immer schwermüthiger. Nur
ein entscheidender Schritt, sagte ich mir, kann sie aus
diesem Zustande reißen: es hat sich immer als heilsam
bewährt, wenn man schwankende Zustände in feste, genau
umschriebene verwandelte. — So blieb ich denn — es
sind heute fünf Tage — nachdem die arme Glocke aus-
geläutet und Marie kaum zehn Worte gesprochen hatte
und erwartete den Oheim festen Fußes. Marie sah
mich fragend an, ließ mich aber gewähren. Der Oheim,
als er mich in der Stube fand, war etwas erstaunt,

zog seine alte Soldatenmütze und rief sein Parbleu! — eines der wenigen Wörter, die er aus Frankreich mitgebracht und häufig anwendet — fragte mich höflich, was ich wollte.

„Parbleu!" rief ich dagegen, „wir wollen die Sache soldatisch kurz abmachen; ich bin in Ihre Nichte, in Fräulein Marie, verliebt."

„Parbleu!" rief wieder der Oheim und sah seine Nichte an, die ruhig in der Thür stand. „Parbleu!" wiederholte er, „glaub's wohl! nettes Kind! Parbleu! Und dann?"

„Nun, ich möchte sie heirathen."

„Die Tochter eines braven Officiers, Parbleu! Und Ihre Eltern?"

„Um ihre Einwilligung ist mir nicht bange, wenn Sie nur erst die Ihrige versprochen haben."

Der alte Wachtmeister strich sich den Schnurrbart, sah mich mit einem prüfenden Blick an und murmelte:

„Parbleu! netter Kerl, gute Partie — guter Ruf — Nichts dagegen. Parbleu! Aber ist Marien's Affaire —"

Ich wandte mich zu Marien. Sie faßte meine Hand und zog mich über die Schwelle und schloß die Thüre hinter sich. Sie schlang beide Arme um meinen Hals und ein Strom von Thränen stürzte aus ihren Augen.

„Danke, mein Freund, mein theurer Freund," schluchzte sie, „aber höre, was in mir fest steht und unerschütterlich. Du wärest nicht glücklich mit mir. Ich habe Dich

durch alle die Monate ausgehorcht; ich kenne Dich besser,
als Du Dich selber kennst; Du mußt in der Welt leben,
Du mußt das Leben genießen und thätig sein im Großen,
im Gewühle der Welt und der Unternehmungen. Anders
ist kein Glück für Dich; ich bin für die Einsamkeit ge=
macht, nur für den, den ich liebe und für mich. Wir
können nicht zusammengehen. Wie Du Dich hier, bis
wir uns zusammenfanden, gelangweilt hast, so würdest
Du Dich bald mit mir langweilen. Das Alles sehe ich
klar. Aber es ist noch Vieles da, das ich nicht klar
sehe und das eben so wichtig ist und uns eben so sehr,
vielleicht noch stärker trennt. Was ich an Glück in die=
ser Welt genießen sollte, habe ich genossen; was davon
noch übrig ist, werde ich genießen, dann wird es aus
sein. Ich weiß noch nicht recht wie, aber es wird zu
Ende gehen. Dir danke ich Alles — so viel Glück, als
Andre in einem langen Leben nicht kennen lernen, und
wenn Du mich jetzt von Dir stießest, anstatt um mich
zu werben, ich wäre Dir dankbar bis zum Tode. —
Mache Dir niemals Vorwürfe meinetwegen, was auch
immer kommen möge. — Ich bin glücklich, alle Schuld
mit mir zu nehmen."

„Welche Schuld?" fragte ich erschüttert.

„Ach, schweigen wir davon, nennen wir es nicht —
es ist ja Alles gut" — sagte sie abwehrend. — „Wir
werden," fuhr sie fort, „noch so glücklich sein und noch
so lange, als es geht. — Du kannst jetzt kommen, so

oft und wann Du willst — aber denke nicht an Heirath,
mein Freund. — Einst wirst Du heirathen und glücklich
sein, ich verspreche es Dir. Ich bin zufrieden, das
vorübergehende Glück Deiner Jugend gewesen zu sein;
das war meine Bestimmung." — Sie brachte das Alles
so schnell, so aufgeregt und doch so entschieden hervor,
daß es mir unmöglich war, ihr ins Wort zu fallen.
Endlich, da sie ermüdet und tief athmend ihren Kopf
auf meine Brust fallen ließ, sagte ich:

"Aber, Kind, welche Schuld? Welche böse Träume
plagen Dich?"

Sie erhob ihren Kopf, sah mich mit großen, vor=
wurfsvollen Augen an und sagte, indem sie sich wie in
Frost schüttelte: "Denkst Du nicht jener Stunde? Die
Todtenglocken läuteten; ein liebes gutes Weib trug man
zu Grabe, vier Waisen waren in unsrer Nähe, Alles
weinte, Alles war von Todesschauern, von Mitleid, von
Barmherzigkeit erschüttert — wir vergaßen Gott und
Menschen, alle Gesetze, alles Leiden der Andern und wir
freuten uns und waren glücklich. Ist das keine Schuld?
Das ist schlimmer als ein Mord — gewiß, das muß
gesühnt werden. Das ist gewiß, o so gewiß!"

Mit Schrecken erkannte ich die Krankheit dieser zarten,
empfindlichen Seele. Sie mißverstand den Ausdruck
meines Gesichtes und sagte lächelnd mit einem beruhigen=
den Tone:

„Sei getrost! das Sühnopfer ist gefunden und auserwählt."

Mein Freund! Der Seidenwurm, der vom Zweige fällt, an das er sein zartes Gespinnst hängen wollte, macht keinen zweiten Versuch, hinaufzusteigen; er rollt sich in sich zusammen und stirbt. Eben so thut er, wenn man sein zartes Gespinnst unsanft berührt. Man erzählt auch von der Schwalbe und von andern Vögeln, daß sie den Bau ihrer Nester unterbrechen und aufgeben, wenn eine fremde Hand irgend einen störenden oder unreinen Gegenstand herbeigetragen. Solche Seelen gibt es, die sich aufgeben, wenn in den reinen Bau, in das zarte Gespinnst ihres Lebens etwas geworfen wird, das ihnen fremd, das eine Schuld ist. Ja es ist genug, daß es nur den Schein einer Schuld trage. Du kannst mit der Schwalbe und mit dem Seidenwurm nicht rechten, Du kannst sie nicht aufwecken zu einem neuen Bau, zu einem neuen Leben — ihnen gebietet ihre Natur und sie geben ihr Nest auf und ihr Leben.

Und so schreibe ich Dir betrübt und hoffnungslos, da ich gehofft hatte, Dir als glücklicher Verlobter schreiben zu können.

Den 1. September.

Unglück sollst willkommen sein, kommst du nur allein! Ein Sprichwort, ein Wahrwort. Aber das Unglück wächst nur in Familien wie gewisse Bäume. Wo eines aus dem Boden sprießt, kann man sicher sein, bald ein anderes nachwachsen zu sehen! Es war für Marien an jenem unglückseligen Begräbnißtage und an der gesprungenen Glocke genug. Nun mußte noch etwas hinzukommen. Erinnerst Du Dich der schönen Pächterin, von der ich Dir geschrieben und die wir vor zwei Monaten auf unsrer glückseligen Wanderung kennen lernten? — Doch ich muß Dir erzählen, wie wir wieder zu ihr kamen.

Die gesprungene Glocke wurde aus dem Thurme genommen. Mit ihr und mit der gesammelten Summe wurde der Oheim in die Stadt geschickt, um beim Glockengießer eine neue einzutauschen oder zu kaufen. Wir waren wieder allein, ganze Tage allein wie damals; wir waren wieder glücklich, aber es war ein verschleiertes, ein dunkel verschleiertes Glück. Wir sind ja beide nicht mehr so hoffnungsvoll wie damals. Marie immer voll Liebe und Güte und Anmuth, ja selbst immer lächelnd, aber immer auch wie in ein Schicksal ergeben. Ich hoffte, die alte Stimmung in ihr zu wecken, wenn ich sie wieder dieselben Wege führte und ich schlug ihr vor, die Pächterin und ihr Kind zu besuchen, von dem sie immer mit Liebe gesprochen hatte. Sie nahm den Vorschlag mit Freuden an und ich richtete es so ein, daß Alles so war wie damals. Mit Tagesanbruch gingen wir, ich suchte dieselben Wege auf und es war ein eben so heiterer

Tag wie damals. Nur die Saaten fehlten; hie und da
sahen uns traurige Stoppelfelder an. In der Natur
war nicht mehr jene Fülle des Lebens und Marie erzählte nicht so viele Mährchen. Wir sprachen viel und
ernst — über Gegenstände, die uns Nichts angingen.
Wir fühlten beide den Unterschied zwischen einst und jetzt,
und trotz manchem Scherz waren wir beide gedrückt.
Wie um mich um Verzeihung zu bitten gab mir Marie
von Zeit zu Zeit einen Kuß, und wie, um mir zu sagen,
daß sie mir jetzt nicht ferner stehe als damals, drängte
sie sich, an meinem Arm hängend, eng an mich und
nannte sie mich mit den liebevollsten Namen. — Um
Mittag saßen wir wieder auf der Bank unter der Linde.
wir schlugen in die Hände, um Jemand herbeizulocken.
Die Pächterin kam — aber wie war sie verändert —
blaß, eingefallen, um zehn Jahre gealtert. — „Was ist
Ihnen geschehen," rief Marie erschrocken und eilte auf
sie zu — „wo ist Ihr Kind?" fragte sie rasch weiter...

„Sie haben es schon errathen," antwortete die Frau,
indem sie resignirt die Hände in einander legte. — „Mein
Kind ist todt. Es starb kaum vierzehn Tage nach Ihrem
Besuche..."

Marie wandte sich mit Heftigkeit zu mir und aus
ihren Blicken erkannte ich, daß sie das Unglück wieder
auf sich bezog. Sie schüttelte bitter lächelnd den Kopf
und setzte sich, die Hand der Frau ergreifend, mit dieser
auf die Bank. — Schweigend saßen wir lange da, schwei-

gend nahmen wir Abschied und schweigend wanderten wir nach Hause. Bei hellem Tage kamen wir am Dorfe an; Marie ließ sich dadurch nicht beirren; sie bemerkte es kaum und an meinem Arme schritt sie durch die heimkehrenden Männer und Frauen, die uns erstaunt betrachteten und lächelnd grüßten.

„Ein schönes Paar!" rief eine Gevatterin; „auf wann die Hochzeit?"

Marie hörte es nicht; sie war in sich versunken, blaß und stumm.... Mein Freund, ihr Gemüth ist gefährlich krank und unglückseligerweise kommt so jeden Augenblick etwas hinzu, die Gefahr zu steigern. Die ganze Luft scheint mir voll von unsichtbaren bösen Geistern. Schon ist mir der Gedanke gekommen, ob nicht irgend eine gewaltige Krisis, vielleicht sogar eine regenerirende Krankheit zu wünschen wäre. Doch nein! Gott bewahre. Dieses zarte Gebäude würde einem unholden, tobenden Gaste nicht widerstehen können. Ich bitte Dich herzlichst, schreibe mir bald und gib mir einen Rath. Hätte ich es bei Marien mit Leidenschaften, mit Unverstand oder etwas der Art zu thun, ich würde damit fertig — aber diese Ahnungen, diese Schwermuth, diese Unfaßbarkeiten des Gemüthes finden mich ganz und gar hülf- und waffenlos. Verdammt sei die Romantik unsrer ganzen Bildung, die uns Allen in den Gliedern steckt und die einem Blätterrauschen, einem Quellenmurmeln, einem Glockenton mehr Gewalt einräumt, als dem vernünftigsten Gedanken. Kämpfe Du mit Schatten, die unsterblich sind und deren Glieder, nach jedem Schwerthieb, sich wieder aneinanderschließen. Lebewohl!

Den 20. September.

Du drängst und willst Nachrichten und ich habe Dir eigentlich Nichts zu sagen; oder vielmehr, was zu sagen ist, weiß ich nicht in Worte zu fassen. Es kommt der Tag und der Tag vergeht und Nichts verändert sich, nur daß es immer herbstlicher und daß Marie immer bleicher wird und immer milder und sanfter und dabei immer starrer, immer verstockter in ihren firen Ideen. — Da stehen wir am Fenster, sie an meinen Arm gelehnt und sehen zu, wie zum Klang der Glocke die Blätter fallen. — Man hat sich nämlich, als man die Glocke abnahm, überzeugt, daß der Glockenstuhl morsch und daß für die neue Glocke ein neuer Stuhl nothwendig geworden. An diesem arbeitet man jetzt im Thurme und die Art des Zimmermanns erschallt von dort. Das Todtenglöcklein, das jetzt alle Aemter verrichtet, hat man indessen in die hohe Linde, unweit von Mariens Hause aufgehängt. Wenn es nun gezogen wird, fallen die losen Herbstblätter und zittern, vom Klange des Todtenglöckleins begleitet, zur Erde nieder. Diesem Spiele sehen wir vom Fenster aus zu; wahrlich, es ist nicht erheiternd. Da hast Du unser Leben.

Den 2. October.

Nun wissen auch Andere, was ich längst gewußt habe, daß Marie sehr krank ist, denn sie liegt im Bette und sieht aus wie eine Sterbende. Meiner Mutter habe ich die Geschichte meiner letzten sechs Monate erzählt und die gute Frau sitzt mit mir am Krankenbette und pflegt sie wie ihre Tochter. Sie wollte Marien zu uns in's Haus nehmen, um besser für sie sorgen zu können, aber sie will ihr Stübchen nicht verlassen. — Mein Freund, welche Tage, welche Nächte ich verlebe — es ist nicht auszudrücken. Es ist mir manchmal, besonders wenn Marie so liebevoll und so voll Hoffnung für meine Zukunft spricht, als müßte mir das Herz zerspringen und ich warte und harre, daß dies geschehe. Ich weiß nicht, wie ich es ertragen werde. — Der Oheim sieht mich an wie einen Feind; doch drückt er mir manchmal die Hand, als ob er sagen wollte: Uns Zweien, uns Zweien geht es herzlich schlecht. —

Den 15. October.

Wenn Du kommen kannst, wie kannst Du noch fragen, ob Du sollst? — Ich werde Dich nicht mehr Freund, ich werde Dich Wohlthäter nennen. Du wirst mir theuer sein mein ganzes Leben, wenn Du sie gesehen hast, wenn sie Dir, den sie seit so lange kennt, die Hand gedrückt hatte. — Dein Onkel soll die ganze Klinik im Stiche lassen und mit Dir kommen. Er kennt meinen Vater sehr genau; sage ihm, es handle sich um dessen Schwiegertochter, meine Braut. — Aber beeile Dich; komme bald!

April 184..

Viel Glück, mein Freund, zum überstandenen letzten Examen. Nun ist es Zeit, mit dem Vorschlag herauszurücken, den ich seit lange in petto habe. Die Carriere, die Du erwählt hast, ist Nichts für Dich; Du bist arm und müßtest Dich durch Jahre voll Entbehrung schlagen, bis Du zu einem nur halbweg erträglichen Loose gelangtest. An mir hast Du in jenen verhängnißvollen Wochen, vor und mehr noch nach dem Tode Mariens, des Guten so viel gethan, daß ich es Dir mit einem sorgenlosen Leben, mit einer guten und einträglichen Stellung nur schlecht bezahle. Ich werde immer dein Schuldner bleiben und ich sträube mich nicht dagegen — bin ich doch der armen Marie verschuldet bis zu meinem letzten Hauche. Du kommst zu uns; wir stehen an der Spitze einer großartigen Unternehmung, bei der Du mit Deinen juristischen Kenntnissen uns und Dir nützlich sein kannst. Halte Dich an das Positive, mein Freund; nur im Positiven, nur im Schaffen, das einen directen, ausgesprochenen Zweck hat, ist das Heil. Ich habe einen Schauer vor allem Unbestimmten, vor all' den Gemüths- und Phantasiedämmerungen, in denen man wie in Wolken wandelt, wie der Byron'sche Kain im Bodenlosen und Leeren. Ich halte mich an das Nächste und studire Landwirthschaft, Geologie, Hütten- und Maschinenwesen. Ich hoffe, daß mit der Zeit etwas Rechtes aus mir wird, besonders in Deiner Gesellschaft. Komme bald! Heute ist es ein Jahr, daß ich Marien kennen gelernt; bald wachsen Blumen auf ihrem Grabe. Komme bald zu Deinem

Max.

Die alte Jungfer.

I.

Das Dorf liegt auf einem niedrigen Plateau und sieht ärmlich und schmucklos aus, ja selbst etwas finster, wie die meisten echtböhmischen Dörfer. Die Bauernhütten stehen in einem großen Kreise; in der Mitte klaffen tiefe, mit Regenwasser angefüllte Lehmgruben, in denen Gänse und Enten ein einförmiges Leben führen. Auf dem großen Rasenplatze erhebt sich ein wilder Kastanienbaum, der mit seinen breiten Zweigen einen sandsteinernen, weiß, schwarz und roth angestrichenen heiligen Johannes von Nepomuk beschattet. Anders ist es in dem Thale, welches mit seinem Bache das Plateau auf zwei Seiten begrenzt. Hier wohnte von jeher ein handeltreibendes Völkchen und man erzählt, daß die Federnhändler dieses Thales sich schon unter der Kaiserin Maria Theresia bis über die Grenzen des Landes und bis auf die Leipziger Messe gewagt haben. An die Fremde und an Reisen gewohnt, hatten einige junge

Leute zur Zeit der Franzosenkriege, besonders als diese über die Grenzberge Böhmens drangen, Muth genug, sich der Armee Kaiser Franzens anzuschließen, und als Lieferanten ihr Glück zu machen. Die einzige Schlacht von Kulm und Arbesau mit ihren Vor- und Nachspielen hatte ihnen so viel eingebracht, daß sie als wohlhabende Leute in ihr Thal zurückkehren und sich noch ihr Leben lang als Gläubiger des Kaisers rühmen konnten. Von ihren Reisen brachten diese unternehmenden Leute nebst dem Gewinne noch mancherlei mit, das zur Bequemlichkeit gehört und bisher in diesen Gegenden unbekannt gewesen; die Häuser, die sie sich bauten, entfernten sich von dem bäuerlichen Style des Dorfes und der Hausrath bekam ein ganz städtisches Aussehen. Aber die größte und gründlichste Veränderung datirt aus jener Zeit, da die Industrie unter dem Schutze eines sicheren Friedens — Kulm und Arbesau, sagte man stolz im Dorfe, haben nicht wenig zur Sicherheit dieses Friedens beigetragen — sich auf dem Continente auszubreiten begann und die Reisenden ihre Wunder in der Fremde anstaunen konnten. Die Berge rings in der Gegend waren von Eisenerzen angefüllt; die Wälder boten prächtiges Bau- und Brennholz; in einem benachbarten Bezirke fristeten reiche Steinkohlenbergwerke, überflüssig, wie sie schienen, ein ärmliches Leben und das Flüßchen, das lustig das Thal durchrauschte, verschwendete leichtsinnig eine höchst kostbare Wasserkraft. Speculative Köpfe,

und unter ihnen hervorragend der kleine Handelsmann
Justinus Liebert, einer der Helden von Kulm und Ar=
besau, bemächtigte sich dieser unbenützten Schätze und
Kräfte, eröffnete Eisengruben, baute Straßen nach den
Steinkohlenlagern, legte Eisenhämmer, Schaufelschmie=
den, Walkmühlen ꝛc. an, führte Häuser auf, wie sie
aufblühenden, k. k. ausschließlich privilegirten Fabrikanten
würdig schienen, und nach wenigen Jahren war es den
Einwohnern selbst schwer, in dem lebensvollen Thale
voll nieblicher, eleganter Wohnungen, ihre ursprüngliche
Heimat zu erkennen. Sie datirten die große Verän=
derung von jenem Zeitpunkte her, da am Eingange des
Thales, an den Eisenhütten des Herrn Justinus Liebert
jene himmlische Esse aufgeführt worden, welche alle Zain=
hämmer und Streckhämmer der Umgegend überflügelte,
oder, wie man sich ausdrückte, aufs Maul legte, und
ihren Besitzer in sehr kurzer Zeit zu einem ansehnlich
reichen Mann machte. Damals, als die Esse aufgeführt
wurde, erregte sie außerordentliches Aufsehen; an Sonn=
tagen strömten alle Umwohner herbei, um das Riesen=
werk anzustaunen, und die alten Leute sagten, das sei
unerhört, das hätten sie selbst in Prag und Leipzig nicht
gesehen, und als man die ältesten Federnhändler fragte,
versicherten sie, sie hätten desgleichen in Frankfurt am
Main nicht gesehen, und es war ausgemacht, daß mit
dem Baue dieser Esse, wie mit dem Baue des babyloni=

schen Thurmes, eine neue Zeit beginne. Ob eine gute oder böse neue Zeit, das wisse Gott allein.

Es sah aber aus, als sollte die neue Zeit eine gute werden. Es wurde viel gebaut, trotz dem bis dahin in dieser Gegend viel geltenden Satze: Stützen soll man ein altes Haus und kein neues bauen.

Häuser, Hausart und Menschen wurden immer schmucker, doch behielt Alles einen ländlichen Charakter, da die Häuser nicht in Gassen gedrängt und gereiht standen, sondern einzeln, von Gärten umgeben, in denen die Töchter Blumen pflegten. Freilich waren diese Blumen erst nur noch Sonnenblumen, halbwilde Rosen — aber bei Liebert's waren auch schon Georginen angekommen, und es war Hoffnung vorhanden, daß sich die Nachkommen der Liebert'schen Georginen über die andern Gärten ausbreiten würden. Man lebte ja sehr friedlich und gemüthlich unter einander, theilte einander gerne mit, und Käthchen Liebert war besonders froh, wenn sie alles Schöne, womit sie ihr Vater umgab, mit Andern genießen konnte.

In der That sah man schon im Herbste nach Ankunft der Georginen mehre ihrer Töchter über die graue Stakete der Tabaktrafikantin Rosalie glänzen und liebäugeln. Das Flüßchen war regulirt und für Zeiten des Wassermangels in angemessenen Entfernungen mit Bassins versehen worden, welche von Weiden oder schnell wachsenden Akazien umgeben waren. Auf einem der

Wasserbecken schwamm ein grün angestrichener Kahn, ein in dieser Gegend nie gesehenes Fahrzeug. Die kleine Stadt in der Nähe, die amtliche Hauptstadt des Bezirkes, welche früher das Dorf als zu ihren Domänen gehörig beherrscht hatte, strich die Segel vor den Annehmlichkeiten und dem Reichthum des Dorfes, und wie man ehemals aus dem Dorfe in die Stadt gegangen, so ging man jetzt aus der Stadt in das Dorf, um Neues zu sehen und zu hören, und vor Allem, um sich gut zu unterhalten. Die Beamtenfrauen und Töchter ärgerten sich zwar über den Luxus der Dorfleute, aber die Herren liebten den guten Tisch und Keller der Fabrikanten und verwiesen den Frauen ihre Vorurtheile. Obenerwähnte Georginen sind nicht durch einen Wind des Zufalls aus dem Garten des Herrn Justinus Liebert in den Garten Rosaliens, der Tabakfrasikantin, verpflanzt worden; Käthchen Liebert selbst hat drei Setzlinge, an den drei Bassins vorbei, in ihren Händen dahingetragen und den kurzen und trockenen Dank dafür in Empfang genommen.

Wie Alles in der Welt seine Bedeutung hat, so war auch das Erscheinen der Liebert'schen Georginen im Garten Rosalien's nicht bedeutungslos. Rosalie mußte die Erstlinge vor Allem haben, und was man ihr anbot, brachte man nicht wie ein Geschenk, sondern wie einen Tribut oder ein Opfer dar, und es wurde auch demgemäß von ihr angenommen. Sie war in alle Gesell=

schaften geladen, sie empfing ihr Theil von den besten und seltensten Schüsseln, die im Thale verzehrt wurden, besonders in jenen Häusern, in denen erwachsene Töchter dem Haushalt vorstanden; denn Rosalie war, wenn nicht die wichtigste, so doch nach Herrn Liebert die einflußreichste Persönlichkeit des Ortes, und sie wachte mit Eifersucht über ihr Ansehen, und ließ es nicht einen Augenblick verfallen. Dieses Ansehen verdankte sie ihrer Herkunft, ihrer Stellung, ihrem Charakter, wie ihrem Alter und in Folge ihres Alters, der Tradition.

Ihr Vater war ein braver Soldat gewesen, der als Feldwebel quittirte und für seine Dienste mit der Tabaktrafik belohnt wurde. Seine beiden Töchter Rosalie und Marianne wuchsen in großer Schönheit auf, aber er sah mit Schmerzen, wie Rosalie, die ältere, auf sein Ansehen und seine Verdienste, mehr aber auf ihre Schönheit bauend, einen Freier nach dem andern abfahren ließ, wie sie alle jungen Leute der Gegend als tief unter ihr stehend betrachtete und, wie es schien, irgend etwas Großes und Ausgezeichnetes erwartete. Als ihr Vater starb, war sie tief in den Zwanzigern und Jungfrau, so wie ihre Schwester, vor der sie wie eine abwehrende, undurchdringliche Mauer stand, und welcher sie unter den abgefallenen Freiern, die sich manchmal zu Marianne wandten, nicht zu wählen erlaubte. Der alte Feldwebel, den man im Dorfe um sich, und ihn zu ehren, Herr Lieutenant titulirte, hatte, als er die Augen schloß, den

Einen Trost, daß seine Kinder nicht unversorgt zurück=
blieben, denn er hatte es durchgesetzt, daß seine Tabak=
trafick auf sie, als auf Soldatenkinder, überging und
die Einträglichkeit derselben wuchs von Tag zu Tag mit
der Wichtigkeit des Ortes und mit der Anzahl der Ar=
beiter, welche das neue industrielle Treiben in das Thal
und in die Gegend zog. Außerdem hatte ja Rosalie so
viel Geist, so schrecklich viel Verstand, daß der zärtlichste
Vater ihretwegen nicht besorgt sein durfte, und mit dem
in der ganzen Gegend berühmten Verstande noch so
große Ueberreste von Schönheit, daß man es kaum merkte,
wie es eben nur noch Ueberreste waren. Seit dem Tode
des Herrn Lieutenants waren schon wiederholt Jahrzehnte
vergangen; Rosalie stand bereits in einem unnennbaren
Alter; von jenen großen Schönheitsübermaßen waren
nur noch kleine Restchen vorhanden; verheirathet war sie
auch noch nicht und doch war ihr Ansehen, ihre Wich=
tigkeit im Orte auf eine höchst merkwürdige Weise ge=
stiegen. Dies verdankte sie, neben ihren persönlichen
Eigenschaften, vorzugsweise dem Tabakhandel, den Ro=
salie zu benützen wußte, um ihr Haus — ein nettes
kleines Häuschen mit Hof und Garten — zum Mittel=
punkte des ganzen Ortes und der Gegend zu machen.
Zu diesem Resultate ist sie durch ein einfaches Manöver
gelangt. Sie hatte den Schalter am Fenster abgeschafft,
durch den ehemals die Tabakpäckchen aus der Stube
hinausgereicht worden; jeder Käufer mußte nun in die

Stube selbst treten, und da sah es so behaglich aus und standen so einladende Großvaterstühle umher, daß sich der Käufer, freundlich aufgefordert, gerne hinsetzte, und von Rosalie geschickt ausgefragt, Alles erzählte, was er nur an Neuigkeiten, an Hochzeits-, Geburts- und Sterbefällen, an edlen und verbrecherischen Thaten, an politischen und Privatinteressen wußte. Rosalie kannte auf diese Weise das Innerste aller Häuser und Familien, und hatte man sich ehemals bei ihrem Vater versammelt um alte Kriegsgeschichten zum hundertsten Male anzuhören, so wanderte man jetzt regelmäßig jeden Abend zu ihr, saß man im Sommer bis spät in die Nacht hinein auf den Bänken vor ihrem Hause, um neueste Nachrichten aus Osten und Westen kennen zu lernen.

Darum nannte man ihr Haus auch das Casino, und später, bei steigender Bildung und Berührung mit der Welt, den Club, was Rosalie nicht ungern hörte.

II.

War Rosalie den Männern wichtig als Besitzerin und Vorsteherin des Clubs, war sie es den Frauen und Mädchen noch mehr als Putzmacherin — denn das war ihr eigentlicher Stand, für den sie sich ausgebildet und für den sie die natürliche Begabung hatte — und wie sie es verstanden hatte, im geeigneten Momente, da der Flecken sich zu modernisiren anfing, die Cigarren einzuführen und dadurch ihrem Handel einen neuen Aufschwung zu geben, so hatte sie es um dieselbe Zeit auch als Putzmacherin verstanden, aus den ländlichen Moden herauszutreten und sich in die städtischen hineinzuarbeiten.

Sie war immer zeitgemäß, und ihre Entwickelung als Putzmacherin hielt gleichen Schritt mit der Entwicklung der Industrie und des Wohlstandes.

Ihr also hatte man es vorzugsweise zu verdanken, daß sich die weibliche Bevölkerung ihres Auftretens nicht zu schämen brauchte, wenn von Zeit zu Zeit Reisende aus fernen Gegenden und aus der Hauptstadt ankamen. Rosalie hatte das volle Gefühl dessen, was ihr die ganze Heimat verdankt. „Wie würden sie mit all ihrem Gelde aussehen, wenn ich nicht wäre!" sagte sie oft zu sich und zu andern.

Und es ist wahr, daß sie in dieser, wie in vielen andern Beziehungen für diesen in der Genesis begriffenen Ort von unschätzbarem Werthe war, stellte sie doch auch den Arzt und Apotheker dar. Sie besaß so viele Hausmittel, sie verstand es so manche Krankheit zu behandeln, daß sich viele Familien immer zuerst an sie wandten, und den Arzt aus der Stadt nur bei besonders gefährlichen oder außerordentlichen Fällen holen ließen. Brauchte man wo eine Citrone, Heftpflaster, Salmiak, Thee oder dergleichen, — ohne weiter nachzudenken, wandte man sich an Rosalien, und besaß sie nicht das Verlangte, so hatte sie doch immer ein Surrogat oder irgend etwas, was besser und dienlicher war, als das, was der ländliche Verstand ihrer Mitbürger verlangte. So war sie denn das fac totum bei Gesunden und Kranken, bei Männern und Weibern, bei Jung und Alt. Und wie man sie an allen Abenden der Wochentage dem Club der Männer präsidiren sah, so sah man sie an allen Nachmittagen der Sonn- und Feiertage an der Spitze der weiblichen Jugend, mit großen Schritten über Wiese und Feld, durch Thal und Wald gehen. Das war die Schwäche dieses starken Charakters, Rosalie, die eben so alt war wie Herr Justinus Liebert, sich doch von der Jugend nicht trennen konnte und liebte es vorzugsweise, im Kreise der Mädchen ihre Herrschaft auszuüben, sich mit diesen zu zeigen und anzudeuten, daß sie noch zu ihnen gehöre. Jedermann fand dieses lächerlich, nur nicht die weibliche Jugend, auf die sie eine unwiderstehliche Anziehungskraft ausübte. Die Mütter beklagten das, und die Väter verloren manchmal die Geduld darüber, denn auf ihren Spaziergängen sowohl, wie zu Hause am Nähtische, wo sich Nachmittags ebenfalls die weibliche Jugend versammelte, soll, wie verlautete, Rosalie Grundsätze gepredigt haben, welche Väter und Mütter verderblich nannten. Nicht Grundsätze, die man gewöhnlich unmoralisch nennt, Gott bewahre! — Niemand konnte Rosalien die geringste Immoralität vorzuwerfen — aber Grundsätze, die geeignet waren, aus all den jungen Mädchen, die sie umgaben und gläubig ihren Worten lauschten, alte Jungfern zu machen. Daß die Besürchtungen der Väter und Mütter begründet waren, das zeigte eine ganze zu Rosalie gehörige Schaar, die man im Geheimen ihre „alte Garde" nannte und die in der That nur aus reifen und überreifen Jungfrauen bestand und an deren traurigem Zustande war, wie man allgemein behauptete, nur Rosalie Schuld. Rosalie war nicht grundsätzlich eine Feindin der Ehe, sie wollte ja, wie sie es bei jeder Gelegenheit offen gestand, selbst noch heirathen, wenn sich nur ein Mann vorstellte, der ihrer würdig wäre. Seit fünfundzwanzig Jahren hat sich dieser Mann nicht gefunden und es fand sich auch kein Mann, den sie für würdig gehalten hätte, der Gatte einer ihrer Landsmänninen zu werden. Sie hatte ein merkwürdig geübtes Auge, um an jedem Freier oder Liebhaber, ihrer selbst oder ihrer Freundinnen, die geheimsten Schwächen oder Fehler seines Charakters oder seiner Erscheinung herauszufinden und eine noch merkwürdigere Begabung, ihn mit einem Worte zu brandmarken oder lächerlich zu machen.

War eine ihrer Freundinnen noch so sehr geneigt, auf die Bewerbungen eines jungen Mannes einzugehen — nach der Kritik, der ihn Rosalie in voller Versammlung unterzog und nach dem Urtheil, das sich am Ende meist in ein Wort concentrirte, in ein ganz kleines, unvergeßliches Wörtchen, war das geradezu eine Unmöglichkeit geworden.

Dazu kam, daß Rosalie die Geschichte jedes Einzelnen so genau kannte, daß es ihr ein Leichtes war, ein Charakterbild zusammen zu stellen, vor dem das unerfahrene, heirathslustige Mädchen schauderte. Die jungen Mädchen, meist auch ihre Schülerinnen in allen Handarbeiten, lernten ihr diese Kunst der prägnanten Charakterisirung bald ab und übten früh ihren Scharfsinn in Auffindung der Schwächen und Fehler der jungen Männer, so daß sich oft Rosalie gar nicht die Mühe zu geben brauchte, ihnen ihre Bewerber zu verleiden. Nirgends vielleicht kam es so oft vor, wie

in dem Thale, daß ein junges, unerfahrenes, siebzehn=
jähriges Geschöpf einem weitgereisten, gebildeten Mann,
der es sich einfallen ließ, ihr den Hof zu machen, in's
Gesicht lachte. Die Folge war, daß der Flecken bald
einen schlechten Ruf bekam, daß die Einwohner für ein=
gebildet und für Spötter galten, und daß die Freier und
der Fremde, wie sehr auch der Wohlstand lockte, immer
seltener wurden, daß die ganze Schaar der alten Garde
ein ähnliches Schicksal durchmachte wie Rosalie, und daß
der ganze Nachwuchs von einem ähnlichen Schicksale be=
droht war. Die Mütter seufzten und behaupteten, Ro=
salie könne es nicht ertragen, daß eine jüngere vor ihr
heirathete, und sie verrathe das, da sie an Allem Theil
nehme, nur nicht an Hochzeiten. Die Töchter antworte=
ten, das sei wohl möglich; aber man könne nicht läugnen,
daß Alles, was sie über Adolf, Heinrich, Hans, Albert ꝛc.
sagen, die reinste Wahrheit sei.

III.

Um jenes Käthchen Liebert, das die Georginenknollen zu Rosalie trug, thäte es uns leid, wenn sie demselben Schicksale verfallen sollte, wie schon die alte Garde und und manche der jungen Garde. So eben, an einem schönen Frühlingsmorgen, trägt sie wieder Pelargonien=samen zu Rosalien und wie sie so hingeht, an den drei Bassins vorbei, den Blumensamen vorsichtig in der hohlen Hand tragend, mit fast noch kindlichem Schritt und still vor sich hinlächelt, weil sie Jemand eine Freude machen will, sieht sie gerade so aus, als ob sie auch ein großes Glück für Andere, besonders für Einen, einen glücklichen Unbekannten, im Herzen trüge. In einem der Bassins strecken Karpfen ihre breiten Mäuler aus dem Wasser; sie wirft ihnen einen Rest ihres Früh=stückes zu und lacht, wie sie nach dem weißen Brode schnappen, und bleibt stehen, wie ein Kind, das seine

Commission vergißt. Ihre Taschen sind leer, und sie hätte fast Lust, den Blumensamen in den Teich zu werfen, um sich an dem Schnappen der Karpfen noch länger zu belustigen, aber dieser gehört Rosalien und sie wandert weiter. Aus dem andern Bassin läuft eine offene Rinne in den Bach; sie nimmt mit der linken Hand vorn ihr blaues Kleidchen zusammen, schließt die andere mit den Körnern zu einer kleinen Faust, und springt mit einem Hopp, das sie vor sich hinsagt, über die Rinne. Aber die Körner waren doch zu viele und einige sind bei dem Sprunge auf die Erde gefallen; sie kniet nieder oder kauert, so unbefangen, als ob sie zu Hause wäre, und sammelt die zerstreuten Körner wieder ein.

Rosalie stand auf der Höhe des Dammes, der ihr Haus vor den Ueberschwemmungen des Baches schützte, wie sie jeden Morgen pflegte, stützte beide Hände an die Hüften, daß die Ellenbogen weit vorragten und übersah das Thal wie ein Fürst, der von der Höhe einer Zinne oder eines Berges sein Reich überblickt. Neben ihr stand Susi, eine von der alten Garde. Dort kommt Käthchen Liebert, sagte Susi. — Ich sehe es! antwortete Rosalie trocken. Wie sie über die Rinne springt — wie sie jetzt niederkauert — das schickt sich doch nicht mehr für ein so großes Mädchen — fuhr jene fort.

Warum nicht? — verwies Rosalie — willst Du die auch schon zu einer großen Person machen? Käthchen ist noch ein Kind! wie lange ist's her, daß ich ihr die Hände gepatscht habe, wenn sie unartig war und ich könnte es heute auch noch thun.

Das ginge doch nicht mehr an, lächelte Susi etwas spöttisch.

Und warum nicht? weil es Käthchen Liebert ist? weil es die Tochter Justinus Liebert's ist? Daran liegt mir viel! Ich habe Seiner Wohlgeboren Herrn Justinus Liebert, k. k. ausschließlich privilegirten Fabrikanten gekannt, als er noch als ganz kleiner Handelsmann von Dorf zu Dorf zog, und wenn ich gewollt hätte, wäre ich heute Frau Liebert, k. k. ausschließend privilegirte Fabrikantin.

Und warum hast Du nicht gewollt? fragte Susi noch spöttischer als zuvor, ja es drückte sich sogar starker Hohn und Schadenfreude bei dieser Frage in ihrem Gesichte aus. Susi war eigentlich die intimste Feindin Rosalien's, die sie im Innersten dafür verantwortlich machte, daß sie eine alte Jungfer geworden, von der sie sich aber trotzdem nicht trennen konnte. Die Gleichheit des Gemüthszustandes machte sie zu Bundesgenossen.

Weil ich ihn der guten Anna, der armen Anna, meiner Freundin, die närrisch in ihn verliebt war, nicht nehmen wollte! antwortete Rosalie groß und stolz.

Man sagt, fuhr Susi immer lächelnd fort, daß er auch in sie so närrisch verliebt gewesen.

Bah! erwiderte Rosalie, das weiß ich besser —

ich weiß, was vorgegangen, ich weiß, welche Anträge er mir gemacht — das ganze Dorf wußte es damals.

Ich erinnere mich freilich nicht — ich war damals ein Kind! sagte die Andere so unbefangen als möglich.

Ein Kind! lachte Rosalie — ein Kind! achtzehn Jahre warst Du alt!

Susi biß sich auf die Lippen und schwieg. Aber bald hatte sie eine neue Frage bereit, mit der sie sich für diese Antwort rächen konnte: Und wenn er Dich so geliebt hat, warum hat er Dich nach dem Tode seiner Frau nicht geheirathet? Damals war doch Niemand da, für den Du Dich hättest zu opfern brauchen? Und Du warst ja schon bei ihm im Hause und hast, wie Du selber sagst, bei seinen Kindern Mutterstelle vertreten. Warst Du damals vielleicht nicht mehr jung genug? oder nicht mehr schön genug? — Rosalie streckte sich, lachte: Schön genug! haha! — und fügte laut und stolz hinzu: Du weißt, ich hasse ihn. — Ja. Du hassest ihn," fuhr jene mit besonderem Vergnügen fort. „Du haßtest ihn zuerst, weil er Dich das erste Mal nicht geheirathet hat. Aber Du wärest zu versöhnen gewesen, wenn er Dich nach dem Tode seiner Frau geheirathet hätte, für die Du Dich so schön geopfert hast. Man sagt, daß Du damals, als er Dich ins Haus nahm, um seine Wirthschaft zu leiten, das ziemlich lebhaft gehofft, und daß Du Dich schon als Frau Justinus Liebert und als reiche Frau benommen hast, mehr als die verstorbene

arme, gute Anna je gethan hat. Dein eigentlicher Haß
der ist erst später gekommen, erst vor zwei Jahren unge=
fähr, weil Justinus Liebert Deine jüngere Schwester
Marianne an seinen Hauslehrer verheirathet hat, weil
er diese Heirath erleichterte, weil er alle Hindernisse, die
von der Schwester gekommen sein sollen, beseitigt, weil
er dem armen Hauslehrer, dem guten Fischer, eine Stelle
an der Realschule in der Stadt verschafft und Dir so
die Beleidigung angethan, Deine um zehn Jahre jüngere
Schwester vor Dir unter die Haube zu bringen. — Susi
hatte, wie das nur intimen Freundinnen möglich ist,
mit feinstem Tacte, die zwei empfindlichsten Stellen in
Rosalien's Herzen berührt.

Daß sie Herr Justinus Liebert nicht geheirathet, auch
nach dem Tode seiner Frau, da sie doch seinem Haus=
wesen vorstand, und die gegründetsten Hoffnungen zu
haben glaubte, und daß er die Heirath ihrer jüngeren
Schwester mit seinem braven Hauslehrer begünstigt —
diese zwei Verbrechen konnte sie ihm nicht vergessen, be=
trachtete sie als tödtliche Beleidigungen — diese zwei
Dinge wurmten sie mehr als Alles; um so mehr als sie
sich bei diesen Gelegenheiten Blößen gegeben, ihr Inner=
stes verrathen und im letzten Falle auch aufgehört hatte,
für eine gute Schwester zu gelten.

Man erzählte noch im Dorfe, wie sie gewüthet habe,
wie sie sich am Hochzeitstage auf den Damm gestellt
und mit aufgehobenen Armen Verwünschungen gegen

das Haus Liebert schleuderte, in welchem die Hochzeit gefeiert worden und wie sie seitdem ihre Schwester nicht habe sehen wollen.

Susi wußte sehr gut, was sie that, als sie über Rosalien's Haß gegen den alten Liebert sprach und sie hätte das Messer in ihrem Herzen gern noch einige Male umgekehrt, wenn nicht eben Käthchen in den Hof getreten wäre.

Guten Morgen, Rosalie! guten Morgen, Susi! klang es so freundlich und lieblich, daß der Ton viel mehr zu dem Vogelgezwitscher auf den Bäumen ringsumher, als zu dem eben beendeten Gespräche und zu dem bitteren Tone desselben paßte. — Sieh, Rosalie, fuhr der holde, junge Ton fort, da bringe ich Dir frischen Blumensamen, zu Blumen, die wir hier noch nicht gehabt haben. Papa hat ihn aus Königswart, aus dem Metternich'schen Garten mitgebracht.

Gut! sagte Rosalie, leg's dorthin auf die Bank; ich habe gerade ein Plätzchen im Garten frei, wo ich den Samen brauchen kann.

Käthchen that, wie Rosalie ihr befohlen und fuhr fort: Wart, Rosalie, künftig sollst Du noch mehr bekommen, und von allen möglichen Gattungen, Papa will ein Treibhaus anlegen und einen Gärtner dabei anstellen; der gute Papa, das hat er mir zu meinem Geburtstage versprochen.

Papa wird wohl bald Myrthen brauchen? fragte Susi.

Wozu? fragte Käthchen wieder.

Nun, für Fräulein Tochter, wenn Fräulein Tochter sich verheirathen.

Ach, nein, sagte Käthchen ganz ruhig lächelnd, daran ist noch nicht zu denken.

Und warum nicht?

Nun, weil ich noch nicht ein Bischen verliebt bin! lachte Käthchen.

Ach! nicht in den jungen, dicken Herrn, der diese Woche zu Besuch hier war? Wer ist denn der dicke, junge Herr?

Ach, er ist nicht so dick, erwiderte Käthchen, und es ist ein ganz freundlicher, netter Mensch; sein Vater ist Gutsbesitzer bei Carlsbad.

Er besäet wohl selbst seine Felder, fuhr Susi fort, denn er geht, als ob er immer die Schürze voll Korn vor sich her trüge.

Käthchen lachte wieder. Das ist mir gar nicht auf= gefallen, sagte sie; aber schöne Zähne hat er, wie aus Elfenbein.

Die konnte man gut sehen, sagte Rosalie achselzuckend; denn die Unterlippe hängt ihm übers Kinn, wie eine Schürze. Aber dummes Zeug, fügte Rosalie zu Susi gewendet ihre Bemerkung hinzu, man muß dem Kinde nicht schon Heirathsgedanken in den Kopf setzen. Dem

Herrn Weller ist es gar nicht eingefallen, auf Käthchen wie auf seine Zukünftige zu sehen.

Gewiß nicht, bestätigte Käthchen sehr treuherzig.

Er war hier, um Herrn Liebert eine Steinkohlengrube, die er auf seinem Gute hat, zum Kaufe anzubieten.

So? fragte Käthchen; ich habe nicht gefragt.

Gewiß, sagte Rosalie, ich weiß es! Der Engländer hat es mir gesagt. Lord John wird vielleicht dahin reisen, sie zu besichtigen. Herr Weller verlangt 30,000 fl. für eine dreijährige Ausbeutung; nach dieser Zeit kann der Pacht unter denselben Bedingungen auf sechs oder zehn Jahre erneuert werden; wo nicht, fallen alle Anlagen Herrn Weller als Eigenthum zu. Herr Weller hätte die Ausbeutung selbst übernommen, wenn seine Capitalien in diesem Augenblicke nicht bei einem Holzgeschäfte engagirt wären. Auch brauchte er baares Geld, weil er seine zweite, nein, seine dritte Tochter verheirathet. Die machte eine schöne Partie! Sie nimmt einen Justiziär, der 800 fl. Gehalt hat. Freilich ist sie häßlich, wie ihr Bruder, und hat sie schon eine Geschichte gehabt mit einem unbeschäftigten Badearzt aus Marienbad.

So! sagte Käthchen wieder, das wußte ich nicht; ich habe nicht gefragt. Aber wie Du das Alles weißt! fügte sie lachend hinzu; Rosalie weiß Alles! Weißt Du, wie Dich Papa heißt? Papa heißt dich die „Allgemeine Zeitung" oder den „Oesterreichischen Beobachter." Das ist auch eine Zeitung.

Sehr witzig! murmelte Rosalie.

Wie heißt die Zeitung? fragte Susi.

Der „Oesterreichische Beobachter!" antwortete Käthchen; aber was ich eigentlich noch sagen wollte. Wir haben Sonntag Gäste. Du weißt, Papa hat den großen Adler aus Prag bekommen, der anzeigt, daß Papa's Fabrik eine k. k. privilegirte ist. Der wird Sonntags nach der Messe feierlich über der Thüre aufgehängt werden; dann ist großes Essen bei uns und Abends werden wir tanzen. Es kommen über zwanzig Herren und Damen aus der Stadt. Nicht wahr, Rosalie, Du wirst mir helfen? Ja?

Auf dieses bittende Ja, das mit dem Köpfchen auf der Seite gesagt war, antwortete Rosalie mit einem hölzernen: Ja wohl! Du könntest ja doch nicht fertig werden.

Da Käthchen so schrecklich viel zu thun hatte, ging sie auch bald und mit schnellen Schritten, nicht ohne sich wieder einige Minuten bei den Karpfen aufzuhalten. Die beiden Freundinnen sahen ihr nach und jede dachte: wie gar schnell diese Dinger aufwachsen! man kann es nicht leugnen, sie ist eine große Person, ein dummes Ding, aber was kümmert das die Männer — sie sind selbst so dumm — grab solche grüne, unreife Dinger gefallen ihnen.

Hätte mit ihnen noch ein dritter Wohlwollender dem lieben Käthchen nachgesehen, gewiß er hätte ganz andere Gedanken gehabt, und man hätte sich überzeugt, wie verschiedene Gedanken verschiedene Menschen bei Betrachtung desselben Gegenstandes haben können. Der alte Müller, der, seine Morgenpfeife rauchend, aus dem Fenster sieht und von Käthchen durch den Teich getrennt ist, scheint ein solcher Wohlwollender zu sein. Fräulein Katti, Fräulein Katti! ruft er mit einer Stimme, die gewohnt ist, Mühlräder zu überschreien.

Was ist, Gevatter?

Da gehen zwei sehr schöne Mädels!

Wo denn? fragt Käthchen, und sieht sich neugierig um.

Eine oben und eine unten im Teiche!

Käthchen versteht nicht gleich und sucht und sieht in den Teich — dann lachte sie und der Müller lachte auch.

Der alte Müller wird witzig, sagt Susi.

Wenn die Alten zu reden anfangen, fangen die Jungen an zu schweigen, sagt die erfahrene Rosalie. Komm, hilf mir, sagt sie dann nach einigem Schweigen und geht in's Haus, wohin ihr Susi folgt.

Nach wenigen Minuten kommen beide in den Hof zurück und tragen eine große Holzplatte, die sie auf die Bank gegen die Mauer stellen.

Ich weiß es seit lange, sagt Rosalie, daß Justinus Liebert einen Adler vor sein Haus hängen wird. Will er groß thun mit seinem kaiserlichen Adler? ich kann es auch. Seit dreißig Jahren könnte hier ein Adler hängen, wenn wir es gewollt hätten; jede Tabaktrafik hat das

Recht, einen doppelköpfigen, kaiserlichen Adler auszuhängen. Was einer kann, kann ich auch, und Herrn Justinus soll die Freude, die Welt mit einem Adler zu überraschen, etwas geschmälert werden; ich will ihm zuvorkommen. So sprechend, hatte sie den rauchenden, hölzernen Türken in rothen Hosen, gelbem Kaftan und blauem Turban von dem Postament über dem Fenster, wo er seit dreißig Jahren prangte, abgenommen, und an dieselbe Stelle einen gewaltigen Hacken befestigt. Susi reichte ihr die Holzplatte und nach wenigen Sekunden glänzte, wohl befestigt, ein riesiger, frischgemalter zweiköpfiger Adler mit Scepter und Reichsapfel in den Klauen, mit dem Querbalken und den österreichischen Kerchen in der Mitte, weit in das Thal hinaus. Eingefaßt war das ganze Bild von einem schwarz und gelben Rande, und über den Köpfen des Adlers war in einem Rundbogen und in goldener Schrift auf wolligem Grunde zu lesen: K. K. Tabaktrafik. Rosalie stand stolz davor, betrachtete den Adler und sagte: Was Einer kann, kann ich auch! Der Adler hat mich fünf und zwanzig Gulden gekostet, aber ich bereue das Geld nicht.

Dann ging sie wieder auf die Höhe des Dammes, stemmte beide Hände in die Seiten und sah herausfordernd in's Thal hinaus, und hinauf, gegen das Haus des Herrn Justinus Liebert mit seinen zahlreichen grünen Jalusien.

Nun hing der Adler auch schon über Herrn Justinus
Liebert's breiter, von allerlei Erzgießerei bedeckten Thür.
Er war bei weitem größer, schöner und besser gemalt,
als der Adler Rosalien's; auch schützte ihn ein blechernes
Dach, das wie ein schwarzes Band in Windungen über
ihn hinlief, vor dem Regen. Die Feierlichkeit war vom
schönsten Frühlingswetter begünstigt und die Bauern des
oberen Dorfes standen noch mit offenem Munde be=
trachtend da, während Herr Liebert mit seinen Gästen,
darunter der Kreiscommissär, der Bürgermeister der näch=
sten Stadt, die Räthe, der Bergrath, der Berggeschwornen
mit ihren respectiven Ehegemahlinnen und anderen klei=
neren Beamten, oben im großen Saale eine gewaltige,
homerische Mahlzeit einnahmen. Da floß nur so der
Ungarwein, und die viel zu wenig bekannten Landsleute
von Melnik und Czernosek kamen zu Ehren. Herr Lie=
bert brachte einen loyalen Trinkspruch aus, welchem dann
die Trinksprüche des Bergraths und des Bürgermeisters
auf den edlen Wirth und auf die Fremden und Begrün=
der der hohen Industrie folgten.

Während die Herren sprachen, was sie eigentlich nur
aus Höflichkeit sprechen wollten, wurde es ihnen selber
klar, wie wichtig in der That die Männer sind, die sie
leben ließen, und unwillkürlich fühlten sie sich und ihre
Größe Herrn Justinus näher gerückt und stiegen ein
wenig herab von ihrer Höhe und wurden zuthunlicher.
Was Herrn Justinus selbst betrifft, so hatte er in dieser

Beziehung längst ein dunkles Gefühl seiner Wichtigkeit, wenn auch nicht seines Werthes, da er sehr wohl ahnte, was ihm, dem Autodidacten, fehlte, um das zu werden, was ein großer Industrieller in unserer Zeit und im modernen Staate werden könnte. Längst hatte er es gemerkt, wie enge die Unternehmungen, die er als bloße Geldspeculation angefangen, mit dem Wohl und Wehe des Staates, mit Krieg und Frieden, mit allen Fluctuationen der allgemeinen Zustände zusammenhingen.

Er ahnte, wie eine große Industrie den ganzen alten Staat verwandeln, umschaffen, ja verjüngern und kräftigen könne, und wieder wie sie von Verwaltung, Gerechtigkeitspflege, von der Politik nach Außen und Innen abhänge. Das Staatswappen an seinem Hause war ihm das Symbol dieses Zusammenhanges seiner selbst mit dem großen Ganzen; er fühlte sich deutlich als ein Glied in der großen Kette, als ein Theil der großen Maschine, und dies gab ihm ein stolzes Bewußtsein, eine würdige Heiterkeit.

Auch Käthchen, die am andern Ende der Tafel ihm gegenüber saß, war etwas feierlich gestimmt, aber wohl nur, weil sie zum ersten Male bei einem so großen Gastmahle und so vielen hohen Herrschaften die Honneurs machte. Sie fühlte sich als eine große Person, als das Fräulein vom Hause und das vielleicht auch zum ersten Male in ihrem Leben. Papa hatte sie auch für diesen Tag so schön angekleidet, daß sie sich förmlich schämte.

Aber stolzer als Herr Liebert und Tochter erschien Rosalie. Sie saß zwar nicht mit bei Tische, aber prächtig angekleidet, eine künstliche, hochrothe Rose im dunklen Haare, ging sie mit aufgerichtetem Haupte aus und ein, befahl sie den Dienern mit lauter Stimme und lehnte sich bald da, bald dort an den Stuhl einer der Damen und mischte sich lebhaft ins Gespräch, um fühlen zu lassen, daß sie hier nicht in untergeordneter Stellung, sondern als Freundin des Hauses walte. Den Stolz der Damen wußte sie zu demüthigen, indem sie ihn nicht bemerkte und das Gespräch mit ihnen durch den Ton der Gleichgültigkeit zu erzwingen verstand. Allzu aristokratische schlug sie mit einem Worte über ihre Toilette, für deren Geschmacklosigkeiten sie ein scharfes Auge hatte, nieder, und bewog sie die Nachbarin durch Schrecken und Mitleid, sie freundlicher zu empfangen. Die Reden der Männer hörte sie mit verschlungenen Armen an, und gab ihren Beifall durch zustimmende Bewegungen des Kopfes zu erkennen.

Man muß gestehen, daß sie noch recht stattlich aussah; ein alter, heirathsluftiger Wittwer, und nach Umständen auch ein achtzehnjähriger Jüngling, hätten sie sogar noch schön finden können. Ihre Züge waren etwas scharf, aber doch sehr regelmäßig; die Fältchen auf der Stirne und um die Augen, wenn auch zahlreich, doch so sehr klein, daß das ganze Gesicht dadurch etwas Feines bekam; auf einige Entfernung waren sie gar nicht sicht=

bar. Sprechend zeigte sie eine Reihe schöner, kleiner
Zähne. Die sehr runden, dunklen Augen hatten freilich
einen harten, etwas abschreckenden Glanz, aber diesem
widersprach sonderbarer Weise der Ausdruck der Mund=
winkel, die vielmehr schmerzlich und bitter als boshaft
herabgezogen waren. — In großer Gesellschaft wie heute
konnte sie selbst sehr liebenswürdig sein, wie sie sich
überhaupt in den gewöhnlichen Verhältnissen gegen Nach=
barn und Bekannte zuvorkommend und hilfreich zeigte.
Heute nahm sie vorzugsweise die Frau Rentmeisterin für
sich ein. Diese folgte ihr nach Tische in die Küche und
ließ sich von Rosalien alle Taschen für die lieben Kleinen
anfüllen, wofür sie dieselben mit sämmtlichen Neuigkeiten
der Stadt bekannt machte.

Nach aufgehobener Tafel saßen die Herren unter den
Bäumen vor dem Hause und tranken Kaffee und rauch=
ten Cigarren. Die Cigarre war damals noch eine sel=
tene und luxuriöse Erscheinung in jenen Gegenden, und
mancher der Herren wußte nicht, welches Ende in den
Mund zu stecken und wartete ab, um sich keine Blöße
zu geben, wie es der Herr Bergrath oder Herr Liebert
machen würde. Der Herr Rentmeister konnte mit seiner
Cigarre nicht fertig werden und schritt sie endlich in
Stücke und stopfte sie in die allgewohnte Pfeife. Andere
zeigten, daß sie mit dergleichen umzugehen verstanden und
zogen sie vor dem Anbrennen der ganzen Länge nach
drei= bis viermal durch den Mund und erklärten den

Nachbarn den Nutzen einer solchen Procedur. — Etwas abseits und allein an einem kleinen Tischchen saß der Maschinenmeister Herrn Lieberts, ein Engländer, der John hieß und den man im Orte Lord John nannte, weil man glaubte, daß alle Engländer Lords seien. Ein Engländer fand sich damals überall, wo eine hohe Esse und eine Dampfmaschine war; man glaubte beinahe, daß der Dampf keine Kraft habe, wenn ihn nicht ein Engländer überwachte, und daß eine Maschine nur unter den Augen eines Engländers fungiren könne.

So war auch Lord John eine wichtige Person im Orte und er fühlte seine Wichtigkeit, das sah man aus der breiten Art und Weise, wie er da saß, wie er sein rothes Gesicht starr und unbeweglich der Gesellschaft entgegenhielt und sie mit großen, hellblauen Augen anglotzte, ohne ein Wort zu sprechen. Er that am liebsten, als ob er nicht deutsch verstünde, um sich nicht ins Gespräch mischen zu müssen, und so saß er den ganzen Nachmittag da und trank nach dem Kaffee mehre Gläser Liqueur, nach dem Liqueur Bier und nach diesem Wein, ohne sich weiter viel aufzuregen, nur daß er, je länger er da saß, immer lebhafter, gleich einem Pferde, die breite Oberlippe, oder vielmehr den großen, öden Raum zwischen Mund und Stumpfnase herauf und herunter bewegte, auf= und zuklappte. So saß er noch da, als es oben im Saale wieder lebendig zu werden begann. Nach Tische war das junge Volk aus der Stadt gekommen,

Söhne und Töchter der Eingeladenen, und junge Beamte des Magistrats und des Bergamtes; unter diesen letztern viele in ihrer sonntäglichen Bergmannstracht, dem schwarzen Kittel mit breiten Aermeln, ausgeschweiftem Kragen und glänzendem Ledergürtel, auf dem Kopfe das grüne Filzkäppchen. Man tanzte lustig darauf los.

Aber das arme Käthchen tanzte nicht; sie saß nur am Clavier und spielte zum Tanze auf, da der Schulmeister, den man eigentlich zu diesem Zwecke geladen hatte, nach Tisch unfähig war, Tact zu halten. So mußte sie sich denn als gastliche Tochter des Hauses um so mehr aufopfern, als unter den Söhnen und den Töchtern der Stadt Niemand da war, der einen Walzer hätte aufspielen können. Sie arbeitete gewissenhaft darauf los, bis ihr der Schweiß in hellen Perlen auf der Stirne stand. Doch sah sie manchmal auf und warf einen sehnsüchtigen Blick auf die Tänzer, was sie aber vorzugsweise beschäftigte, sie beinahe aus dem Tact gebracht hätte, war ein junger Mann in Bergmannstracht, den sie nicht kannte und der besonders schön tanzte und die Damen so anmuthig und zart in den Armen hielt, daß es wünschenswerth scheinen mußte, mit ihm einige Touren zu machen. Er war mit dem ganzen Haufen junger Leute gekommen und von der Rentmeisterin nur Herrn Liebert und Rosalien vorgestellt worden, und Käthchen hätte für ihr Leben gern gewußt, wer denn der neue

Practikant war. Er war gar zu hübsch, zu eigenthümlich und er stach durch seine Manieren, wie durch seine Physiognomie gar zu sehr von den andern ab. Käthchen war ordentlich froh, als er zu tanzen aufhörte und im Saale umherging und die Kupferstiche besah. Sie blickte auf die Tasten nieder, als er endlich am Clavier stehen blieb und seine großen braunen Augen, wenn auch bescheiden, doch prüfend auf ihr ruhen ließ. Als er ihr gar auf die kleinen Finger sah, glaubte sie plötzlich aufhören zu müssen, und doch spielte sie schneller als früher, daß die Tänzer ihr gar nicht nachkommen konnten und ein großer Lärm im Saale entstand. Käthchen bemerkte es nicht, denn der fremde Practikant näherte sich ihr plötzlich und sprach aufs verbindlichste:

Mein Fräulein, Sie müssen schon müde sein; wollen Sie mir nicht erlauben, daß ich Sie einige Zeit ablöse?

Gern und mit Dank! erwiderte Käthchen und wurde roth. Stimme und Aussprache klangen ihr so eigenthümlich. Er ist ein Ausländer, sagte sie zu sich selbst — wie liebenswürdig sind doch die Ausländer!

Aber wie nun der Fremde am Clavier saß und kräftig zu spielen anfing, stand sie ganz verdutzt da. Jetzt erst fiel es ihr ein, daß sie ja doch nicht mit ihm tanzen könne und das that ihr sehr leid, und sie war ganz verdrießlich, als nun sämmtliche junge Männer, wie es sich schickte, auf sie zueilten, um das Fräulein vom Hause einzuladen. Es lag ihr gar nichts am Tanze mit diesen

Herren; am liebsten hätte sie sich nach dem Fremden erkundigt und das konnte sie nicht, da sie nun fortwährend tanzen mußte und von Hand zu Hand ging. Endlich beschloß der Fremde den Walzer mit einem sehr kühnen Laufe und die ganze Gesellschaft brach in Applaus aus: bravo, Herr West, bravo!

West heißt er, murmelte Käthchen, West!

Der Applaus freute sie. Sie blickte nach West und siehe da, er hatte sie eben auch angesehen, und das mit so freundlichem Auge, daß sie sich tröstete, nicht mit ihm getanzt zu haben. Er stand auf und wollte offenbar auf sie zugehen, aber die Rentmeisterin stellte sich ihm in den Weg, faßte ihn an einem Knopf und überhäufte ihn mit so vielen Complimenten über sein Spiel, daß er stehen bleiben mußte. Trotzdem er freundlich antwortete und sein Blick lächelnd auf die Hand, die seinen Knopf hielt, niederglitt, sah es ihm Käthchen doch an, daß ihm der Aufenthalt nicht recht war, und das war ihr wieder angenehm, doppelt angenehm, denn sie fühlte, daß sie verlegen sein würde, wenn er sie ansprache. Sie hatte Angst, daß er es doch thun könnte und flüchtete sich zu Rosalien.

Was ist Herr West, Rosalie?

Ein Practikant und Kurmacher der Rentmeisterischen Ludmilla.

Das ist nicht wahr, sagte Käthchen heftig.

So? fragte Rosalie gedehnt und sah Käthchen mit

prüfendem Blicke an. — Und woher weißt Du, daß es nicht wahr ist?

Weil — weil ich gesehen habe, wie er mit ihr getanzt hat und daß er kaum ein Wort mit ihr sprach.

So? fragte wieder Rosalie — das Alles hast Du gesehen?

Und, fuhr Käthchen fort, er tanzte erst mit ihr, als ihn die Rentmeisterin dazu aufforderte.

Das Alles hast Du gesehen! — spottete Rosalie — und ich dumme Person habe geglaubt, daß Du in Dein Spiel so sehr vertieft bist. Ich sage Dir, fügte Rosalie kurz und schneidend hinzu, es ist Alles abgemacht; die Rentmeisterin hat es mir selbst gesagt — sie erwartet jeden Tag, daß er um Ludmilla anhalte.

So sprechend kehrte ihr Rosalie den Rücken und ging, um Erfrischungen für die Gesellschaft zu bestellen. Käthchen blieb mitten in der Gesellschaft, wie in voller Einsamkeit stehen. — Ludmilla, dachte sie, die paßt ja gar nicht zu ihm; er hat etwas so Edles, so Ausgezeichnetes in seinem ganzen Wesen — aber die Rentmeisterin ist so zudringlich und sie setzt Alles durch.

Solches und Aehnliches denkend, und mit dem dunklen Gefühle, daß sie eigentlich ihre Pflicht versäume und daß sie mit den Gästen sprechen sollte, ging sie schweigend durch den Saal, bis sie mit einem Male an der Hand gefaßt und zurückgehalten wurde.

So nachdenklich, mein Käthchen?

Es war ihr Vater, der sie zurückhielt und so sprach, ohne eine Antwort abzuwarten.

Ich stelle Ihnen hier meine Tochter vor — Käthchen, das ist Herr West, Bergpracticant.

Beide verneigten sich; Käthchen stützte sich auf den Arm ihres Vaters, der ihr die Hand streichelte und im Gespräch mit Herrn West fortfuhr:

Das ist doch merkwürdig! — Sie sind also ein Schüler der Pariser polytechnischen Schule und der école des mines; — das ist sehr merkwürdig und sehr interessant. Unsere jungen Leute begnügen sich meist mit Chemnitz und gehen höchstens nach Freiburg in Sachsen. Wie kamen Sie dazu, Ihre Studien an diesen berühmten Schulen zu machen?

Der Fremde war etwas verlegen, was Käthchen nicht entging, und antwortete mit zaubernder Stimme:

Verschiedene Schicksale, eigenthümliche Verhältnisse — die Verbindungen meines Vaters. — Allerlei, was — ich kann das nicht so kurz erklären.

Seien Sie froh, sagte Herr Liebert, daß es sich so gefügt hat. Ich habe von diesen Schulen so viel gehört — ich wollte, ich könnte meinen Jungen auch dahin schicken. — Sie waren wohl lange in Paris.

Ich habe beinahe meine ganze Jugend dort zugebracht.

Ah, daher der fremde Accent — rief Herr Liebert — Sie sprechen, als ob das Deutsche nicht Ihre Muttersprache wäre.

West erröthete und sah bei Seite.

Nun, sagte Herr Liebert, ich habe Ihnen nichts Unangenehmes sagen wollen — im Gegentheil; es klingt ganz hübsch, es steht Ihnen ganz gut! — Nicht wahr Käthchen, die Aussprache des Herrn West ist ganz angenehm?

Gewiß! bestätigte Käthchen sehr rasch, gewiß, fügte sie dann langsamer hinzu, und um das allzurasche „Gewiß" schnell vergessen zu machen, sagte sie: Sie sprechen wohl sehr gut französisch?

Als wäre es meine Muttersprache, antwortete West aufathmend, mit einer Wärme, die Käthchen auffiel.

Natürlich, sagte Herr Liebert, wenn man an diesen beiden Schulen studirt hat. Herr West, ich bin sehr glücklich, Ihre Bekanntschaft gemacht zu haben. Sehen Sie, ich verstehe eigentlich sehr wenig von all dem Wesen, dem ich vorstehe und das mein Eigenthum ist; ich bin ein armer Autobidact, der nur nachmacht, was er anderswo sieht. Ich fühle, daß so Manches in meinen Gruben und Hütten anders sein könnte und besser, aber ich weiß nicht, wie es anders zu machen. Ich bin immer sehr froh, wenn ich mit Männern von Fach zusammenkomme und nehme gern und dankbar guten Rath an. Die Herren vom Bergamt sagen mir, daß Sie als ausgezeichneter Montanist und Techniker empfohlen sind, und daß Sie sich schon im Annenschacht und beim neuen Waschwerk als solcher bewährt haben.

West verneigte sich, Käthchen sah ihn mit Interesse an.

Sie haben gewiß schon mannigfache Gruben und Hüttenwerke gesehen?

Ich habe Frankreich, Belgien und England bereist, antwortete West.

O! rief Herr Liebert, die gelobten Länder meiner Industrie! Wie dankbar wäre ich Ihnen, wenn Sie meine Werke besichtigen, wenn Sie wieder kommen wollten.

Mit größtem Vergnügen will ich wieder kommen, sagte West und verneigte sich so, daß man nicht wußte, ob er sich vor dem Vater oder der Tochter verneigte.

Bravo! und wann?

Sobald ich meinen freien Tag habe — nächsten Mittwoch!

Gut, nächsten Mittwoch. Sie sind sehr gütig, Herr West, wie wollen wir herumwandern. Vergiß nicht Käthchen, daß Herr West nächsten Mittwoch mit uns speist.

Der Bürgermeister kam; Herr Liebert wandte sich zu ihm und zwang seine Tochter, die er am Arme hielt, mit ihm die Schwenkung zu machen und dem Fremden den Rücken zu kehren.

Ein herrlicher junger Mann, sagte er im Umdrehen, nicht wahr Käthchen?

Schon sprach Herr Liebert wieder mit dem Bürgermeister, ohne Käthchens Antwort abzuwarten, und er ließ ihren Arm fahren. Sie wollte sich, plötzlich ganz heiter, wieder in die Gesellschaft mischen, als plötzlich das Clavier zu klingen anfing. Mit Freuden sah Käthchen den Schulmeister, der sich indeß etwas gefaßt hatte, daran sitzen. — Ich werde tanzen — er wird mit mir tanzen — dachte sie, und sie hatte den Gedanken noch nicht ausgedacht, als er schon vor ihr stand, und Käthchen tanzte so leicht und so gut, wie sie nie glaubte getanzt zu haben. Die Musik klang ihr zwar eigenthümlich melancholisch, obwohl es ein ganz lustiger Walzer von Labitzky war, und sie selbst fühlte sich so sonderbar schwermüthig, und doch war es ihr so wohl. Es schien ihr, als ob sie Flügel hätte, und als müßte sie, wie die Bauern, wenn sie in der Schenke tanzen, laut aufjauchzen. Auch ließ sie gegen alle Regel das kleine Blondköpfchen nach der Seite hängen, als wollte es auf die Schultern West's fallen. Nach beendigtem Tanze wußte sie ihn mit einer Geschicklichkeit, die sie sich nie zugetraut hatte, in ein Gespräch zu verwickeln, in dem gleich so viele Gegenstände aufs Tapet kamen, daß sie mit Freuden darin den Stoff für stundenlange Unterhaltung erkannte. Und der Fremde wußte von seinen Reisen, von Paris und von Allem so schön und dabei so anspruchslos und einfach zu erzählen, daß sie sich ganz unbefangen, ja ganz gescheidt fühlte und sich sagen mußte, daß sie sich noch nie mit irgend einem der Herren aus der Gegend so sicher gefühlt hatte. Es kam ihr vor, als machte sie an sich selbst eine neue Bekanntschaft und als kennte sie

Herrn West seit langer, langer Zeit. In der That
bildete sie sich ein, daß sie sich zu allen Zeiten einen an=
genehmen jungen Mann, einen liebenswürdigen Cavalier
gerade so und nicht anders vorgestellt habe, und das
war doch gewiß nicht wahr, da an dem jungen Practi=
kanten so viel Fremdes und Fremdartiges und für sie
ganz Neues war, von seiner Aussprache und der Art
seiner Unterhaltung angefangen bis auf den Schnitt
seines Gesichtes, seine schlichten, sehr dunklen Haare,
kurz bis auf den ganzen Typus und die ganze Art.

Käthchen erklärte sich das Fremdartige nur damit,
daß er eben anders und ausgezeichneter war, als Alles,
was sie an Männern bisher kennen gelernt. Sie ver=
gaß über dem Gespräche mit ihm so sehr ihre Pflichten
als Dame des Hauses, daß man in der Dunkelheit
munter getanzt haben würde, wenn nicht Rosalie fürs
Licht gesorgt hätte. Als es mit einem Male hell wurde,
erwachte sie wie bei Morgendämmerung aus einem
schönen Traume. Sie sah die Rentmeisterin und dachte
an ihre Tochter Ludmilla, und entfernte sich auf eine so
kurze und abschneidende Weise von ihrem Tänzer, daß er
ein wenig betroffen war. Es zog sie zu Ludmilla und
— wie räthselhaft werden uns weibliche Gemüther, selbst
siebenzehnjährige immer bleiben — und unterhielt sich
mit ihr, für die sie doch nicht die geringste Sympathie
hatte, aufs freundschaftlichste, bis sie auch sie plötzlich

verließ und zwar mit hocherhobenem Kopfe, mit Freude und einigem Triumph im Gesichte.

Wie dumm und abgeschmackt ist sie! sagte das kleine Käthchen zu sich selber und machte den ganzen Abend die Honneurs mit großer Sicherheit, als wäre sie um fünf Jahre älter geworden und um einen Kopf größer. Auch Herrn West, der sie noch einige Male zum Tanze aufforderte, kam sie mit ruhigerer und älterer Sicherheit entgegen; sie hörte ihm kälter zu und widersprach ihm auch manchmal. Aber als er sich gegen Mitternacht mit den andern Gästen empfahl und in der Nacht verschwand, glaubte sie wieder die melancholische Musik von vorhin zu hören, und als es mit einem Male im Hause wieder stille war, und als auch im Hause das letzte Geräusch verstummte — vier Eisenarbeiter luden Lord John auf ihre Schultern, um ihn heimzutragen — und sie in ihre Schlafstube trat, und sich auf einen Stuhl vor dem Bette setzte und sich nicht entkleidete und vor sich hinsah, sinnend, träumend, da war es wieder das alte, stille, liebe Käthchen.

Am andern Tage war die trotzige Stimmung vollends verflogen. Wäre sie eine gebildete romantische Person mit einigem Bewußtsein von Bildung und Romantik gewesen, sie hätte sich geschämt, immer nur an die Küche und an das Mittagsessen für nächsten Mittwoch zu denken. So aber, wie sie war, gab sie sich diesem Gedanken hin, und das war sehr gut, denn es überwucherte den Ge=

danken an Ludmilla, der manchmal störend auftauchte, und die zwei Tage, die sehr glücklich hätten sein können, hie und da in ihrer Reinheit störte. Wie gerne hätte sie sich mit Rosalien, der sie Alles vorzutragen gewohnt war, über das Mittwochsessen besprochen. Aber kam die Geschichte mit Ludmilla nicht von Rosalien? und ist es nicht lächerlich, aus einem Essen für einen jungen Practikanten so viel Wesens zu machen? Auch war sie fest entschlossen, nicht davon zu sprechen, als sie endlich doch am Dienstag zu ihr hinunter wanderte; sie wußte nicht warum? aus alter Gewohnheit — weil sie mit Jemand sprechen mußte — über irgend etwas — vielleicht über West — am liebsten aber nicht. Sie hatte eine gewisse Angst vor Rosalien, sie konnte was sagen, was unangenehm war. Aber was liegt daran? — sage sie, was sie will — ich besuche sie.

Rosalie stand vor einem Haubenstock und setzte einige Rosaschleifen zurecht; Susi saß ihr gegenüber und strickte Socken.

Da kommt sie ja! rief Susi, als Käthchen eintrat; sie wird uns Genaueres sagen können.

Man sollte es meinen, sagte Rosalie, denn sie hat sich lange genug, beinahe unschicklich lange, mit ihm unterhalten. Ich muß Dir sagen Käthchen, daß man sich nicht so dem Ersten, Besten an den Hals wirft.

Ich? ich habe das gethan? fragte Käthchen verlegen.

Ja, Du! antwortete Rosalie kurz, und fuhr vor sich

hinsprechend fort: Käthe wird aber so wenig von ihm
wissen, wie die Andern. Kein Mensch weiß was über
ihn, selbst die Rentmeisterin nicht, die ihm doch ihre
Tochter geben will. Es ist eine leichtsinnige Frau, und
sie schlägt ihre sieben Töchter um jeden Preis los. Ich
aber sage, ich gebe meine Tochter lieber dem buckligen
Schreiber, von dem ich doch weiß, wer seine Hühner und
Gänse sind, als so einem Hergelaufenen. Ja, ja, es ist
ein Hergelaufener — wer weiß, was dahinter steckt. Es
ist nicht herauszubringen, woher er gekommen; was ist
er, wie heißt er? Er hat nicht einmal in Chemnitz
studirt und ist nicht in Joachimsthal gewesen, das habe
ich alles gehört, wie er mit Deinem Vater gesprochen,
und wer sein Vater ist und seine Anverwandten, kann
man auch nicht erfahren. Hat man je gehört, daß ein
Practikant hierher gekommen, der nicht in Chemnitz ge=
wesen oder in Joachimsthal, oder wenigstens in Kutten=
berg? Nirgends ist er gewesen, das sagen alle Practi=
kanten. O, ich habe mich schon erkundigt! ich will nicht,
daß so ein Hergelaufener in ein Haus komme, wo ich
an den Kindern Mutterstelle vertreten habe, das habe
ich gethan, das mußt Du zugestehen Käthchen, ich bin
wie Deine Mutter, obwohl es Dein Vater nicht an mir
verdient hat. Wer aus anständiger Familie ist und wer
nichts Schlechtes gethan hat, der braucht sich nicht zu
verstecken, der nennt seinen Namen vor allen Leuten,
das sage ich, Rosalie Schimmel.

Das behaupte ich auch, sagte Susi.

Aber, bemerkte Käthchen mit einiger Schüchternheit, aber er sagt ja seinen Namen.

Freilich? West! nicht wahr? hat sich was mit West, lachte Rosalie, ich weiß Alles! Kein Mensch glaubt, daß er West heißt. In der ersten Zeit hat er gar nicht gehört, wenn man ihn West rief, und einmal hat er ein Actenstück Vest mit V und ein andersmal mit W unterschrieben. Wenn ich schon ein Betrüger bin, so sei ich es recht, und wenn ich schon einen falschen Namen trage, so muß ich ihn zu tragen wissen, als ob er mir auf den Leib gewachsen wäre, und nicht wie ein gestohlenes Kind, das sage ich.

Aber das ist ja schrecklich, rief Susi, und ließ Strumpf und Hände in den Schooß fallen, ohne die Stricknadel fahren zu lassen.

Käthchen wußte nicht was zu sagen, und sah vor sich hin. Sie war froh, als Susi nach einiger Zeit hinzufügte: Mein Gott, und seinen Taufnamen kennt man auch nicht!

Doch, rief Käthchen schnell, Gaston heißt er, Gaston! — aber sie verstummte schnell wieder, als die beiden Jungfrauen in ein ungeheures Gelächter ausbrachen.

Gaston! riefen sie, Gaston! hat man je einen solchen Namen gehört! und gar in hiesiger Gegend! Gaston! es ist zum Todtlachen.

Und Rosalie fügte hinzu: Ich wette, daß, wenn

man alle Kirchenbücher aller Kirchspiele auf dreißig Meilen in der Runde nachschlüge, man fände nicht einen solchen Namen darin. Gaston! so ein Name existirt gar nicht, das ist ein Romanname, grad so ein Name, wie man ihn annimmt, wenn man keinen andern ehr= lichen Namen hat. Gaston! so was ist noch nicht vor= gekommen.

Und woher ist er eigentlich, dieser Herr Gaston West? fragte Susi, und strickte weiter, welche Heimath gibt er wenigstens an?

Davon wird gar nicht gesprochen, erwiederte Rosalie. Ich wette mein Haus, daß er kein Deutscher ist. Er spricht ein Deutsch, das ist was schreckliches, da spreche ich lieber gleich böhmisch. Das ist geradezu beleidigend, daß er es wagt, gebildeten und anständigen Leuten ein solches Deutsch vorzusprechen, das zerreißt die Ohren, ich bin überzeugt, er ist ein Kroat.

O, sagte Käthchen, etwas muthiger als vorhin, das habe ich doch nicht gefunden, Rosalie. Seine Aussprache klang mir ganz hübsch und ich glaube —

Er hat Dir dumme Complimente gemacht, darum, Du eitles Ding, fiel ihr Rosalie in die Rede. Uebrigens kann so was anfangs und ein Mal der Sonderbarkeit wegen gefallen, das zweite Mal ist es lächerlich. Ich lasse mich nicht betrügen! Ist es nicht lächerlich zu sagen: der Labitzky ist ein „reißender" Componist?

Wieder brachen Susi und Rosalie in Lachen aus.

Auch Käthchen mußte mitlächeln, aber es that ihr leid, daß sie lächelte, und sie stand auf, um zu gehen.

Was haft Du eigentlich gewollt? fragte Rosalie.

Nichts! antwortete Käthchen, und ging.

Ich weiß es besser als Du, was Du gewollt hast, sagte Rosalie, nachdem Käthchen schon draußen am Fenster vorbeigegangen war, Du hast wissen wollen, wie uns Dein Herr West gefällt, denn Dir gefällt er gar sehr, Gänschen! untersteht sich schon, mit dem Practikanten anzufangen.

Susi lächelte und zuckte die Achsel.

Käthchen kam sehr gedankenvoll zu Hause an. Das Gespräch, die Bemerkungen, das Gelächter der alten Jungfern, hatten einen gewissen Eindruck auf sie gemacht und eine halbe Stunde lang war sie verstimmt. Aber bald dachte sie: und wenn er auch einen falschen Namen trüge? was liegt daran! der Name macht nicht den Mann, und da steckt vielleicht ein sehr schönes Geheimniß hinter diesem falschen Namen. Und daß Gaston ein häß= licher Name sei, das soll ihr kein Mensch einreden, und ob Gaston durch seine fremdartige Aussprache zum zweiten Male lächerlich werde, das wolle sie doch morgen sehen, aber sie glaubte es nicht. Käthchen lachte, wenn sie an das Gespräch bei Rosalien dachte, und sagte sich zu wie= derholten Malen, daß sie sich ganz und gar nicht darum kümmere, was dort unten auch immer gesagt werde. Aber sie mußte doch immer wieder an den falschen

Namen und an alle mit einem solchen Incognito verknüpften, unangenehmen Möglichkeiten denken, und dann wieder an Ludmilla, und zum ersten Male seit langer Zeit schlief sie eine Viertelstunde nicht, nachdem sie sich ins Bett gelegt, und zum ersten Male seit lange war sie mit Sonnenaufgang aus dem Bette und in den Kleidern.

Sie überdachte noch einmal, was sie schon gestern unzählige Male durchdacht hatte; es litt sie nicht in der Stube und sie wollte in den Garten und arbeiten. Aber im Hofe ging schon Gaston auf und ab; er hatte die gewöhnliche, schwarzleinwandene Bergmannstracht, die vom Einfahren schon hie und da schadhafte Spuren trug; in der Hand hielt er einen Hammer. Er war auch so noch sehr hübsch, aber Käthchen dachte sogleich: Er ist ganz und gar wegen Papa, wegen der Hütten und Minen, und nicht im Geringsten meinetwegen gekommen; er hätte sich sonst ein wenig eleganter gemacht. Sie begrüßte ihn sehr höflich und sehr kühl, und da er ihr guten Morgen sagte und sie nach ihrem Befinden nach dem lärmenden Sonntage fragte, war sie wirklich geneigt, seine Aussprache etwas lächerlich zu finden. Aber es gelang ihr nicht. Es ist doch hübsch, dachte sie, auch wenn man's zum zweiten Male hört.

Papa hat Sie aus Ihren täglichen Beschäftigungen herausgerissen, sagte sie, und wußte an diese Worte, mit mehr Geschick als ihr irgend Jemand im Orte zu getraut hätte, ein Gespräch über sein tägliches Leben zu knüpfen und ihn über alle Stunden des Tages auszuforschen. Es war ihr vorzugsweise um Ludmilla zu thun und zu erfahren, welche Zeit ihm für Besuche bei Rentmeisters übrig bleibe. Da erfuhr sie denn genau, welche Zeit er im Schacht, im Pochwerke, in der Schmelzhütte, in der Kanzlei und Abends im Lesezirkel zubrachte, und daß er sehr wenig Umgang habe, und fast gar keine Familie besuche. Sie war sehr zufrieden mit dem Ergebniß dieser Mittheilungen; für Rentmeisters Ludmilla blieb auch nicht Eine Stunde im Tage. Wahrhaftig sehr wenig für eine Geliebte und zukünftige Braut! — Sie wäre wohl nun selbst sehr mittheilsam geworden, wenn nicht der Vater gekommen wäre. Dieser fing sogleich von seinen Hütten und Minen an, entwarf einen Plan für den Tag, und da Herr West schon gefrühstückt hatte und Herr Liebert es nicht erwarten konnte, dem Schüler der Pariser Ecole des Mines seine Werke zu zeigen, machten sich die beiden Männer sofort auf den Weg.

Käthchen war wieder verstimmt. Es war ihm so leicht, ein Frühstück anzunehmen, wenn ihm etwas daran lag, noch ein halbes Stündchen zu bleiben. Aber diese Männer! so ein schwarzer Hammer, so ein schmutziger Schacht ist ihnen mehr werth, als die Gesellschaft der Damen. Vorhin, als sie ihn über seine tägliche Beschäftigung verhörte, hatte es sie gefreut, als er sagte, das Bergwesen sei seine einzige Leidenschaft, jetzt ärgerte sie sich über die Uebertreibung dieser Leidenschaft, und alle Zweifel, die sie gestern und in der Nacht geplagt, kamen wieder. Sie ging endlich ins Haus, und da sie gegen neun Uhr das Mittagessen bestellte, unterdrückte sie auf ihrem Programme einen schönen Rahmkuchen — aber um elf Uhr, da es noch Zeit war, gab sie Befehl, daß der Rahmkuchen doch gemacht werde.

Die beiden Männer wanderten indessen auf schwarzen, aus Schlacken aufgeschütteten Wegen den Hütten zu. Am Eingange in den Hochofen stand Lord John mit verbundenem Kopfe und gähnte in den Morgen hinaus. Er war verwundet. Die Arbeiter, die ihn am Sonntage nach Hause getragen, hatten ihn fallen und einen Damm hinunter rollen lassen. In den Hütten war man überzeugt, daß sie es absichtlich gethan und Niemand machte ihnen einen Vorwurf darüber, denn Niemand mochte Lord John leiden. Er empfing seinen Herrn und dessen Begleiter mit einem kurzen, stummen Gruße. Inspection! Inspection! murmelte er zwischen den Zähnen — I dont want Inspection! — rief er lauter. Glücklicherweise verstand Herr Liebert nicht englisch. Gaston, der es verstand, lud Lord John ein, ihnen in den Maschinenraum zu folgen, was dieser auch mit Brummen that.

An den Ventilen standen kleine Jungen, die sie schlossen und aufthaten. Gaston sah das mit Staunen.

Wie? sagte er zu Herrn Liebert, können Sie die Jungen nicht besser verwenden? Eine kleine Vorrichtung und das Alles fungirt von selbst.

Er sah sich um, nahm einen Draht, der in einem Winkel lag, und indem er sagte, „hier kann ich es Ihnen gleich zeigen", befestigte er den Draht mit dem einen Ende an der Klappe, mit dem andern an einem der Hebel, die sich über der Klappe auf und niederbewegten, und die Klappe ging von selbst auf und zu. „Du bist entlassen!" sagte er lächelnd zu dem Knaben, der ebenso wie Herr Liebert, lächelnd zusah, wie der Draht seinen Dienst verrichtete.

An den andern Klappen wird es etwas complicirter aber nicht schwerer sein, sagte Gaston weiter.

Das hätte ich ebenso gut machen können — das hätte ich! brummte Lord John.

Warum haben Sie es nicht gemacht? fragte Herr Liebert verdrießlich.

Das liegt ja auf der Hand — brummte John wieder. — Kleinigkeit, nonsense, nonsense.

Aber auf diese Kleinigkeit kommt es hier an, Herr Maschinenmeister! herrschte ihm Herr Liebert zu.

Die Arbeiter versammelten sich, um das Wunderding anzusehen und um Zeugen von Lord John's Beschämung zu sein. — Dieser schlich fluchend davon. Die Arbeiter folgten ihrem Brodgeber und seinem Gaste und hörten mit Interesse die Bemerkungen, die er machte, die Ver=

besserungen, die er vorschlug. — Der versteht's anders, als der Lord! raunten sie sich in die Ohren. Herr Liebert konnte nicht umhin mit seinen Arbeitern Blicke des Beifalls und des Einverständnisses zu wechseln.

Als es weiter ging in die Streckhämmer und zu den Minen und verschiedene Instrumente mitgenommen werden sollten, waren alle eben unbeschäftigten Arbeiter bereit, mitzugehen. — Herr Liebert wählte den Riesen der Hütte, einen seiner vertrautesten Arbeiter, einen gewaltigen Cyklopen, von dem Herr Liebert zwar sagte, er habe mehr als alle andere Feuerarbeiter ein verbranntes Gehirn, sei aber troß dem die treueste Seele, auf die man sich verlassen könne und der gewiß nicht ausplaudern werde, was er etwa hören könnte. Der Cyklope, Fleischmann lachte, mit breiten, weißen Zähnen vor Freude, denn offenbar hatte er Gaston, den er mit zärtlichen Blicken ansah, schon ins Herz geschlossen.

Als sie aus dem Hochofen traten, kamen eben einige zweispännige Wagen mit Eisenerz beladen an.

Woher kommt dieses Erz? fragte Gaston.

Aus meiner Grube, die wir bald sehen werden; sie liegt dort auf der Höhe, die Sie von hier aus sehen können.

Wem gehören die Felder zwischen hier und jener Höhe? fragte Gaston weiter.

Zum größten Theile mir, antwortete Herr Liebert.

Und ist die Grube ergiebig?

Es ist mein reichster Schacht und wird wohl noch lange vorhalten.

Dann sehe ich nicht ein, warum Sie nicht eine Eisenbahn anlegen? Ein Pferd würde Ihnen dann an einem Tage größere Dienste leisten, als alle diese Pferde in einer Woche.

Herr Liebert kratzte sich hinter'm Ohr. — Eisenbahnen, sagte er — man glaubt noch nicht recht an Eisenbahnen in hiesiger Gegend — und dann wie das anfangen? wo die Schienen hernehmen? und die Kosten! — wie lange kann das dauern, bis so eine Eisenbahn fertig wird.

Ach! — lächelte Gaston, es ist nur das Unbekannte, das Sie fürchten. In höchstens zwei Monaten kann die Bahn fix und fertig sein; die Schienen gießen Sie selbst und die Kosten haben Sie in einem Vierteljahre herein.

Herr Liebert wurde nachdenklich. Gaston trat auf die Höhe eines Eisenerzhaufens, sah sich um und fuhr fort: Hier müssen überall Eisenbahnen hin; alle diese Hütten und Schachte müssen durch Eisenbahnen verbunden werden. Die Arbeit wird dadurch erleichtert und gefördert und sehr viel Arbeitskraft erspart. — Sehen Sie nur, dort steckt ein Karren in einem ausgefahrenen Geleise, der Gußeisen nach dem Pubbelwerke bringen sollte. Wie viele Arbeiter werden sich da Stunden lang abmühen, bis sie den Karren wieder herausbringen. Das wird nicht geschehen, sobald Sie eine Eisenbahn haben.

Fleischmann, der Cyklop, fand Alles, was Gaston sagte, sehr richtig und rieb sich die Hände. Herr Liebert schüttelte den Kopf und sagte: Ich fürchte, Sie weiter zu führen, denn Sie werden auf Schritt und Tritt neue Pläne aussinnen. Doch gehen wir.

Sie wanderten weiter. In der That hatte Gaston in den Schachten eben so viele neue Ideen und Vorschläge wie in den Hütten. Fleischmann's Zufriedenheit mit ihm und seinen Plänen drückte sich immer deutlicher und lebhafter aus; Herr Liebert wurde immer nachdenklicher. Jeden Plan, den er im ersten Momente mit Kopfschütteln aufnahm, bedachte er auf der weitern Wanderung und immer, wenn ein neuer auf's Tapet kam war der erste schon berechnet, wohl auch erweitert und meist angenommen.

Auf einer Höhe machten sie vor einer Eisenmine Halt, aus der mehre Arbeiter in Kübeln Wasser zogen. — Halten wir uns nicht lange hier auf, sagte Herr Liebert — ich werde diesen Schacht wieder verfallen lassen.

Und warum? fragte Gaston.

Er lohnt nicht der Mühe. Er hat zu viel Wasser.

Könnte man nicht einen Stollen anlegen?

Wohl, aber er würde zu lang und das steht nicht dafür.

Herr Liebert wandte sich, um weiter zu gehen; aber Gaston blieb, das Kinn in die Hand gestützt.

Suchen Sie wieder Mittel? sagte Herr Liebert lächelnd — lieber Freund, man muß auch einen Gedanken wie einen Schacht aufgeben können; man muß nicht alle Hindernisse besiegen wollen.

Eine Windmühle, eine Windmühle! rief Gaston anstatt aller Antwort.

Was haben Sie wieder? fragte Herr Liebert verwundert.

Eine Windmühle würde hier treffliche Dienste leisten. Die Lage ist vortrefflich. Eine Windmühle! — das kostet nichts und bringt das Wasser wie das Erz heraus.

Eine Windmühle! sagte Herr Liebert, das hat man in hiesiger Gegend noch nie gesehen.

Darum ist es Ihnen auch nicht eingefallen, erwiderte Gaston, eine zu bauen; sonst wären Sie gewiß auf die Idee gekommen.

Gewiß, eine Windmühle, sagte Fleischmann, der nie eine gesehen hatte, aber schon voll Vertrauen in Gaston's Kenntnisse, daß er auch diesem Plane seine volle Zustimmung gab und noch lebhafter that er es, als dieser, weiter wandernd, seine Gedanken auseinandergesetzt und im Kurzen auch Herrn Liebert gewann.

Ueber diesen Wanderungen und Plänen vergaßen die beiden Herren ihren Hunger und das Mittagsessen, das für drei Uhr bestimmt war und nun zur größten

Verzweiflung Käthchens auf das Schmählichste verdarb — denn sie kamen erst mit anbrechender Dämmerung zurück.

Käthchen war nahe daran, sie verdrießlich und mit Vorwürfen zu empfangen, wenn ihr nicht Fleischmann, der mit kam, die gute Laune wiedergegeben hätte. Fräulein Käthchen, flüsterte er ihr zu, welch ein Mann dieser Herr West, so was habe ich mein Lebtag nicht gesehen. Der kann Alles — Eisenbahnen, Maschinen, Windmühlen, das ist ihm Alles nichts. Sagen Sie doch Ihrem Papa, daß er Ihnen den Herrn West zum Manne gebe — das wäre ein Mann! den könnten wir brauchen. Ich sage Ihnen, der macht Ihnen aus dem ganzen Thal einen einzigen Hochofen und eine einzige Eisenbahn.

Narr! alter Narr! lachte Käthchen und befahl, daß man ihm ein Glas Bier und etwas Tüchtiges zu essen gebe.

Gut, sagte der alte Fleischmann zu sich selbst, jetzt weiß ich etwas, was mir recht ist.

Bei Tische verdroß es Käthchen, daß der Papa den Gast, jedes Mal, wenn er sich an sie wenden wollte, mit Maschinen, Eisenbahnen u. dgl. unterbrach, und kein anderes Gespräch aufkommen ließ, obwohl es Gaston zu wünschen schien. Aber es freute sie, wie Herr Liebert den jungen Mann mit Aufmerksamkeit behandelte, wie er ihm die größte Achtung, ja eine Art von väterlicher Liebe zeigte, und ihr Herz pochte gewaltig, als endlich beim Nachtische ihr Vater so zu sprechen anfing, und zwar mit Wärme und einer gewissen Feierlichkeit:

Herr West, sagte er, stoßen Sie mit mir an. Ohne Phrasen — ich bin sehr glücklich, Ihre Bekanntschaft gemacht zu haben. Wie sonderbar es Ihnen, dem jungen Manne, aus dem Munde eines beinahe ergrauten Mannes auch klingen mag: auf gute männliche Freundschaft!

Gaston erröthete, nahm das Glas und sagte: Sie sind sehr gut, Herr Liebert, mit Herzlichkeit stoße ich an.

Darauf schüttelten die beiden Männer einander die Hand. Käthchen war ganz gerührt, und zitternd stieß sie mit ihrem Glase an, als ihr Gaston das seinige entgegenhielt.

Und nun bitte ich Sie, fuhr Herr Liebert fort, nicht falsch zu verstehen, was ich Ihnen offen und in der besten Absicht sagen will. Sie haben viel gelernt, was Sie gelernt haben, wissen Sie mit Geist und mit erstaunlichem Scharfsinn anzuwenden. Es ist traurig, daß solche Fähigkeiten durch viele, viele Jahre brach liegen sollen, und das ist im Staatsdienste nothwendiger Weise der Fall. Jahre lang müssen sie als Practikant zusehen und kommen Sie nicht zu selbstständigem Schaffen. Jahre müssen vergehen, bis Sie einen Posten bekommen, der sie anständig ernährt. Erlauben Sie mir die Frage: ist es Ihnen gleichgiltig, Ihr Wissen so lange Zeit unverwerthet liegen zu lassen? und ist es Ihnen gleichgiltig, Jahre lang auf einen nährenden Posten zu warten?

Haben Sie Vermögen genug, um zusehen zu können? Verzeihen Sie diese indiscret scheinenden Fragen; — von Ihrer Beantwortung hängt das Weitere ab, das ich Ihnen sagen will.

Gaston lächelte, wie um Herrn Liebert über seine Indiscretion zu beruhigen, schlug aber doch die Augen nieder, als er sagte:

Gewiß, mein Herr Liebert, erscheint es mir wünschenswerth, bald eine practische Thätigkeit zu haben, und wünschenswerth ist es mir auch, aus meinen Kenntnissen bald positiven Nutzen zu ziehen. Ich habe das Vermögen nicht, um lange warten zu können — auch sind meine Verhältnisse der Art, daß ich eines einträglichen Postens sehr nothwendig bedarf.

Gut! sagte Herr Liebert, aber ich muß mir noch eine Frage erlauben. Sind Sie so aristokratisch wie die meisten jungen Herren, Ihre Collegen? glauben Sie daß Sie Ihre Würde nur im Staatsdienste wahren können? Sehen Sie nicht auch mit einiger Geringschätzung auf unsere bürgerlichen Unternehmungen herab? Würden Sie es unter Ihrer Würde halten, sich an solchen Unternehmungen zu betheiligen?

Gaston lachte laut auf und lachend sagte er: Nein, Herr Liebert, ich bin bürgerlich, sehr bürgerlich.

Käthchen, ohne zu wissen, warum, lachte herzlich mit: der Vater aber sprach ernsthafter und inniger als zuvor;

So kommen Sie zu mir! Verlassen Sie den Staatsdienst und kommen Sie zu mir! Längst habe ich mich nach einem Menschen, wie Sie sind, gesehnt. Ich habe zu Ihnen, zu Ihrem Wissen, zu Ihrem Charakter, das größte Vertrauen und Sie bringen mir Alles mit, was mir fehlt. Ich kann nur nachmachen, was ich anderswo sehe und muß so zu sagen den alten Ochsenschritt fortgehen — und doch fühle ich, daß wir in einer neuen Zeit stehen, daß viel Neues zu schaffen ist. Mit Ihnen zusammen könnte ich Alles. Sie wären der Kopf, ich der Arm! Sie würden die Pläne machen, ich würde die Mittel, sie auszuführen und zu verwerthen, herbeischaffen. Sehen Sie, ich habe Niemand, der mir beistände. Mit dem Engländer geht es nicht länger; er ist unwissend und bei allen Arbeitern verhaßt. Sie würden mir Alles mitbringen, was ich brauche — dafür haben Sie auch das Recht, ganz nach Gutdünken Ihre Bedingungen zu machen. Sie können gleich in eine Stellung eintreten, die, was die materiellen Vortheile betrifft, Ihnen nicht nach zwanzigjährigem Staatsdienste aufbewahrt ist. Sie werden unabhängig, Sie können heirathen, wenn Sie irgend eine solche Idee haben, Sie können einen Verwandten unterstützen, wenn Ihre Familienverhältnisse darnach sind oder Sie können Ersparnisse bei Seite legen. Kommen Sie, mein Freund, rief Herr Liebert, in einer Art von Extase, indem er Gaston die Hand entgegenstreckte. — Kommen Sie zu mir, wir wollen Prächtiges und Großes mit einander schaffen — schlagen Sie ein!

Während dieser Rede des Vaters zitterte die Tochter vor Aufregung. Ihre Augenlider gingen auf und zu, je nachdem sie die Wirkung der Worte auf dem Gesichte des Angeredeten beobachten oder ihre Aufregung und Theilnahme verbergen wollte.

Gaston hörte mit niedergeschlagenen Augen zu und ließ die Hände unter dem Tische und schlug nicht ein. Käthchen ließ den Kopf hängen und konnte nicht umhin, ihn mit vorwurfsvollen Blicken anzusehen und hatte alle Mühe, einen zudringlichen Seufzer zu unterdrücken.

Endlich faßte Gaston die dargebotene Hand. Käthchen ließ dem gefesselten Seufzer die Freiheit, aber sie erschrack, als Gaston sagte: Ich schlage nicht ein! ich muß nur die Hand fassen, die mir so freundschaftlich geboten wird. Herr Liebert, lassen Sie mir Zeit zur Ueberlegung. Ach, ich habe so viel zu überlegen — wenn Sie wüßten — Vorurtheile — Verhältnisse — Rücksichten —

Er stieß diese letzten Worte in größ'er Aufregung hervor, fuhr sich mit der Hand über die Stirne und sprang vom Tische auf. Käthchen hätte ihr Leben dafür gegeben, wenn sie gewußt hätte, was in ihm vorging. Sie hoffte, daß der Vater ihn fragen und in ihn bringen würde. Dieser aber sagte ganz ruhig:

Sie haben Recht! Ueberlegen Sie und geben Sie mir Antwort — wann?

In wenigen Tagen! rief Gaston, nahm seine Mütze, drückte Vater und Tochter haftig die Hand und eilte fort.

Rofalie hat Recht, fagte Käthchen vor sich hin, da sie Gaston nachsah und er wie fliehend über die Brücke, dem Wege nach der Stadt zustürzte — da steckt ein Geheimniß dahinter. Aber welches Geheimniß? — In wenigen Tagen! — was versteht er unter wenigen Tagen? — ach, könnte ich die Zeit verschlafen!

IV.

Aber nach wenigen Tagen war Käthchen geschäftiger und ruhiger als je. Etwas über hundert Schritte von der jetzigen prächtigen Wohnung Herrn Lieberts stand das bescheidene kleine Haus, das er als armer Mann bewohnt hatte. Dort galt es, zwei Stuben zu scheuern und neu einzurichten. Es fehlte an allen Enden; die Möbel daselbst schienen Käthchen doch gar zu alt und altmodisch, und sie war bereit, das ganze neue Haus zu plündern, um nur die zwei Stuben des alten auszustatten. Das ging nicht an, aber sie nahm doch, was zu nehmen war, und besann sich nicht einen Augenblick, ihre eigenen so schönen Fenstervorhänge dahin zu tragen, wohin sie mit ihrem neuen Glanze, mit ihrem Mädchenzimmerduft und mit ihrer Länge doch so wenig paßten. Mit aufgeschürzten Armen und ganz vernachlässigt im Anzug, mit einer Schürze vor wie eine Arbeiterin, ging

sie zwischen den Häusern hin und her, und griff überall
selbst zu, denn die Mägde machten es ihr nicht recht,
und Alles ging zu langsam. Wer sie da beobachtet,
und die geheimsten Gründe ihrer Geschäftigkeit errathen
hätte — er würde nicht gesagt haben: Käthchen Liebert
ist in Gaston West verliebt — er würde wie Rosalie
gesagt haben: Käthchen Liebert wirft sich Gaston West
an den Hals. Armes Käthchen! Beides ist wahr. Sie
war verliebt, und in der Einfachheit ihres Herzens that
es ihr wohl, für ihn zu arbeiten wie eine Magd. Denn
für ihn richtete sie die Zimmer des alten Hauses ein.
Er war auf den Antrag Papas eingegangen. Mein
Gott, die Freude, als ihr Papa sagte: Käthchen, richte
zwei Stuben für Herrn West ein! Es klang ihr, wie:
Käthchen, heirathe Herrn West! Und was kümmerte sie
sich um alle Geheimnisse, um alle Verdächtigungen, um
Rentmeisters Ludmilla? — sie arbeitete mit einer Freude,
als ob sie sich ein Nest baute — wie eine Braut an
ihrer Ausstattung arbeitet.

Bei all dem aber hatte sie eine unbestimmte Angst,
irgendwie in dem süßen Gefühl, das sie erfüllte, gestört
zu werden, vor Allem eine instictive Scheu vor Rosalien,
und so war sie auch schon seit vielen Tagen nicht im
Casino erschienen, obwohl sie sich gern über Manches
berathen hätte. Es war darum nicht zu verwundern,
daß Rosalie plötzlich in der Thür des alten Hauses
stand, wo sie eine laute Lache aufschlug, als sie Käthchen

mit einem Besen in der Hand erblickte, wie sie an einem uralten Flecken im Fußboden ihre schwachen Kräfte ermüdete.

Rosalie! rief Käthchen erschrocken, und wurde roth bis über die Ohren.

Man sieht Dich ja gar nicht mehr! sagte Rosalie so freundlich als möglich.

Ach, — ich bin so beschäftigt, — habe so schrecklich viel zu thun!

Das sehe ich, und harte Arbeit, lächelte Rosalie spöttisch, was soll denn das Alles bedeuten? warum wird denn die alte Barracke wieder aufgefrischt?

Papa sagte mir, ich soll zwei Stuben scheuern und einrichten lassen.

Und zu welchem Zwecke? für wen denn? wer soll sie denn bewohnen?

Käthchen hatte nicht den Muth, die Wahrheit zu sagen, und auch nicht zu lügen.

Ich weiß nicht recht, stammelte sie, Papa hat verschiedene Absichten; ich glaube, er will neue Beamte engagiren.

Wenn Du es nicht weißt, sprach Rosalie, so will ich es Dir verrathen. Die beiden Stuben richtest Du für Herrn West ein.

Richtig, erwiderte Käthchen, für Herrn West. Meinst Du, Rosalie, für Herrn West?

Dein Vater hat ihn geworben. Er hat bereits den

kaiserlichen Dienst verlassen und wird hier so eine Art Maschinenmeister werden und Lord John ersetzen.

Maschinenmeister! rief Käthchen entrüstet — Lord John ersetzen? — gar nicht! Das ist etwas ganz Anderes mit Herrn West, das ist ein Gelehrter und ein prächtiger junger Mann, wie Papa sagt. Das ist gar nichts, wie ein Dienst, den er annimmt; Papa läßt ihm ganz freie Hand, er kann machen, was er will, er versteht Alles besser als Papa, er kann sich selbst die Bedingungen machen, er ist ein Freund von Papa, das ist ganz was Anderes — ich weiß es ja, ich bin ja selbst dabei gewesen.

So? fragte Rosalie gedehnt, Du bist dabei gewesen, Du weißt Alles besser und doch weißt Du nicht, für wen Du hier arbeitest?

Die beiden Stuben, sagte Käthchen, die beiden Stuben, ich hätte freilich vermuthen sollen —

So hast Du auch gar nicht vermuthet, wem Du Deine schönen Vorhänge geopfert hast?

Rosalie lachte wieder, während Käthchen die Vorhänge ansah und in ihrer Verlegenheit die Blicke nicht abzuwenden vermochte.

Es kamen Mägde herein. Rosalie nahm das arme geplagte Mädchen unter den Arm und führte es in den Hof, wo sie auf- und abgehend eine Rede mit: „Schämst Du Dich nicht, du Gelbschnabel" anfing, eine Rede, die so lange währte, bis sie durch die plötzliche Erscheinung

Lord Johns, der mit geballten Fäusten und glänzenden Augen auf den Hof stürzte, unterbrochen wurde.

Lord John kam von den Hütten.

Dort in den Hütten war bereits Gaston eben so geschäftig, wie Käthchen in der Haushaltung. Im Hochofen war eben eine Campagne zu Ende. Diesen Umstand benützte Gaston, um Herrn Liebert zu verschiedenen Reformen zu bewegen. Man konnte nun in das Innere des Hochofens sehen und Gaston machte darauf aufmerksam, wie sich während der Campagne „Rast" und „Gestell" erweitert haben, wie die niedergeschmolzenen Wände des Rast und des Gestells nicht durch gesinterte Massen wieder geflickt worden. Es war ihm leicht zu beweisen, wie unter diesen Umständen die Erzeugung von grauem Roheisen erschwert, welche Aufopferung von Brennmaterial sie erfordern würde. Auch war das Gestell zu klein. Gaston wollte es erweitert haben. Herr Liebert wollte nicht nachgeben, denn er hatte seine Hochöfen nach den Hochöfen Steiermarks, dem classischen Lande der Hochöfen, construiren lassen und er war stolz auf diese Nachahmung. Umsonst predigte ihm Gaston, daß die Verhältnisse in Steiermark andere, wie nur dort bei Erzeugung des weißen Eisens solche Schachtformen ersprießlich seien und wie man bei Erzen, welche strengflüssiger sind, als z. B. Spatheisensteine, bei einem solchen Ofen den Rohgang zu befürchten hätte. Es half nichts. Gaston mußte sich hinsetzen und, um Herrn Liebert leichter zu überzeugen, einen Ofen seiner Art, und zwar einen cylindrischen im Modell construiren. Die Arbeiter umstanden ihn bewundernd und Fleischmann fand Alles vortrefflich, während der Lord brummend hin und her ging. Er kam sich selbst wie den Arbeitern abgesetzt vor und suchte seinen Verdruß in Bier zu ertränken. Niemand horchte mehr auf ihn, während sich Alles beeilte, jedem Wunsche Gastons zu willfahren; ja seine Befehle wurden dann erst vollzogen, wenn man die Genehmigung Gastons eingeholt hatte.

Wenn dergleichen vorkam, stellte er sich, mit beiden Händen in den Taschen, vor Gaston hin und fragte: Bin ich der Werkmeister hier? bin ich?

Sie sind! antwortete Gaston lächelnd.

I am, ich bin! brummte John und setzte seine Wanderung fort. Aber trotz dem Gelächter der Arbeiter, das solche Fragen zu begleiten pflegte, kam er bald wieder mit der neuen Frage:

Sind Sie der Werkmeister hier? — sind Sie?

Nein, ich bin es nicht, antwortete Gaston wieder gelassen.

You are not! Sie sind nicht! — Sind Sie?

Und wieder nach einiger Zeit:

Mr. West! habe ich hier zu befehlen?

Mr. John, Sie haben hier zu befehlen.

I have indeed — ich habe. — Habe ich, Mr. West?

Aber je ruhiger West wurde, desto aufgeregter wurde

der Engländer. Endlich blieb er, nach langem Auf- und Abgehen vor West stehen, sah ihn herausfordernd an, warf den Rock ab, schob die Hembärmel zurück, ballte beide Fäuste und stellte sich in Borerposition.

Haben Sie Muth? Haben Sie? rief er, indem er Miene machte, die rechte Faust Gaston unter die Nase zu schieben.

Gaston sprang erzürnt auf von der Arbeit und wollte antworten, als sich plötzlich Fleischmann der Cyklop zwischen ihn und Lord John stellte, ebenfalls die Hembärmel zurückschob, die Fäuste ballte und einen gewaltigen Arm erhob. — Ich habe Muth, Lord John, ich habe — rief er mit einer Lache, daß das Gebäude zitterte; sämmtliche Arbeiter schoben in diesem Augenblicke die Hembärmel zurück, andere, die aus Gewohnheit, trotzdem nicht geheizt war, nackt umhergingen und die Hembärmel nicht zurückzuschieben brauchten, zeigten ihm ebenfalls Fäuste und Arme, so daß Lord John sich plötzlich von einer großen Anzahl Feinde umringt sah. Er blickte sie ruhig an, sagte: nonsense! hob seinen Rock auf und ging und verschwand.

Er ist betrunken! sagte Gaston und setzte sich wieder zur Arbeit.

Ich sage, Herr West, — murmelte Fleischmann — es wird mit dem verrückten Engländer und Ihnen zusammen nicht gehen — das sage ich. Ich kenne ihn — der hat's dick hinter den Ohren.

Fleischmann hätte gern noch fortgesprochen und Vorschläge gemacht, wie man sich des Engländers, den Herr Liebert gegen die Meinung der ganzen Hütte behalten, auf die kürzeste Weise entledigen könne — aber ein gewaltiger Lärm vom Gebläse her, hinderte ihn fortzufahren. Die Hufeisen oder Hosenapparate wurden vom Gichtensand und Asche gereinigt und außerdem gehämmert; von Zeit zu Zeit ließ man Dampf aus der Maschine, die geheizt war, behufs der Reinigung durch die Röhrentour zischen. Und Zischen und Gehämmer verursachten einen Lärm, der geeignet war, Gaston in das Leben, das er nun zu führen bestimmt war, energisch und mit einem Ruck einzuweihen.

Als der Lärm schwieg, ging West an den Windheizungsapparat, um die Mündung der Röhrentour zu messen. Fleischmann folgte ihm.

Warum gehst Du mit? fragte Gaston.

Es ist immer gut, einen Freund bei sich zu haben, grinste der Cyklop, und als Gaston das Maß an die Mündung legte, fuhr er fort: Sie sehen wohl, daß ich Recht habe, denn Sie sind nicht vorsichtig genug! und so sprechend wandte er sich einer Oeffnung zu, die zur Dampfmaschine führte und rief hinein: Keinen Dampf! Herr West ist an der Röhre!

Aber kaum hatte er es gerufen, als mit furchtbaren Gezisch weißer Dampf herausdrang. West stieß einen

Schrei aus und prallte zurück; seine rechte Hand war wie roth glühendes Eisen.

Verdammt! rief Fleischmann, ich will den Schurken sehen, der das gethan hat!

Mit einem Sprunge war er im Raume der Dampfmaschine.

Ich habe ihn! ich habe ihn! schrie er, und die andern Arbeiter, vom Schrei Gaston's herbeigezogen, eilten ihm nach. Sie fanden Fleischmann, wie er Lord John, der sich vergebens loszuringen suchte, an der Kehle hielt.

Da ist er, der Schuft, schrie Fleischmann, ich habe es gleich gedacht. Er hat sich fortschleichen wollen, aber ich habe ihn noch in der Thüre erwischt. Soll ich besser drücken? fragte er, den Arbeitern zugewendet.

Zugedrückt! riefen die Einen. Nein, in die Gicht mit ihm! riefen die Andern. In die Gicht mit dem Mörder.

Laßt ihn los! befahl Gaston, der dazu kam, die verbrannte Hand in der Brust haltend.

Nicht zu viel Güte, Herr West, sagte Fleischmann beleidigt, ich thu' ihm gewiß nicht Unrecht, wenn ich ihn erdroßle. Thu' ich? frägte er höhnisch den Engländer, seine englische Redeweise nachahmend, und dann wieder zu Gaston: Der Kerl ist ein Mörder. Wußte er, wo Sie der Dampf trifft? Wäre er Ihnen ins Gesicht gekommen, Sie wären todt oder blind. Und daß er absichtlich den Dampf losgelassen, das beschwöre ich bei

Hölle und Himmel. Ich kenne ihn! Kenn ich Dich?

In die Gicht mit ihm! riefen wieder die Arbeiter.

Dummes Zeug, erwiderte Fleischmann, der Ofen ist ja nicht geheizt.

In den Dampfkessel!

In den Dampfkessel! schrieen die Arbeiter, und in demselben Augenblicke war John in der Luft und auf den Schultern. Jetzt zeigte es sich, wie sehr Recht Herr Liebert hatte, wenn er sagte, daß alles Volk, das am Feuer arbeitet, verbranntes Hirn habe. Ohne weiter zu prüfen, ohne John zu Wort kommen zu lassen, ohne irgend welche Folgen zu berücksichtigen, wollten sie einen Mord begehen, wollten sie die Gelegenheit benützen, sich des Verhaßten zu entledigen. Umsonst warf sich ihnen Gaston entgegen; seine Worte verhallten in dem Geschrei, das sie um ihr Opfer erhoben, und seine verbrannte Hand, die er ihnen abwehrend entgegenstreckte, vermehrte nur noch ihre Wuth.

Was soll der Lärm? scholl plötzlich eine Stimme von der Thüre her.

Der Patron! der Patron! Herr Liebert! riefen die Arbeiter, und sein Blick und die altgewohnte Autorität stellten schnell die Ordnung her. John wurde auf den Boden gestellt, aber nicht ganz von Fleischmann freigelassen, der ihn wie mit einer Zange an der Schulter hielt. Alles fing auf einmal zu erzählen an; Herr West mußte seine verbrannte Hand zeigen. Herr Liebert war außer sich über den traurigen Anfang, den sein Leben in den Hütten nahm, und befahl vor Allem, daß man schnell Baumwolle hole und die verbrannte Hand umhülle. Dann zu John gewendet, sagte er ruhig: Herr John Kottel, Sie sind entlassen! Gehen Sie in die Kanzlei und lassen Sie sich Gehalt für drei Monate voraus ausbezahlen, und betreten Sie meine Hütten nicht mehr.

Well! sagte John.

Fleischmann ließ ihn nicht gerne los, aber auf einen Wink Herrn Lieberts hob er seine gewaltige Kralle von John's Schulter, und dieser ging mit gemessenen Schritten aus der Hütte. Erst draußen fing er zu fluchen an; auch die Arbeiter ihrerseits schickten ihm einige Flüche nach und ärgerten sich, daß er während dieses ganzen Vorganges, da es ihm ernstlich ans Leben ging, auch nicht mit den Augen gezwinkert, mit keinem Worte um Gnade gebeten und überhaupt die kaltblütigste Ruhe an den Tag gelegt hatte.

In Folge dieser Entlassung erschien er vor dem Hause Herrn Liebert's, wo die Kanzlei und Kasse war, und im Hofe, wo Rosalie seit beinahe einer Stunde Käthchen Moral predigte und ihr bewies, daß sie sich auf unwürdige Weise benehme.

John blieb einen Augenblick stehen und starrte die Beiden an, ohne zu grüßen. Er schien über etwas nachzudenken, oder vielmehr, mit Mühe seine Gedanken zu sammeln. Plötzlich zog er die Mütze vom Kopfe, verneigte sich vor Rosalie und sagte: Guten Morgen, mein Fräulein, ich habe die Ehre, Sie zu grüßen, wie befinden Sie sich? Ich befinde mich wohl, ich danke Ihnen. Ohne eine Antwort abzuwarten wandte er sich und ging ins Haus und in die Kanzlei.

Der will was von mir, dachte Rosalie, aber er ist recht höflich.

Käthchen hätte über das sonderbare Benehmen des Engländers gerne gelacht, wenn ihr sein Aussehen nicht Angst und Besorgniß eingeflößt hätte.

Ich fürchte, sagte sie, es ist etwas in den Hütten vorgegangen. Der Mensch sieht so aufgeregt und wild aus — auch kommt er sonst nie um diese Tageszeit.

Wild und aufgeregt, sagte Rosalie, ich finde ihn sehr höflich; Dir fällt nur auf, daß er Dich nicht gegrüßt hat; das kommt daher, daß Du Dir keinen Respect bei den Leuten Deines Vaters zu verschaffen weißt. Herr West wird Dich auch bald wie ein Stubenmädchen behandeln, wenn er sieht, wie Du für ihn arbeitest, als wärest Du bezahlt dafür.

Ach nein — Rosalie — was sagst Du da? Er soll gewiß nicht sagen können —

Käthchen wurde hier durch den Cyclopen unterbrochen, der mit gewaltigen Schritten in den Hof trat und ausrief: Fräulein Käthchen, Baumwolle! Fräulein Rosalie, Baumwolle! Viel Baumwolle! Ist keine Baumwolle da? Herr Liebert schreit nach Baumwolle. Zum Teufel, wo sollen wir in der Hütte Baumwolle hernehmen?

Wozu? was ist geschehen? fragte Käthchen. Fleischmann, um Gotteswillen, was ist geschehen?

Aber Fleischmann gab keine Antwort. Er stürzte auf John los, der eben aus dem Hause trat und Geld zählte.

Da ist er, der Kerl, und trägt noch eine Handvoll Silber fort; drei Monate Sold — ja, drei Jahre im Loche hätte er eher verdient!

John sah ihn über die Schulter an und ging unbehelligt aus dem Hofe, Dank der Aengstlichkeit Käthchens und der Neugierde Rosaliens. Beide faßten Fleischmann an den Armen und zogen ihn zurück und bestürmten ihn mit Fragen.

Da kommen sie ja selbst, die Herren, sagte Fleischmann und deutete auf Herrn Liebert und West, die den Bach herab und dem Hause entgegenkamen.

Es ist keine Zeit zu verlieren, Fräulein Käthchen, sagte Fleischmann, schaffen Sie Baumwolle her. Sie sehen, Herr West trägt die Hand im Kittel — sie ist gebraten, gesotten, gekocht, Gott weiß was, und sieht aus wie ein Krebs.

O Gott, mein Gott! rief Käthchen und eilte ins Haus.

Herr Liebert führte West indessen in das alte Haus und in die zwei ihm bestimmten Stuben.

Schau, schau! sagte er lächelnd, hat das arme Kind

gearbeitet! Was hat sie aus den alten, verrotteten Stuben gemacht. Sehen Sie sich um, West, ist es nicht hübsch hier? — weiß Gott, ich habe mich geschämt, Ihnen diese Wohnung anzubieten, und jetzt sehe ich, daß man ganz nett hier hausen kann. Was so Weiber können! — Wo hat's nur das Kind gelernt.

Es ist reizend hier und heimlich, sagte West, indem er sich umsah, es kommt mir vor, Herr Liebert, als sollte ich hier schöne Stunden verbringen.

Hoffen wir, hoffen wir!

Indessen war Käthchen eingetreten und mit ihr Rosalie und die alte Haushälterin und Fleischmann und die ganze Nachbarschaft, die etwas von einem Unfall gehört hatte und selbst sehen wollte.

Papa, hier ist Baumwolle, sagte sie zitternd, indem sie Herrn Liebert einen ganzen Pack hinhielt.

West, die Hand her! sagte Herr Liebert.

West streckte die verbrannte Hand hervor.

O Gott, wie schrecklich! schrie Käthchen.

Rosalie warf einen prüfenden Blick auf die Hand und sagte mit jener Ruhe, die sie sich als Heilkünstlerin des Dorfes angeeignet hatte: Ich glaube, daß Oel besser wäre.

Oel, Oel! wiederholte Käthchen, und schon war sie fort, um Oel zu holen. Nach einer halben Minute war sie ganz athemlos wieder da. Sie hatte zu fragen vergessen, welches Oel sie bringen sollte, ob gewöhnliches

Lampenöl oder Salatöl, und so kam sie gleich mit zwei Flaschen zurück.

Hier ist Oel! sagte sie, indem sie die Flaschen auf den Tisch stellte. Ach, ich habe ja noch Haaröl, fügte sie sich besinnend hinzu, das ist wohl reiner und feiner — und fort war sie wieder um Haaröl zu holen. Aber als sie mit dem Haaröl zurückkam und das Fläschchen auf den Tisch stellte, sprach Jemand von geriebenen Kartoffeln, als einem vortrefflichen Kühlungsmittel, und wieder lief sie, um geriebene Kartoffel zu bestellen. Dann hörte sie Bierhefe als ein besseres Mittel, und dann von Rahm, dann von Pomade, und immer lief sie hin und her und brachte das Bestellte, so daß der Tisch in kurzer Zeit ganz von Flaschen und Töpfen besetzt war und sie athemlos dastand, immer noch nach allen Seiten horchend, ob nicht etwas als dienstlich und hilfreich empfohlen werde.

Rosalie stand vor dem Tische mit der Ruhe eines Apothekers; Käthchen neben ihr und sah sie mit hilfeflehenden Augen an. Aber sie wurde bestürzt, als ihr Rosalie in's Ohr flüsterte: Mit Deiner Dienstfertigkeit machst Du Dich nur lächerlich!

Fragend, ob dem wirklich so sei? blickte sie schüchtern zu West auf.

Barmherzige Schwester! sagte dieser mit einer Innigkeit, mit einer Rührung im Tone der Stimme, daß ihr wieder ganz wohl wurde.

Sieh Dich nur an, in welchem Zustande Du bist! flüsterte wieder Rosalie.

Käthchen ließ den Blick über ihre Kleider gleiten und in der That erschrack sie über ihr Aussehen. Von ihrer Arbeit bei Einrichtung der Stuben hatte sie noch Aermel und Kleid aufgeschürzt;- vorn auf der Brust, an Armen, Händen und Kleidungsstücken, überall Spuren der Arzneimittel, die sie in Hast herbeigetragen: Flecken von Oel und Rahm, Ueberreste von Hefen und Kartoffeln, hie und da Flocken von Baumwolle. Am liebsten wäre sie gleich davon gelaufen, aber sie konnte nicht, so lange Gaston nicht verbunden war, so lange sie nicht gehört hatte, daß er keine Schmerzen mehr habe. Sie stellte sich hinter Rosalien und sah ihr über die Schulter zu, wie kunstvoll und geschickt sie die verbrannte Hand verband und beneidete sie, und manchmal kam es ihr vor, als ob sie es besser machen könnte, und als ob sie es eigentlich thun sollte.

Allen diesen Aufregungen, die Käthchen bald wohl bald wehe thaten, machte Herr Liebert ein Ende, indem er nach vollendetem Verbande befahl, die Stube zu räumen. Dies ist, sagte er, von nun an die Wohnung Herrn West's. — Herr West, fuhr er fort, indem er ihm die Hand reichte, seien Sie mir in meinem Hause willkommen und möge die Fortsetzung unseres Zusammenlebens erfreulicher sein, als dieser Anfang, den wir als einen

Abkauf für alle möglichen künftigen Unannehmlichkeiten betrachten wollen.

So sei es! rief Gaston freudig und schlug mit der gesunden Hand ein.

So sei es! wiederholte Käthchen in ihrem Herzen.

Jetzt, fügte Herr Liebert hinzu — ist diese Stube eine Junggesellenstube und die Damen werden gebeten, dieselbe zu verlassen.

Das versammelte Publikum that nach diesen Worten. Käthchen, wie sie die Schwelle des alten Hauses überschritt, sah sich traurig um, und es schien ihr, wenn sie gegen sich selbst aufrichtig sein sollte, ungerecht, daß sie dieselben Stuben, die sie so schön und mit so viel Sorgfalt eingerichtet, nicht mehr betreten sollte. Dieser Gedanke und alles am heutigen Tage Erlebte und die Lehren Rosaliens — Alles ging ihr so wirr im Kopfe herum, daß sie sich erst spät besann, für das Nachtessen zu sorgen, an dem Gaston nun als definitiver Tischgenosse theilnehmen sollte, und wieder einmal ein wenig Toilette zu machen.

Herr Liebert war noch bei Gaston in der Stube, als dessen Habseligkeiten, eine große Bücherkiste und ein kleiner Kleiderkoffer, ankamen.

Ist das Alles? fragte Herr Liebert.

Alles! antwortete Gaston, etwas verlegen lächelnd.

Desto besser!

Desto besser?

Bah! sagte Herr Liebert — ich bin ein interessirter Fabrikant und denke nur an meinen Vortheil — wenn Sie arm sind, kann ich mich Ihrer leichter bemächtigen und Sie ausbeuten — darum desto besser!

Gaston mißverstand seines neuen Brodherrn Scherz nicht. — Ich versichere Sie, sagte er auf den Ton eingehend, es bedürfte meiner Armuth nicht, — ich würde es Ihnen auch ohne diese erleichtern, sich meiner zu bemächtigen und mich auszubeuten.

Noch einmal desto besser! rief Herr Liebert — machen Sie es sich bequem, richten Sie sich ein, verlangen Sie, was Ihnen fehlt, pflegen Sie Ihre Hand, und wenn Sie zu Tische kommen, sagen Sie dem lieben Kinde, ich meine meine Tochter, daß Sie sich hier behaglich fühlen. Seit vielen Tagen hat sie an diesen Stuben gearbeitet, wie eine Magd.

Pardi! sagte Gaston, als ihn Herr Liebert verlassen hatte, — ob ich es ihr sagen will! Aber sonderbar, daß mir diesem jungen Ding gegenüber, so oft ich ihr etwas Angenehmes sagen will, die Worte im Munde stocken. Mein ganzes Leben vergesse ich es nicht, wie sie vorhin her- und hingelaufen. Welch ein Herz? welch ein liebes Gemüth? Sind sie alle so, diese blonden, deutschen Dinger?

V.

Rosalie ging, da sie Niemand eingeladen hatte, zum Nachtessen zu bleiben. Es ist wahr, daß sie auch ohne Einladung bleiben konnte, aber sie hatte das Bedürfniß, allein zu sein. Mit einem gemischten Gefühle ging sie drei Bassins entlang. Sie hatte wieder das stolze Bewußtsein, daß sie eigentlich aller Welt nothwendig sei, daß man ohne sie nicht fertig werden konnte. Aber an diesen Gedanken schloß sich seit lange, so oft er auftauchte, der andere: und doch bist Du allein, und das stolze Bewußtsein zerrann in Traurigkeit. Heute kam noch Anderes hinzu. Sie konnte es sich nicht leugnen, daß ihr der junge Mann, dem sie die Hand verbunden, außerordentlich gefallen, daß sie, während sie mit ihm beschäftigt gewesen, eine Art mütterlicher Zärtlichkeit empfunden habe. Das Mädchen, sagte sie sich, ist über die Ohren in ihn verliebt, und das wird jetzt, da er im Hause ist, immer ärger werden. Der Vater ist beinahe eben so

verliebt in ihn wie die Tochter — und ich weiß, was
Käthchen noch nicht weiß, daß es keiner großen Mühe
bedürfte, um auch ihn lichterloh brennen zu lassen. Wenn
die drei einig sind, was kann da hindern und stören!
Der junge Mensch hat einen eisernen Willen, das sah
ich an seiner Ruhe während der größten Schmerzen
— Liebert sieht nicht auf Geld, und braucht einen Schwie=
gersohn wie der — also. — Es ist doch am Besten, sich
diese Leute als Freunde zu erhalten. Lassen wir die
Dinge gehen. Dann aber dachte Rosalie wieder an die
Beleidigung, die ihr Justinus Liebert angethan, indem
er sie nicht geheirathet — und dann wieder an Fischer.
Das war eigentlich der schmerzlichste Gedanke. Dieser
Fischer war vielleicht der einzige Mann, den sie geliebt
hatte. Sie wollte ihn nur aus alter Gewohnheit ein
wenig bangen lassen und warten — aber man ließ ihr
nicht Zeit dazu, man lenkte seine Gefühle auf ihre
Schwester, man verheirathete ihn mit dieser, ehe sie sich
besinnen konnte. Und ich wäre eine so gute Frau ge=
worden! Sie liebte es, sich selbst diese Versicherung
zu geben, und sie hatte vielleicht Recht; sie täuschte sich
in dieser Beziehung nicht. Jetzt auf ihrem einsamen
Gange sagte sie sich wieder, an Fischer denkend: Und ich
wäre eine so gute Frau geworden! Sie wollte diesen
Gedanken ausdenken und blieb am Geländer, das den
dritten Teich umgab, stehen, und lehnte sich daran. Sie
empfand eine gewisse Angst, in das einsame Haus zu=

rückzukehren, das in der halben Dämmerung, ungefähr fünfzig Schritte weit, von ihr lag. Sie sah es an und dachte: Es ist ein hübsches Häuschen, es ist so sauber gehalten, die beiden Gärtchen, die Staketen, die Wände, der Hof, aber wer es ansieht, muß sich sagen: Hier wohnt eine Person, die für Niemand zu sorgen hat, als für ihre Gärten, ihren Hof, ihre kahlen Wände; hier wohnt eine alte Jungfer! Ich habe mich gehütet, einen kleinen Hund oder auch nur eine Katze zu halten, ich habe mich vor allen altjungfräulichen Gewohnheiten gehütet, und siehe da, mein ganzes Haus ruft: Hier wohnt eine alte Jungfer! Und ich wäre eine so gute Frau geworden! sagte sie sich wieder, und stützte den Kopf in beide Hände und sah hinab in den Teich. Sie war vielleicht nie so aufrichtig gegen sich gewesen, wie in diesem Augenblicke. Ihr Leben schien ihr verfehlt und verloren, und zum Theil habe sie das verdient. Wie wollte sie hegen und pflegen, was zu ihr gehörte, einen Mann, und sollte er sie noch so sehr mißhandeln, und gar ein Kind!

Ihre Phantasie spann sich eine unendliche Reihe häuslicher Scenen und Vorgänge ab; bei jeder verweilte sie mit Freuden, selbst bei häßlichen oder unglücklichen. In ihrer Phantasie beugte sie das Haupt unter die Mißhandlungen eines rohen Mannes und fühlte sich glücklich. Wer es immer wäre, der sein Loos mit dem ihrigen vereinigen wollte, wie wollte sie ihn verhätscheln und gar keinen Dank dafür erwarten. Wie viel Gutes hat sie im Dorfe gethan! und hat man es ihr gedankt? Diesem hochmüthigen Gedanken widersprach sofort ein anderer, der da sagte: Du hast auch Böses gethan, Rosalie. Sie sah traurig nieder. Auf der Böschung des Teiches hoben unzählige Gänseblümchen ihre sanften Köpfchen hervor. Jedes Jahr kommen neue — dachte Rosalie — umsonst zertritt man die Einen, der nächste Frühling bringt andere. Es ist lächerlich und verbrecherisch, gegen den Lauf der Natur arbeiten zu wollen. Alle diese jungen Mädchen wollen lieben und heirathen und glücklich sein.

Einen Augenblick lang wollte sie zu Liebert zurückkehren und Käthchen sagen, daß die ganze Geschichte mit Ludmilla eine Einbildung der Rentmeisterin, daß West in der That, wie Herr Justinus sagte, ein prächtiger junger Mann sei, daß ihn seine Aussprache ganz und gar nicht lächerlich mache, und daß sie glücklich sein und ihn lieben solle, wie es ihr Herz gebietet; daß sie sich dieser Liebe ohne Rückhalt, ganz und ohne Zagen hingeben solle. Schon hatte sie sich Lieberts Hause zugekehrt — aber plötzlich hob sie den Kopf und mit einem: Was geht das Alles mich an! schritt sie rasch ihrem Hause zu.

Dort, auf ihrem Hofe, war es heute früher still geworden, da die Besitzerin nicht zu Hause gewesen. Doch saß noch Jemand auf der Bank, rauchend und den Ellenbogen auf das Kinn gestützt. Rosalie sah in der Dämme=

rung erst nur das Feuer in der Pfeife und dann erst erkannte sie in dem Raucher Lord John. — Nach den Vorgängen in den Hütten war sie etwas verdutzt, gerade Lord John hier zu finden, und da sie allein zu sein wünschte, wollte sie an ihm vorbei und ins Haus gehen. Aber Lord John grüßte sie sehr höflich und bat sie, ein wenig zu verweilen, da er ihr etwas zu sagen habe.

Die alte Neugierde erwachte wieder in ihr; sie wollte Näheres über die Geschichte erfahren und setzte sich auf die Bank.

Haben sie da oben viel Schlechtes von mir gesagt, Fräulein Rosalie? fragte John — haben sie?

Kein Wort haben sie gesagt.

So viel besser, ist auch nichts zu sagen — dummes Zeug — nonsense. — Er hat sich die Hand verbrannt und ich soll's haben gethan. Glauben Sie ich habe? — Fräulein Rosalie?

Ich glaube gar nichts!

So viel besser — unvorsichtiger junger Mensch — ungeschickt. — Hat mich auch um mein Brod gebracht — rascal. — Never mind — Dampfmaschine geht nicht ohne Engländer. Wird Herr Liebert schon wieder kommen.

Das kümmert mich alles nichts, sagte Rosalie, was wollen Sie von mir?

Ich habe Ihr viel zu sagen, Fräulein Rosalie, kann Sie englisch verstehen?

Warum nicht gar, jetzt soll ich auch noch englisch verstehen? Was soll ich nicht Alles?

Never mind! Ich könnte es besser englisch sagen, denn ich habe viel zu sagen, in der That, viel.

Worüber?

Ueber Heirath!

Heirath? Lord John Heirath! lachte Rosalie.

Yes, Lord John über Heirath, wiederholte der Engländer ganz ruhig. Warum nicht? ich habe nur vierundvierzig Jahre und werde bald wieder bei den Maschinen Mr. Liebert's sein. Warum nicht Lord John und Heirath? Will Sie nicht Lady John werden?

Rosalie lachte wieder.

Look, fuhr Lord John fort, wir Engländer kurz, besonders in deutsch. Sie ist sehr clever, das ist zu sagen, sehr klug und sehr geschickt. Schön ist Sie auch noch, hat Haus und Geld — hat Sie nicht? Sie hat! Immer, wenn ich Sie gesehen habe und gehört, habe ich gesagt zu mir: she is very clever, wie gemacht für mich, der Mensch muß doch sich selbst verheirathen — und Sie ist ein great character, ein großer Charakter. People, die Leute heißen Sie: Napoleon — das schickt sich nicht für einen Engländer — ich heiße sie Duke of Wellington, eiserner Herzog, Iron Duke — ist sie nicht? Hab ich recht? will Sie nicht heirathen? Will sie?

Rosalie lachte wieder, aber nicht mehr so laut wie vorhin.

Nicht lachen, sagte John — ernst!

Wirklich wurde sie ernst. Es erschien ihr wie eine Fügung, daß ihr unmittelbar nach ihrem Selbstgespräch auf dem Damme ein Heirathsantrag gemacht wurde. Sie erinnerte sich, daß sie sich vorgenommen, selbst auf eine Unglück drohende Ehe einzugehen, daß sie sich über die Art und Weise, wie sie bisher solche Werbungen angenommen, Vorwürfe gemacht — alles, was sie dort gedacht und gefühlt, zitterte noch lebhaft nach in ihr, sie nahm sich zusammen, sie that ihrer eingewurzelten Gewohnheit Gewalt an und sagte:

Sprechen Sie im Ernst, John?

Im Ernst? sehr ernst, ich versichere Sie.

Sie sehen ein, fuhr sie in mildem Tone fort, daß man eine solche Anfrage nicht so schnell beantworten kann.

Wir Engländer machen gleich ab, sagte John.

Wir Deutschen nicht, erwiderte Rosalie, wir überlegen.

Well, sagte John, überlegen Sie. Ich hoffe, Sie wird sagen: Ja, aber wenn Sie sagt: Ja, habe ich noch eine Bedingung.

Eine Bedingung? rief Rosalie neugierig und stolz zugleich.

Ja, sei Sie ruhig, nicht für Sie, eine Bedingung für dort oben, sagte John, und streckte die Hand gegen Liebert's Haus.

Ah! in Beziehung auf Liebert's?

Yes!

Was ist's?

Look, sagte John und rückte näher zu Rosalie, Sie ist der eiserne Herzog — Sie kann Alles, was Sie will — Sie weiß Alles — Sie bringt Alles zu Ende. Dieser gelbe Schnabel, der mich um mein Brod gebracht hat, muß aus dem Haus. Ja, er muß — ich muß haben meine Rache — und bald, sonst geht viel vor. Der alte Bull gibt ihm seine Tochter, wenn er nicht bald fort muß. Die kleine Grasmücke ist in Liebe mit ihm. Der Rascal wird reich und Master, wo ich gedient habe — er muß fort. Sie muß machen, daß er fortgejagt wird. Das ist die Bedingung. Hier mein Ehrenwort, mein englisches Ehrenwort, I shall be damned, ich heirathe Sie einen Tag darauf, wenn er weggejagt ist, wenn aus seiner Heirath nichts wird.

Rosalia stand beinahe entrüstet auf und ging ins Haus.

John murmelte: it will do it — das wird's thun, stand ebenfalls auf und ging ihr ruhig nach.

Es war ziemlich spät und sehr dunkel. Niemand hat ihn ins Haus und Niemand herausgehen sehen. Aber am andern Morgen sah man Rosalien, mit einem Hut auf dem Kopfe, Handschuhe an den Händen und einen Regenschirm unterm Arme, über die Wiesen der Stadt entgegen gehen. Wie sie dahin schritt, stolz und trotzig, hatte sie nicht die geringste Aehnlichkeit mehr mit jener

Rosalie, die gestern Abends so traurig und gebrochen über das Geländer in den Teich gesehen, als ob sie sich hineinwerfen wollte. Aus ihren Zügen und aus einzelnen vor sich hingesprochenen Worten hätte man erkennen können, daß sie Pläne in ihrem Kopfe umherwälze, und daß diese Pläne nicht auf das Wohl des Nächsten abzielten. „Vor Allem muß ich wissen, wer er eigentlich ist," wiederholte sie, „das Andere wird dann nicht so schwer sein." Oder: „Wer ein Geheimniß hat, steht auf schwachen Füßen, und West hat ein Geheimniß — es wird leicht sein, ihn zum Fall zu bringen." Sie kam am ersten und zweiten Tage nicht zurück, und am dritten Tage erfuhr man, daß sie mit dem Stellwagen nach Prag gereist sei. „Diese Reise wird uns wieder Geld kosten," sagten die Männer, und ihre Frauen und Töchter freuten sich auf die neuen Moden, die Rosalie mitbringen werde.

Indessen verlebten diejenigen, welche die Reise Rosalien's am nächsten betraf, die glücklichsten Tage: Käthchen und Gaston, die Flittertage der Liebe. Gaston konnte an seinem Modell nicht arbeiten und mußte seine Hand pflegen; so begnügte er sich damit, die angefangenen Arbeiten in den Hütten und an den Eisenbahnen manchmal zu inspiciren; die übrigen Stunden, besonders die Abendstunden, verbrachte er in Gesellschaft von Vater und Tochter, oder wenn der Vater mit seiner Correspondenz beschäftigt war, auch nur mit der Tochter. Diese hatte Rosalien die Kunst, einen Verband zu machen, so gut abgesehen, daß sie nun selbst Gaston die Hand verbinden konnte; sie glaubte bei dieser Gelegenheit manchmal einen Druck zu empfinden, aber er war so leise, daß es ihr leichter war, sich ihn nach einigen Minuten wieder als eine Täuschung wegzuleugnen, obwohl sie im Momente so fest daran glaubte, daß sie erröthete. — Es blieb auch nicht beim Verbande. Der Vater selbst hatte die Idee, daß Gaston das schlechte Französisch, das Käthchen von ihrem Lehrer Fischer nothdürftig erlernt hatte, vervollkommnen sollte, und nun saßen sie des Abends da und Käthchen las Französisch und Gaston spielte den Lehrer. Wenn er nur nicht immer so sanft und nachsichtig gewesen wäre! Käthchen hatte den sonderbaren Wunsch, daß er sich einmal gegen sie ereifern, daß er ihr harte Dinge sagen, daß er fühlen solle, wie viel er ihr zu befehlen habe. Und absichtlich las sie und sprach manchmal erschrecklich schlecht und mißhandelte die grammatikalischen Regeln auf eine empörende Weise. Aber Gaston lachte nur und fand das reizend. Endlich mußte sie es ihm doch sagen, daß er eigentlich ein sehr schlechter und gewissenloser Lehrer sei, und daß er am Besten thäte, ihr von Zeit zu Zeit böse Wahrheiten zu sagen, ja, ihr harte Strafen aufzuerlegen.

Das wäre mir nicht möglich! sagte Gaston lachend.

Wie nicht möglich! liegt Ihnen so wenig daran, ob ich Fortschritte mache oder nicht?

Außerordentlich wenig! sagte Gaston wieder lachend.

Das ist hübsch, daß Sie mir das offen sagen; wie wenig Sie sich interessiren, ob ich — sie konnte nicht weiter sprechen, ohne ihre Aufregung zu verrathen — sie fühlte, daß wenn es ihr auch gelänge, die Thränen zurückzuhalten, sie doch mit der Stimme weinen würde.

Sie wollte das Buch zuschlagen, aber Gaston hinderte sie daran, denn sein Mund drückte einen raschen Kuß auf die Hand, die das Buch gefaßt hatte. Käthchen blieb bewegungslos sitzen. Die Hand blieb wo sie war, der Blick haftete an den Buchstaben, die er eben zufällig nachgesehen hatte — aber die schmollenden Züge des Gesichtes verwandelten sich nach und nach in ein glückseliges Lächeln, das wieder unbeweglich und unveränderlich ihren Mund umspielte, als Gaston mit zitternder Stimme und abgebrochen vor sich hinsagte:

Nicht interessiren — für Sie? — für meine liebe Pflegerin? — für das holde, liebe, gute Kind? — Interessiren ist ein häßliches Wort, Fräulein Käthchen — ich weiß — ich weiß ein schöneres —

Gaston schwieg. Käthchen wußte sehr wohl, was er sagen wollte. „Ich weiß ein schöneres Wort" wollte er sagen — sie fühlte es sehr wohl, und sie forschte mit ihrem ganzen Wesen, mit ihrer ganzen Seele, ob er das schönere Wort nicht sagen werde. Aber als ob er ihre Gedanken errathen hätte, rief Gaston: Ach, ich darf es nicht sagen! Er schlug sich mit der Hand vor die Stirne, sprang auf und eilte aus der Stube in seine Wohnung.

Käthchen war plötzlich aus ihrem Himmel gestürzt. — Das Geheimniß — lispelte sie vor sich hin — das Geheimniß ist Schuld daran, das er mir nicht gesagt hat: ich liebe Sie, ich liebe Dich. — Ach, das Geheimniß! wüßte ich nur was es ist! hätte ich nur den Muth ihn zu fragen. — Aber er liebt mich! er liebt mich!

Und sie legte beide Arme auf das Buch und die Stirne auf die Arme und träumte.

Und so allerlei glückliches träumend, faßte sie auch die verschiedensten Entschlüsse und unter anderen beschloß sie auch, ihrem Vater zum ersten Male in ihrem Leben ungehorsam zu werden. West war nicht zwei Tage im Hause, als sie schon ihrem Vater Andeutungen über seinen falschen Namen gemacht und ihn zu bewegen suchte, den Fremden, über den Niemand Auskunft zu geben wußte, über seine Vergangenheit, vor Allem aber über seinen eigentlichen Namen zu befragen. Herr Justinus Liebert aber hatte solche Zumuthungen von sich gewiesen und Käthchen aufs Strengste geboten, das Geheimniß zu ehren und ihre Neugierde zu unterdrücken. — Nun aber nahm sie sich vor, West bei erster Gelegenheit geradeheraus nach Allem, was sie wissen wollte, zu fragen. Es schien ihr, daß jetzt die Verhältnisse und die Lage der Dinge anders seien, und daß sie nach dem Kusse auf ihre Hand und nach seinen so zärtlich ge=

stammelten Worten, ein Recht habe, ihn offen zu fragen. Sie überredete sich sogar, ihm das schuldig zu sein.

Aber Gaston gab ihr in all' den folgenden Tagen nicht die geringste Gelegenheit zur Ausführung ihres Entschlusses. Er wich ihr offenbar aus. Seine Hand, so sagte er, war so weit geheilt, daß er wieder arbeiten konnte und so verbrachte er die Tage in den Hütten, die Abende in seiner Stube, wo er Pläne zeichnete. Nur bei Tische bekam ihn Käthchen zu sehen, und da konnte sie ihn wegen der Gegenwart des Vaters nicht fragen. — Er ahnt etwas — dachte Käthchen — er will nicht gefragt sein — er hat also gewichtige Ursachen sich zu verbergen. — Fast wäre sie ihm böse geworden, aber er schlich noch trauriger umher als sie, und wenn sie ihn so traurig sah, hätte ihr das Herz brechen mögen und sie verzieh ihm alle diese Verbrechen, die sie ihm in ihren Grübeleien nach den Ursachen seines Incognitos angedichtet hatte. Er leidet vielleicht für Andere und trägt großmüthig die Folgen fremder Schuld. Wie gerne würde sie ihm selbst tragen helfen. Aber diese Ungewißheit ertrug sie nicht länger. Und wieder, ist es nicht ein wahres Verbrechen diesem edlen, offenen, so lieb traurigen Gesichte zu mißtrauen? — Aber das ist's ja eben, die Verbrecher sehen nicht so arg aus, wie sich's Kinder vorstellen — um zu täuschen muß man täuschend aussehen und Rosalie sagt, die gefährlichsten Abenteurer sehen am liebenswürdigsten aus, Rosalie hat ihr so viele,

wahrhaft schreckliche Beispiele erzählt. Das Endergebniß
dieser innern Kämpfe war, daß sie Gaston vertrauen,
und daß sie ihn auch fragen wolle. Nur bis Sonntag
sollte es ihm gelingen, sich ihr zu entziehen. Sonntag
sollte ein Fest gefeiert werden. — Das untere Dorf des
industriellen Flecken bekam Marktgerechtigkeit und einen
eigenen Namen. Es wird Carolinenthal genannt wer=
den, nach dem Namen und zu Ehren der regierenden
Kaiserin. Das Alles hatte Herr Liebert durchgesetzt und
er sollte erster Bürgermeister von Carolinenthal werden.
— Große Messe, großes Gastmahl, Tanz, Feuerwerke,
Wasserfahrten sollten dieses Fest verherrlichen. Gerade
im Lärm und Gedränge wird es ihr leicht sein, sich mit
Gaston unbelauscht zu besprechen.

Diesen Grübeleien, solchen Gedanken verfallen, war
sie wenig geeignet, sich mit den Vorbereitungen zu dem
großen Feste zu beschäftigen. Rosalie hatte ihr nie so
gefehlt, wie jetzt. Aber wo war Rosalie?

Rosalie war verschwunden, wie vom Erdboden ver=
schlungen. Tag auf Tag verging, aber keiner brachte
Nachricht von ihrem Aufenthalte, von ihrem Thun und
Treiben. Im Club war es still. Susi saß in der Stube
und verkaufte Tabak; bis spät in die Nacht saß der
Engländer auf der Bank vor dem Hause, ließ sich die
Liqueurvorräthe Rosalien's ausliefern, trank, rauchte und
erwartete Rosalien's Ankunft. So oft er sich nach Mit=
ternacht erhob, um mit schweren Schritten seiner jetzigen

Wohnung im Wirthshause entgegen zu taumeln, murmelte er: Noch nicht da — devilish woman! — wo
steckt sie? — was treibt sie? — was wittert sie aus?
— die kommt nicht eher, als bis sie eine Neuigkeit mit-
bringt, die man brauchen kann. Devilish woman! Capital woman! — Was thut nicht so ein old girl um
zu heirathen. Devilish woman! Capital woman!

Erst in der letzten Nacht vor dem großen Tage, der
dem Flecken einen eigenen Namen, Marktgerechtigkeit und
einen Bürgermeister bringen sollte, wanderte Rosalie von
der Stadt her ihrer Heimath zu. Ihre lange Gestalt
zeichnete sich, wie sie über den Berg schritt, an dem
klaren Sommerhimmel so scharf und deutlich ab, daß sie
Herr Liebert, der in seiner Pritschka hinter ihr herfuhr,
schon aus weiter Ferne erkannte. Sie kam ihm etwas
gespensterhaft vor, wie sie so allein durch die Nacht da-
hinschritt, auf dem Berge ohne Hintergrund doppelt
lang erscheinend. Trotz der Verspätung, da ihn die auf
den morgigen Tag bezüglichen Geschäfte zu lange in der
Stadt aufgehalten, hatte er, über allerlei nachdenkend,
sein Pferd langsam gehen lassen, jetzt trieb er es an,
um Rosalien zu erreichen.

Potz Tausend Rosalie! noch so spät auf den Beinen?

Rosalie sah sich überrascht um und sagte: Bist Du
es Liebert? mit einem Tone, als ob sie hinzufügen wollte:
sonderbar, ich habe eben an Dich gedacht.

Ich bin überzeugt, fuhr Herr Liebert fort, daß Du

Dich bei Deiner Schwester, bei Frau Fischer, so lange verweilt hast.

Nein! erwiderte Rosalie kurz.

Bist Du ihr noch immer böse? Rosalie, schau, das ist nicht hübsch von Dir, ich habe sie besucht, die arme Marianne ist krank, ich glaube sehr krank. Rosalie, es ist Deine einzige Anverwandte!

Liebert! rief Rosalie, Du hast was anders zu thun, als mir Moral predigen. Ich thue und lasse, was mir beliebt. Mit meiner Schwester laß mich in Ruh; ich will nichts von ihr wissen.

So sprechend wandte sie sich, um weiter zu gehen.

Nun, wie Du willst Rosalie, sagte Herr Liebert begütigend, wir wollen nicht weiter davon sprechen. Aber Du könntest einsteigen, ich will Dich nach Hause bringen.

Danke! habe gute Beine! erwiderte Rosalie, und ging emporgehaltenen Kopfes und wie um ihre Worte zu bekräftigen, strammen Schrittes vorwärts.

Herr Liebert murmelte einen leisen Fluch, gab seinem Pferde die Peitsche, und fuhr im Galopp an ihr vorbei.

Auf ihrem Hofe angekommen, fand sie daselbst den Engländer. Ah, Miß Rosalie! rief er überrascht, da ist sie! Well, was Neues! Hat Sie was?

Ich habe genug! sagte sie trocken, schritt an ihm vorbei und ins Haus, das sie hinter sich verschloß.

Sie hat genug! Devilish woman, indeed!

VI.

Wir wollen den Tag der großen Festlichkeiten nicht erst beschreiben. Mit wenig Phantasie kann sich das der Leser alles selbst ausmalen: wie nach der Messe der eigens zu diesem Zwecke delegirte Kreiscommissär zwei Actenstücke vorlas: das erste, wonach der Flecken für ewige Zeiten Carolinenthal genannt sein sollte; das zweite, wonach ihm für ebenfalls ewige Zeiten das Recht gewährt werde, alljährlich zwei Märkte zu halten. Wie sich nach Verlesung des ersten Schriftstückes unter Tusch und großem Jubel über dem Giebel des Liebert'schen Hauses eine große Fahne entfaltete mit der Inschrift auf der einen Seite: An Gottes Segen ist alles gelegen, und auf der andern Seite: Vivat Carolinenthal! Wie dann Herr Justinus Liebert als erster Bürgermeister des Marktfleckens proclamirt wurde und hierauf sämmtliche, zahllose Gäste, und nach ihnen die Arbeiter aus den Gruben und Hütten in festlichen Kleidern ihre Glückwünsche abstatteten. Dann wurde von einem Ausrufer der erste Markt als eröffnet erklärt und die Leinwand fiel von allen Buden, die die drei Bassins entlang und auf den Dämmen zwischen denselben und überall zwischen den Häusern aufgeschlagen waren, und viele ländliche Herrlichkeiten jeglicher Art wurden sichtbar.

Aus der ganzen Umgegend waren Neugierige herbeigeströmt und das Volk drängte sich zwischen den Buden als wäre es die Leipziger Messe. Nun begann nach den Instructionen ihres Vaters Käthchen ihren Rundgang. Er hatte ihr die Börse mit Gold gefüllt und ihr aufs angelegentlichste empfohlen, Alles auszugeben, damit der erste Markttag gut ausfalle und die Krämer zufrieden seien. Von allen ihren Freundinnen umgeben, von Töchtern des Ortes und der Stadt, ging sie von Bude zu Bude und kaufte in jeder, was ihr gefiel und theilte mit vollen Händen aus. Da hatte sie manche Freude — aber Stunde auf Stunde verging, und was sie von diesem Tage gehofft hatte, ging nicht in Erfüllung, denn das Füllhorn ihrer Freigebigkeit, das sie wie eine Fortuna trug, war Ursache, daß sie nicht einen Augenblick allein blieb und Gaston in dem Gedränge nur von Zeit zu Zeit und aus weiter Ferne zu Gesichte bekam. Auch ihm waren von Herrn Liebert für diesen wichtigen Tag so viele Geschäfte anvertraut, daß, wenn er auch gewollt hätte, er mit Käthchen kaum ein Wort hätte wechseln können.

Nach dem Besuche auf dem Markte kam das große Gastmahl im Liebert'schen Hause, wo Käthchen allein die Honneurs machen mußte. Im Drange der Geschäfte hatte ihr der Vater gar nicht gesagt, daß Rosalie von ihrer Reise zurückgekehrt sei, und diese ließ sich nicht sehen.

Und so wurde es Abend, das Gastmahl verlängerte sich und es kam nicht einmal zum Tanze, der doch auch auf dem Programme stand, und auf den sich Käthchen so sehr gefreut hatte. Gaston hätte ja doch mit ihr tanzen müssen — da hätte sie vielleicht Gelegenheit gefunden, mit ihm zu sprechen und das ganze glückliche Gefühl, das sie damals empfunden, als sie das erste Mal mit ihm tanzte, hätte sich wohl wieder eingestellt. Das hoffte sie mit Zuversicht, wie eine Erlösung aus ihrer Bangigkeit. Nun war auch damit nichts. Sie wollte fast verzagen, während sie mit aller Welt freundlich sein und, dem Tage angemessen, fröhlich erscheinen mußte.

Da man erst spät vom Tische aufstand, sollte unmittelbar darauf das Feuerwerk folgen, und da war Gaston vollends unsichtbar, denn das Feuerwerk stand ganz unter seiner Leitung.

Die Gäste und vieles Volk versammelten sich im dunklen Hofe vor dem Liebert'schen Hause; diesem gegenüber aber lagen die Liebert'schen Gärten, auf dem Abhange, der vom oberen Dorfe in das Thal führte. Herr Liebert hatte diesen Abhang in Terrassen abtheilen und die Terrassen bepflanzen lassen. Vor grünen Wänden standen weiße Statuen; auf der mittleren Terrasse öffnete sich eine Grotte, mit Bänken und einem kleinen Springbrunnen. Alles das sollte bengalisch beleuchtet werden, wovon man sich einen großen Effect versprach, besonders vom Liebert'schen Hofe aus. Die Pracht mußte aus einiger Entfernung gesehen werden; es durfte darum Niemand in den Garten, in welchem Gaston mit seinen Arbeitern beschäftigt war, und vor dessen Thüren Fleischmann als Wächter stand und unbarmherzig jeden Neugierigen zurückwies. Käthchen stand mit unter den Neugierigen, die ungeduldig warteten. Plötzlich erkannte sie bei einem vorbeigetragenen Lichte Gaston, der in der Grotte beschäftigt war. Jetzt ist er allein! dachte sie, und drängte sich durch die Menge der Gartenthüre zu. Fleischmann grinste sie freundlich an, und ließ die Tochter vom Hause ohne Anstand durch. Nachdem sie einige Schritte im Garten gemacht, rief ihr Fleischmann nach: Herr West ist in der Grotte. Sie stutzte und wollte umkehren. Weiß man schon, daß ich ihn liebe? dachte sie. Mögen sie, fügte sie rasch in Gedanken zu, und schritt weiter, unter dem Schutze der Gesträucher und des Dunkels der Nacht.

Sie nahm ihren ganzen Muth zusammen und beschloß, so wie sie jetzt gerade auf Gaston losging, gerade so und ohne Umwege, die Frage an ihn zu richten, die ihr so am Herzen lag. Sie fühlte, daß, wenn sie sich in ein Gespräch einließe, sie den Muth wieder verlöre, und wußte, daß ihr nicht viel Zeit übrig blieb.

So entschlossen stand sie in der Grotte. Gast —, Herr West! ich bin es! rief sie mit zitternder Stimme.

Fräulein Käthchen, rief er dagegen überrascht, und streckte unwillkürlich seine Hand nach der ihrigen aus.

Sie ließ sie ruhig fassen und sagte: Herr West, ich habe zwei Worte mit Ihnen zu sprechen. Warum haben Sie sich all die Tage nicht sehen lassen? Sind Sie böse?

Ich Ihnen böse, Fräulein! rief Gaston, und drückte ihr die Hand.

Nun, wenn Sie nicht böse sind, beantworten Sie mir schnell diese Fragen: Wer sind Sie? Wie heißen Sie? Welches ist das Geheimniß, das Sie drückt?

Mein Fräulein! rief Gaston bestürzt, und ließ ihre Hand fahren.

Käthchen legte die Hand auf's Herz und sagte mit zitternder Stimme: Gewiß, ich frage nicht aus alberner Neugierde. Glauben Sie mir, Herr West, aber ich muß es wissen, ich kann sonst — Es lag so viel Traurigkeit im Tone dieser Worte, daß Gaston die Thränen in die Augen traten. Er faßte wieder ihre Hände und sage: Fräulein Käthchen, in einem Augenblicke wird die Grotte beleuchtet sein, wenn Sie die Leute hier sähen

— ich kann Ihnen jetzt nichts sagen — ein anderes Mal — ich muß fort, daß man mich nicht mit Ihnen sehe.

Nach diesen hastig ausgesprochenen Worten eilte er aus der Grotte und verschwand in der Nacht. Käthchen zitterte am ganzen Leibe vor Aufregung. Gaston, Gaston! lispelte sie vor sich hin, als ob sie ihn riefe, und wollte sich anstrengen, um aus der Grotte zu kommen. Eben wollte sie den ersten Schritt machen, als sie sich am Arme gefaßt fühlte und ihr diese Worte in's Ohr gesagt wurden: Du willst wissen, wer er ist, ich kann es Dir sagen.

Rosalie! rief Käthchen, die die Stimme erkannte, Du hier?

Ja, ich, sprach Rosalie hastig weiter, ich weiß es, wer er ist: Ein Verbrecher ist er, ein Verbrecher aus verbrecherischer Familie, die nicht in ihr Vaterland zurück darf, die aus Frankreich gejagt ist, es ist gewiß, daß er einen falschen Namen trägt.

O Gott! seufzte Käthchen.

Und noch etwas, fuhr Rosalie fort, verlobt ist er und hat seine Braut sitzen lassen. Siehe zu, daß ihn Dein Vater sobald als möglich, aus dem Hause jage.

Ach, Rosalie, hilf mir, seufzte Käthchen, aber Rosalie war schon davon geeilt.

In diesem Augenblicke wurde der Garten mit Statuen und Grotte in den hellsten rosigen Tag getaucht. Ein Schrei der freudigsten Ueberraschung erhob sich aus der gedrängten Masse der Zuschauer. Nachdem die Blicke im Garten, von Winkel zu Winkel, von Statue zu Statue geirrt waren, concentrirten sie sich auf der Grotte, die mit der Statue im Hintergrunde einen besonders schönen Effect machte, und da jauchzte ein Theil des Publikums auf, als es auf der Bank in der Grotte Fräulein Liebert in dieser herrlichen Beleuchtung so schön ausgestreckt und unbeweglich daliegen sah. Man sagte sich schnell, das sei wohl ein lebendiges Bild nach der neuesten Mode, das Herr Liebert seinen Gästen zum Besten gebe, und viele Hände regten sich, um städtisch zu applaudiren. Im Lärm des Applauses hörte man den Angstschrei des Vaters nicht, und da es gleich wieder Nacht wurde, sah man auch Gaston nicht, der über die Blumenbeete der Grotte zustürzte.

Als er Käthchen am Fuße der Terrasse auf seinen Armen dem Vater entgegentrug, war das Mädchen wieder zu sich gekommen und es war ihm wohler und leichter, als einem sonst nach einer Ohnmacht zu sein pflegt. Auf seinen Lippen brannte ein Kuß und in seinen Ohren und in seinem Herzen widerhallten noch die Worte: Käthchen, mein Engel, ma bien aimée, nur etwas Vertrauen, nur noch wenige Tage.

VII.

Am andern Morgen ging Herr Liebert mit seiner Tochter in der oberen großen Stube Arm in Arm auf und ab. Sie war etwas bleich und er betrachtete sie mit Besorgniß. Von Zeit zu Zeit streichelte er ihr die Wangen oder drückte ihren Arm und sagte: Du hast Dich gestern zu sehr angestrengt, das war Alles, Du arbeitest zu viel, mein Käthchen', Du mußt mir nicht mehr ohnmächtig werden, das schickt sich nicht für eine Jungfrau vom Lande.

Käthchen beantworte die Liebkosungen nur mit Lächeln. Ihre Gedanken — die Gedanken siebzehnjähriger Töchter, wie undankbar sind sie väterlichen Liebkosungen gegenüber — ihre Gedanken waren offenbar anders beschäftigt. Manchmal öffnete sie die Lippen, sagte aber nichts. Der Vater bemerkte es. Du willst was sagen, Käthchen, sprich, sieh, jedes Verschweigen macht mir nach dem gestrigen Unfall Sorgen.

Mein guter Papa, es ist nichts, was uns beide anginge.

Wen sonst?

Herrn West!

Nun, ich glaube, wir beide sind ihm gute Freunde.

Käthchen schwieg wieder.

Papa!

Nun mein Kind?

Man sagte mir gestern, Gaston sei ein Verbrecher! — stieß Käthchen rasch hervor.

Sie standen eben am Fenster. Gaston trat aus seiner Wohnung und wollte offenbar herüber kommen; doch blieb er gedankenvoll auf seiner Schwelle stehen.

Mein Kind, sagte Herr Liebert, sieh ihn an — so sieht kein Verbrecher aus.

Nicht wahr Papa, so sieht kein Verbrecher aus! — rief Käthchen und schlang beide Arme um den Hals ihres Vaters, um die Thränen zu verbergen, die ihr in die Augen drangen.

Der Vater sah sie gerührt an und drückte einen langen Kuß auf ihre Stirne.

Dessen kannst Du sicher sein, mein Käthchen, fuhr Herr Liebert fort, so sieht kein Verbrecher aus. Es ist gewiß, daß West ein Geheimniß hat, aber sieh, ich habe so großes Vertrauen in ihn, daß ich ihm meine Tochter zum Weibe geben möchte. — und ich bin gar nicht gewillt, mein Käthchen dem ersten Besten an den Hals zu werfen.

Käthchen sah nicht auf, aber sie drückte ihren Kopf an die Brust des guten, vertrauensvollen Vaters, und er legte die Hand wie segnend auf dieses geliebte Haupt.

So standen sie, als Gaston eben in's Haus treten wollte und als vor der Thüre plötzlich ein eleganter Reisewagen hielt.

Herr Liebert öffnete das Fenster, um den Besuch zu erkennen; sah aber bald, daß der Besuch nicht ihm galt, sondern Gaston.

Aus dem Wagen sprang ein junger Mann in leichter, modischer Reisekleidung, der kaum den Boden berührte, als er sich schon Gaston in den Armen warf.

Ah Gaston, theurer Gaston, da habe ich Dich ja gleich — rief er in französischer Sprache, que le diable l'emporte, in welchen Winkeln der Erde muß ich Dich aufsuchen. Nun und wie geht es Dir? — Herrlich siehst Du aus, c'est-à-dire, von Gesicht — Deine Toilette ist scheußlich. Du siehst ja aus wie ein Ouvrier! Mein Gott, wenn Dich Deine Schwiegermutter so sähe, die ganze Perrücke vom Boulevard des Gants würde sie sich ausraufen.

Das und noch vieles Andere sprudelte so rasch aus dem Munde des Franzosen, daß Gaston kaum Zeit hatte, ihm zu antworten. Vater und Tochter, die unfreiwillige Zuhörer und Zuschauer waren, lachten anfangs über das sonderbare, bewegliche Wesen des Fremden, aber bei Erwähnung der Schwiegermutter zuckte Käthchen zusammen und runzelte auch Herr Liebert die Stirne.

Gaston lud seinen Gast ein, ihm in seine Wohnung zu folgen. Aber der Fremde sträubte sich. Du mußt gleich mit mir fort!.. rief er — weißt Du warum ich gekommen bin? Um Dich todt zu stechen! Parole d'honneur, theurer Gaston, um Dich todt zu machen Du wirst doch noch nicht so weit encanaillirt sein, um Dich von einem Gentilhomme, wie ich bin, mit Vergnügen todt stechen zu lassen? — Aber vorher mußt Du noch Deine Schwiegermutter gesehen haben. Sie ist mit mir gekommen, sie erwartet Dich hier in dem Neste, in der nächsten Stadt — hol der Teufel die böhmischen Namen — hier in der Stadt. Schöne Stadt ma foi! Komm! Wir müssen gleich fort!

Lasse mich doch erst etwas Toilette machen, bat Gaston.

Nein, nein! rief der Fremde, die alte Douarière muß Dich so sehen, das gibt einen Hauptspaß, als Ouvrier verkleidet muß sie Dich sehen.

Gaston dachte einen Augenblick nach; dann sagte er: Ja, es ist besser, daß sie mich so sehen! C'est impayable! — jubelte der Franzose — komm, steig ein.

Ich muß mich noch von meinem Herrn verabschieden, sagte Gaston, indem er ins Haus ging.

Von seinem Herrn! de son maitre! Es ist zum

Todtlachen, als ob er von Charles X. spräche! rief der Franzose immer lachend und stieg wieder in den Wagen.

Als Gaston in die Stube trat, fand er Herrn Liebert allein. Die Reden des Fremden hatten Käthchen so aufgeregt, daß sie nicht glaubte, sie könne sich vor Gaston sehen lassen, und der Vater, ohne sie weiter zu fragen, oder ein Wort über ihre Aufregung zu sagen, hatte sie selbst in ihr Zimmer geführt.

Sie wollen verreisen, rief er Gaston mit heiterem Gesichte zu.

Auf einige Stunden, vielleicht auf einige Tage, es ist möglich, daß ich nach Prag muß, zu meinem Vater.

Gut! reisen Sie glücklich, kommen Sie wohl zurück.

Herr Liebert!

Lieber West?

Ich wollte eben, als der Fremde eintraf, zu Ihnen herüber kommen, um mit Ihnen über einen gewissen Gegenstand zu sprechen.

Nun — und?

Nun denke ich, ich werde ausführlicher und besser mit Ihnen sprechen können, wenn ich zurückkomme.

Lieber West, Sie kommen mir eigenthümlich vor. Wozu sagen Sie mir das? Sie werden mich also über Ihren Gegenstand sprechen, wenn Sie zurückkommen.

Ich wollte Sie nur bitten, dieses dem Fräulein Käthchen zu sagen.

Sehr wohl! sagte Herr Liebert und sah den jungen

Mann dankbar an und reichte ihm die Hand. Reisen Sie glücklich!

Gaston faßte seine Hand und drückte sie heftig. Er wollte sprechen, konnte aber nicht. Herr Liebert, der ihn immer so ruhig und besonnen gesehen, war gerührt, wie er endlich die Worte hervorstammelte: Ich gehe, um mit einer ganzen Vergangenheit definitiv zu brechen!

Nach einer Minute entführte der Wagen die beiden jungen Männer. Sogleich nahm der Franzose wieder das Gespräch auf. Farceur va! wir wissen Alles, was vorgeht, sagte er.

Natürlich, antwortete Gaston, ich habe ja dieser Tage meinem Vater geschrieben und ihm Alles mitgetheilt.

Ah bah! wir wußten Alles früher und ausführlicher.

Habt Ihr mir Spione nachgeschickt? fragte Gaston verdrießlich.

Nein, der Spion hat sich freiwillig eingestellt. Sprich, Gaston, womit hast Du Dir eine alte Jungfer zum Feind gemacht?

Eine alte Jungfer?

Uralt wie Methusalem — nota bene für eine Jungfrau — für eine Matrone, je ne dit pas. — Eine sonderbare Creatur! — Hier in dieser kleinen Bergstadt hat sie nicht ausfindig machen können, wer Du bist, der Bergrath, den sie durch eine Beamtenfrau anbohren ließ, hat sich brav gehalten und Dich nicht verrathen. Aber sie muß doch irgend einen Anhaltspunkt erwischt haben, und lief nach Prag, und trieb sich da unter der Dienerschaft der ganzen französischen Gesellschaft herum, bis sie es heraus hatte. Deinen Vater wußte sie in seiner Dachstube auf dem Maltheserplatze aufzustöbern, und nachdem sie dem alten Marquis ihren Besuch gemacht, erfreute sich auch die alte Comtesse ihrer Aufwartung. Vom Bedienten Deines Vaters hat sie es herausgelockt, daß Du eigentlich mit der kleinen Comtesse verlobt bist. Sie hat Dich und Deine Liebe mit einer Leidenschaft denuncirt, daß es eine Freude war, sie anzuhören.

Gaston schüttelte den Kopf. Er begriff nicht, wie irgend Jemand in der Gegend ein Interesse haben konnte, seinen Namen auszuspähen und seine Liebe zu Käthchen, die er für ein Geheimniß hielt, wem immer zu denunciren.

Die aber dieses Interesse hatte, stand, während dieses Gespräch stattfand, auf der Höhe des Dammes und sah dem Wagen nach. Sie hatte ihn gleich diesen Morgen bei seiner Ankunft gesehen; denn seit ihrer Rückkehr wartete sie, daß irgend etwas von Prag aus geschehe. Als der Wagen aber bei Liebert in den Hof fuhr, war Lord John bei Rosalien und jauchzte auf, da diese sagte: Es hat gewirkt! Ich glaube, Herr Gaston wird entführt.

Rosalie sah ihn über die Schulter an und ging hinaus auf ihre Warte. Als der Wagen der Stadt zufuhr, strich sie sich mit beiden Händen über die Stirne. Wenn er mit im Wagen sitzt, sagte sie vor sich hin, dann wird dort oben geweint. Und sie sah zu Liebert hinauf; auf dem Wege dahin blieben ihre Augen an dem Geländer haften, an dem sie sich vor einiger Zeit so weich und gut gefühlt hatte. Sie sah wieder weg und dem Wagen nach, bis er hinter dem Hügel verschwand, dann blieb sie noch dastehen, starr und unbeweglich wie eine Bildsäule, nicht mehr herrschend und herausfordernd wie ehemals, immer die Augen dem Wege nach der Stadt zugewendet.

Lord John kam und fragte, ob West in den Wagen gesessen?

Ich weiß es nicht! antwortete Rosalie, ohne ihn anzublicken und in einem barschen Tone, daß er nicht den Muth hatte, weiter zu fragen.

Aber das ist ja das Wichtigste — in der That. — murmelte Lord John — das muß ich wissen, das muß ich! — Ich laufe dem Wagen nach bis in die Stadt — in der That! —

In der That machte er sich auf und eilte dem Wagen nach. Er war so eilig, daß er kaum den Mann bemerkte, der ihm gemessenen und vorsichtigen Schrittes auf dem Wege nach der Stadt entgegenkam. Auch Rosalie, die doch in dieselbe Richtung sah, bemerkte zuerst den Mann nicht, so gedankenlos, zerstreut, oder vertieft starrte sie vor sich hin. Sie bemerkte ihn erst, als er vom Wege abbog und den Wiesenpfad einschlug.

Die schlanke Gestalt in dunkler Tracht hob sich sehr bemerklich von dem Wiesengrunde ab. Rosalie fuhr zurück, als ihr Auge zufällig auf dem Manne haften blieb. Sie glaubte sich zu täuschen, und sah aufmerksamer hin, und sah, daß der dunkle Mann etwas Weißes sehr vorsichtig auf beiden Armen trug, daß er manchmal mit Sorgfalt auf das weiße Packet niedersah, manchmal stehen blieb und etwas ordnete.

Sie bog den Kopf vor und hielt die Hand wie einen Schirm vor die Augen, die sie zusammenzwickerte. Es ist Fischer! Bei Gott, es ist Fischer! murmelte sie. Was will er? Was bringt er da? Er geht wohl zu Liebert's.

Aber er bog nicht den Pfad ein, der zu Liebert's führte, sondern den andern Wiesenpfad rechts, der zu Rosalien führte.

Er kommt zu mir! was will er von mir? Habe ich ihm nicht mein Haus verboten! rief sie, während ihr altes Gesicht erröthete.

Sie lief ins Haus zurück und setzte sich hinter den Tisch an die Arbeit. Aber die Nadel zitterte in ihrer Hand.

Nach wenigen Minuten ging Fischer am Fenster vorbei, immer mit dem Packet auf beiden Armen, und gleich darauf pochte es unten an der Thüre, wie wenn man mit dem Fuße klopft. Rosalie sagte nicht herein und rührte sich auch nicht vom Platze.

Rosalie öffne, rief es von draußen, ich kann nicht, ich kann meine Hände nicht brauchen.

Aber Rosalie antwortete nicht und blieb auf ihrem

Platze sitzen. Da hörte sie, wie die Klinke ungeschickt gehoben und sah, wie die Thüre mit dem Fuße aufgestoßen wurde.

Fischer trat ein mit dem Packete auf dem Arme.

Ich bin es, Rosalie, sagte er etwas schüchtern.

Die Angeredete stand auf, warf den Kopf zurück und sah ihm zornig ins Gesicht. Aber da bemerkte sie eine so tiefe Trauer und Niedergeschlagenheit auf seinen Zügen, daß sie vor Schrecken zusammenfuhr.

Was ist? was ist geschehen? fragte sie milder und sah zu Boden.

Deine Schwester, Marianne, ist todt, sagte Fischer und seine Thränen stürzten auf das geheimnißvolle Ding, das er immer auf den Armen hielt.

Todt! — wiederholte Rosalie kaum vernehmbar. Sie taumelte zurück. Ihr Kopf fiel an das Fensterkreuz und so angelehnt, halb mit dem Gesichte nach Außen gekehrt, blieb sie stumm und unbeweglich stehen. „Todt!" murmelte sie von Zeit zu Zeit ohne aufzublicken, ohne sich zu bewegen. Fischer sah sie prüfend an und dachte: Es ergreift sie tiefer, als ich erwartet habe.

Aber seine Aufmerksamkeit wurde von Rosalie ab und auf die Hüllen von Kissen und Tüchern auf seinen Armen gelenkt. Da drin fing es an sich zu regen und wurde die Stimme eines kleinen Kindes laut. Fischer legte seine Last auf den Tisch und entfernte ein Tuch, das über das ganze Packet gebreitet war. Die Kissen öffneten sich und ein Säugling von einigen Monaten, ein Knäblein, streckte Füße und Hände in unbeholfenen Bewegungen in die Luft.

Ihr Kind! rief Rosalie, und sah es vom Fenster aus mit starren Augen an, ohne sich zu regen.

Ja, ihr Kind — sagte Fischer — ich bringe Dir das arme, verwaiste Würmlein. Bei mir wäre es schlecht aufgehoben. Den ganzen Tag verbringe ich in der Schule und mit Stundengeben; ich kann es keiner Wärterin anvertrauen — Du wirst es gut pflegen — bei Dir wird es gut aufgehoben sein, deß bin ich gewiß.

Rosalie antwortete nicht und regte sich noch immer nicht. Aber da Fischer anfing sich mit dem Kinde zu beschäftigen, es zurecht zu legen und seinen kleinen Anzug und die Kissen neu zu ordnen, Alles mit jener Ungeschicklichkeit, die die Männer in solchen Fällen auszeichnet, war es, als könnte Rosalie dergleichen nicht mitansehen. Sie raffte sich zusammen und näherte sich dem Tische.

Wer wird denn ein Kind so anfassen! rief sie halb zornig und wollte es selbst aus dem Kissen heben, aber in demselben Augenblicke fiel sie mit dem Gesichte in die Kissen und fing laut zu schluchzen an, indem sie dem Kinde die kleinen, strampelnden Füßchen küßte.

Aber bald faßte sie sich wieder und mit eben so barschem Tone wie vorhin, rief sie: Wer wird das Kind so hinlegen auf den Tisch! Sie nahm es sammt dem Kissen und trug es in ihr Bett, wo sie es ganz enthüllte und sich damit zu schaffen machte. Das schöne Kind! murmelte sie, das schöne Kind! und dann lauter, ohne sich zu Fischer zu wenden: die Wäsche hier im Tuche, ist das alles?

Alles! wiederholte Fischer.

Nun, das ist nicht viel!

Nach diesen Worten lief sie in den Hof und rief einem der gegenüberstehenden Häuser zu: Susi! Susi! und kam sogleich wieder in die Stube und an's Bett zurück. Nach einigen Minuten erschien Susi. Sie betrachtete Fischer mit erstaunten Augen und mit noch mehr Erstaunen das Kind auf dem Bette. Sie fing zu fragen an und verlangte Erklärungen. Rosalie verwies ihr alles Geschwätz und befahl ihr nur auf das Kind zu achten und sich an das Bett zu setzen. Dann ging sie an einen Schrank und holte allerlei Leinen hervor, das sie auf dem Tische ausbreitete und musterte, dann ging sie zwischen dem Tische und dem Bette hin und her und nahm das Maß. Ihre frühere Arbeit warf sie unter den Tisch und nach kurzer Zeit war sie in Messen und Zuschneiden so vertieft, daß sie Fischer's Gegenwart und selbst das Kind, überhaupt alles Andere vergessen zu haben schien. Fischer stand noch immer, da ihn Rosalie nicht sitzen geheißen hatte, und sah ihrem eigenthümlichen Gebahren mit gespannter Aufmerksamkeit zu. Seine kummervollen Züge nahmen nach und nach einen getrösteteren Ausdruck an, denn er dachte, mein Kind ist

hier gut aufgehoben. Mit einer Hand auf den Tisch
gestützt, beobachtete er, wie sich unter Rosalien's Scheere
die Bruchstückformen zu Leibchen, Hemden und anderem
Kinderzeuge entwickelten. So verging Viertelstunde nach
Viertelstunde. Mit einem Male rief Rosalie: Aber
mein Gott, das arme Kind muß ja hungern! Ich alte
Nähmamsell habe zuerst nur an die Wäsche gedacht.
Sie sprang auf und eilte in die Küche. Fischer lächelte,
und heiterer als er gekommen war, verließ er das Haus,
um Herrn Justinus Liebert, seinen ehemaligen Brod=
herrn zu besuchen und ihm seinen schmerzlichen Verlust
anzukündigen.

Rosalie gab dem Kinde zu essen und lief mit ihm in der
Stube auf und ab, wenn es weinte. Dann saß sie wieder an
der Arbeit und nähete ohne aufzusehen, mit unermüd=
lichem Eifer. Sie wollte durch nichts gestört sein, selbst
nicht durch Susi's Fragen, die zu wissen wünschte, wie
das alles gekommen und vor Neugierde fast verging.
Nur wenn das Kind sich regte, stand Rosalie auf. Sie
hörte seine geringste Bewegung, jeden Laut, den es von
sich gab. Manchmal blieb sie betrachtend und in Ge=
danken vertieft davor stehen und murmelte unverständliche
Worte. Man soll sehen, welche gute Mutter ich sein
kann! rief sie mit einem Male und kehrte wieder an
ihre Arbeit zurück. Ihre Arbeit ging, so zu sagen,
schneller als die Zeit. Schon lag ein Hembchen fix und
fertig da. Sie betrachtete es mit Wohlgefallen; dann

nahm sie das Kind auf ihren Schooß, um zu sehen, ob es ihm auch passe. Du siehst ja aus, wie ein Prinz; rief sie und drückte es in ihre Arme.

Da stürzte Lord John, erhitzt, mit rothglühendem Gesichte in die Stube. Bin ich gelaufen! bin ich! rief er noch athemlos. Bis in der Stadt bin ich gewesen — bis in der Stadt! Be damned — Sind sie zugefahren! Aber West war mit — er war, indeed! Miß Rosalie, er war! indeed!

Herr John! sagte Rosalie, die wie aus einem Traume erwachte, was geht das mich an?

Lord John bemerkte jetzt erst das Kind auf ihrem Schooße. Was ist das für ein Kind? fragte er, wo kommt das Ding her, das Ding hier?

Herr John, antwortete Rosalie, das ist mein Kind, mein Kind!

Ihr Kind? ist es? fragte Lord John, und sah sie mit großen Augen an. — Schöne Mitgift! ist es nicht? fragte er weiter zu Susi gewendet.

Herr John, fuhr Rosalie mit entschiedenem Tone fort, das geht Sie weiter nichts an.

Geht mich weiter nichts an? geht es nicht?

Nein! wir haben von jetzt an nichts mehr mit einander zu thun?

Haben wir nicht?

Nein, Herr John!

Oh — so viel besser, Fräulein Rosalie.

24*

Und verlassen Sie mein Haus.

Oh!

Ja! und das sogleich.

Wie es Ihnen gefällig ist, Miß Rosalie.

John wandte sich und ging. Rosalie wandte den Kopf dem Fenster zu und sah hinauf zu Liebert. Allerlei Gedanken schienen in ihr zu kämpfen. Armes Käthchen! seufzte sie vor sich hin.

Susi, hast Du nichts von Käthchen gehört? — Sie hatte gestern Abend eine Ohnmacht; hast Du nicht erfahren, wie sie sich heute befindet?

Nein, ich habe nichts gehört, antwortete Susi, man hat sie heute noch nicht gesehen.

Sie ist vielleicht krank, sagte Rosalie, sie hat auf jeden Fall eine schlechte Nacht gehabt.

Wieder versank sie in Nachdenken. Mehre Male stand sie auf, als ob sie fort wollte, um sich bald wieder zu setzen. Offenbar kämpfte sie mit einem Entschlusse, der sie große Ueberwindung kostete. Endlich raffte sie sich auf. Susi, nimm indessen das Kind und behüte es wohl, ich muß auf eine halbe Stunde fort.

Susi nahm das Kind, aber Rosalie ging nicht. Sie stand wieder am Fenster und sah hinauf zu Liebert's. Ah! rief sie plötzlich, da kommt Käthchen!

Käthchen hatte seit der Abreise Gaston's auch nicht lauter weiche Seide gesponnen. Das Vertrauen des Vaters und die Botschaft, die er ihr im Namen Gaston's

bestellte, hatten sie zwar etwas beruhigt, aber die Worte
des Fremden, der von einer Schwiegermutter und von
Todtstechen gesprochen, klangen ihr immer in den Ohren.
Dazu kam die geheimnißvolle Art der Abreise Gaston's,
das sonderbare Wesen des Fremden, der, wie der Vater
behauptete, nach Anzug und Redeweise zu schließen, ein
Aristokrat sein müsse. Auch schien Papa, seit er den
Fremden gesehen und gehört, selbst in seinem Vertrauen
erschüttert; jedenfalls war er nachdenklich. Was steckte
hinter all' den Geheimnissen? Sie sagte sich, sie müsse
verrückt werden, wenn sie nicht bald klar sehe. Unter=
dessen konnte sie nichts anderes thun, als sich in ihr
Zimmer einschließen und weinen. Ihr Schicksal schien
ihr so traurig, wie nie eines gewesen. Und die Stun=
den schlichen so langsam, und doch waren schon mehre
vergangen und Gaston kam nicht zurück. Wie sollte sie
es ertragen, wenn er wirklich mehre Tage ausbliebe,
wenn er gar nicht mehr zurückkäme. Und das Todt=
stechen! Freilich hat der Fremde nur lachend davon ge=
sprochen, aber wer kann wissen? So ein Franzose spricht
vom Todtstechen, wie ein anderer von Tänzen spricht.
O diese Franzosen, sie sind mit Recht so verrufen
Käthchen hatte Carl X. in der Peterskirche zu Prag.
beten sehen! So ein alter Mann! und doch hatten die
Franzosen nicht das geringste Mitleid mit ihm. Ein
schreckliches Volk, diese Franzosen! Wenn sie so einen
alten Mann so behandeln konnten, warum sollten sie

nicht auch ihren Gaston ermorden können?! Der
Fremde — dessen erinnerte sie sich erst — sah so blut=
gierig und grausam aus, er hätte auch nicht so lustig
sein können, während Gaston, der arme Gaston, so traurig
war, offenbar sehr traurig! Aber Gaston ist ja auch
ein Franzose, und das wußte sie sehr gut: alle Franzosen
sind Abenteurer, gewissenlose junge Leute, die es lieben,
den Mädchen den Kopf zu verdrehen, um sie dann sitzen
zu lassen. Es gab keinen Ausweg aus diesem Labyrinth,
sie konnte nichts als weinen.

Als der alte, geliebte Lehrer kam und vom Tode
Mariannen's erzählte, schien Käthchen die ganze Welt
unsäglich traurig und sie ließ ihren Thränen freien Lauf.
— Mein Gott! mein Gott! wie unglücklich sind doch
die Menschen! rief sie einmal übers andere und ging
händeringend in der Stube auf und ab. — Der Vater
erkannte die eigentliche Ursache ihrer Trauer, und um
sie zu zerstreuen, forderte er sie auf, Rosalie zu besuchen,
sie zu trösten und das Kind anzusehen.

Ach ja, das Kind! sagte Käthchen und ging, und
mit verweinten Augen trat sie leise in die Stube Ro=
salien's. Sie grüßte nur mit einem Kopfnicken, nahm
Rosalien's Hand und setzte sich schweigend zu ihr. Ro=
salie sah vor sich hin — das Kind schlief. Endlich
sagte Käthchen: Darf ich das Kind sehen?

Rosalie nickte. Käthchen ging an das Bett und hob
den einen Zipfel des Schleiers auf, der das Gesicht des

Kindes bedeckte. — Es ist der Schleier, den ich Dir geschenkt habe, Rosalie — das freut mich, lispelte sie, und dann das Kind betrachtend: O wie hübsch! o das Engelchen!

Aber der kleine Junge fing plötzlich laut zu schreien an. Ach, ich habe ihn geweckt, sagte Käthchen erschrocken. Sie nahm das Kind sammt den Kissen auf ihren Arm, wiegte es und trippelte singend mit ihm in der Stube auf und ab.

Du wärst eine hübsche Mutter! sagte Susi.

Rosalie lächelte und sah Käthchen nach auf ihrem ganzen Wege durch die Stube. Als das Kind schwieg, sagte sie: Susi, ich habe Käthchen etwas zu sagen, laß uns allein.

Ich? fragte Susi verdrießlich.

Ja, Du! — laß uns allein!

Susi erhob sich trotzig und verließ die Stube.

Jetzt Käthchen komm, setze Dich hieher.

Käthchen erblaßte. Sie erinnerte sich an das, was ihr Rosalie in der Grotte gesagt hatte und fürchtete eine Fortsetzung.

Ach, Rosalie! seufzte sie aus tiefstem Herzen.

Sei ruhig, Käthchen, ich habe Dir nur Gutes zu sagen — setze Dich — komm hieher — in den Großvaterstuhl und höre gut zu — so —

Käthchen horchte mit dem ganzen Gesichte, sie wußte,

daß Rosalie von Gaston sprechen werde. Aber diese schwieg noch und schien nach Worten zu suchen.

Gib mir das Kind, sagte sie dann — so — höre. —
Käthchen neigte sich vor.

Käthchen, sagte Rosalie schnell und indem sie die Worte einzeln, rasch, aber in Bruchstücken hervorstieß, Käthchen — vergiß, was ich Dir gesagt habe — ich muß es wieder gut machen — Gaston ist kein Verbrecher — sein Vater hat auf ehrenhafte Weise sein Land verlassen — ich verstehe nicht viel davon — sie sind Emigranten — weil sie dem alten König in Prag treu geblieben sind — Gaston ist ein vortrefflicher Mensch — er ernährt seinen Vater, der nichts hat — aber ein großer Herr ist — ich weiß nicht recht, wie das Alles ist, aber es ist Alles gut, Alles ehrenhaft — ich habe den Alten gesehen — Du kannst Deinen Gaston ohne Angst lieben.

Ro—sa—lie — stammelte Käthchen in höchster Aufregung — was sagst Du — ja? — ich soll ihn lieben? — ach, ich liebe ihn ja! — Und dann ists auch nichts mit seiner Verlobung?

Doch — erwiderte Rosalie — da ist etwas daran — aber Du hast gewiß nichts zu fürchten, wenn er Dir gesagt hat, daß er Dich liebt.

Ach ja, das hat er beinahe gesagt.

Dann kannst Du ruhig sein, dann ist er gewiß nicht

gebunden. Aber — fügte Rosalie zögernd hinzu — etwas ist doch da, was mich besorgt macht.

Was ists, Du gute Rosalie? fragte Käthchen, und der selige Ausdruck auf ihrem Gesichte verschleierte sich wieder.

Weißt Du, wie er eigentlich heißt?

Wie heißt er denn?

Er heißt — fuhr Rosalie mit zögernder Stimme fort — er heißt Marquis von Godencourt und ist der Abkömmling einer der adeligsten Familien Frankreichs.

O mein Gott! rief Käthchen vernichtet — wie soll er denn eine so kleine Person wie ich bin, heirathen können?

Ich glaube, sagte Rosalie, er macht sich aus dergleichen nicht viel, wenigstens habe ich so etwas gehört.

Plötzlich verließ Käthchen ihre ganze Niedergeschlagenheit. Sie erinnerte sich jedes Wortes das sie von Gaston gehört hatte und so erinnerte sie sich jetzt, wie er, als er das erste Mal im Hause zu Tische gewesen, zu ihrem Vater lächelnd gesagt hatte: Herr Liebert, ich bin bürgerlich, sehr bürgerlich! — Sie sprang auf, klatschte in die Hände und rief voll Freude: Ich bin bürgerlich! sehr bürgerlich!

Stille! Du weckst mir ja das Kind, das so schön eingeschlafen ist! sagte Rosalie verweisend, und in der That fing der Kleine zu schreien an. — Da haben wir die Bescheerung! rief Rosalie wieder — geh' Du lieber nach Hause und höre, welche gute Zeitung Dein Gaston bringt, der eben dort von der Stadt hereilt.

Käthchen ließ sich das nicht zweimal sagen, da sie wirklich Gaston vom Berge herunter kommen sah und eilte nach Hause. Sie saß selig in ihrer Stube, noch bevor Gaston bei Herrn Liebert eintrat. Sie lehnte die Thür nur an, um sehen zu können.

Gaston trat erhitzt und sehr aufgeregt in das Zimmer Herrn Liebert's; dieser stürzte ihm beinahe eben so aufgeregt entgegen. Käthchen bemerkte das und ging.

Sie haben mir etwas zu sagen, West!

Sehr vieles, Herr Liebert! — Gott sei Dank, daß endlich der Moment gekommen ist, da ich offen mit Ihnen sprechen kann. Seit Wochen fühlte ich mich Ihnen gegenüber wie ein Verbrecher.

Setzen wir uns.

Sie setzten sich; West begann.

Herr Liebert, ich muß etwas weit ausholen. Mein Vater war französischer Emigrant der großen französischen Revolution. Ich wurde ihm kurz vor dem Falle Napoleons auf deutschem Boden geboren. Er kehrte mit seinem Könige nach Frankreich zurück, nahm am Hofe Ludwig XVIII. dieselbe Stelle ein, die sein Vater am Hofe Ludwig XVI. bekleidet hatte und ließ mich nach einiger Zeit als kleinen Knaben aus Deutschland nachkommen.

Ich sollte mich dem Kriegsdienste widmen und trat

als Jüngling in die polytechnische Schule. Während ich daselbst mit meinen Studien beschäftigt war, brach die Julirevolution aus; Carl X. zog in die Verbannung; als treuer Diener folgte ihm mein Vater in's Exil — erst nach England, dann nach Prag. — Mir war die militärische Carrière abgeschnitten, da mein Vater nicht wollte, daß ich dem Bürgerkönig den Eid leiste, doch setzte ich meine Studien im Institute fort und nachdem ich diese vollendet, trat ich in die école des mines.

Ich hatte eingesehen, daß wir am Anfange einer neuen Zeit standen und wollte meinem Wissen eine praktische Wendung geben. Mein Vater ließ mich gewähren, obwohl er nicht einsah, wozu ein Sohn seiner Familie Geologie, Bergwesen 2c. studire. Endlich aber berief er mich nach Prag, um mich, wie er sagte, der verderblichen bourgeoisen Atmosphäre von Paris zu entziehen, und mich in die eigentliche Hofluft des eigentlichen Königs zu bringen. Es war etwas zu spät. In der verderblichen Atmosphäre von Paris und in der noch verderblichern polytechnischen Schule war ich in der That bereits sehr bürgerlich geworden, und hatte ich Grundsätze eingesogen, die den Grundsätzen meines Vaters sehr entgegengesetzt waren.

Es gab anfangs sehr heftige Kämpfe, obwohl ich die Ansichten und Standesvorurtheile meines Vaters so viel als möglich berücksichtigte und zu schonen suchte — aber endlich blieb der Sieg auf meiner Seite. Was mir die=

sen Sieg erleichterte, war vor Allem die zärtliche Liebe zu einem Sohne, der die Frucht einer glücklichen, leider durch den Tod zu früh zerrissenen Ehe war — dann die Verzweiflung, mit welcher mein Vater die Wendung in den Dingen und öffentlichen Verhältnissen betrachtete Die Welt, sagte er, wird eine andere — die gute alte Zeit, die an der ersten Revolution gestorben, wurde durch die Julirevolution begraben — da nütze kein Sträuben — die jungen Köpfe, welche die gute alte Zeit und das alte Regieren nicht gesehen, werden dessen Vorzüge auch nicht begreifen. Der ganze Gedankengang habe sich umgekehrt. Ehemals habe man in der Vergangenheit, mit seinen Altvordern gelebt, jetzt ziehe man es vor in einer dunklen, ungewissen Zukunft zu leben. — Dazu kam noch die Noth — ja Herr Liebert — die Noth. Ich schäme mich nicht das Wort auszusprechen. Die Noth, die mein Vater erduldet, macht seinem Herzen und seinen Grundsätzen Ehre. Er stammte aus einer der reichsten Familien der Bretagne, seine Güter wurden nach dem Vendéer Kriege als Nationalgüter eingezogen und verkauft.

Während der Restauration beschäftigte er sich mehr mit der Befestigung der alten Dynastie auf dem alten Throne als mit Wiedererlangung seiner Güter als mit der Entschädigung, die damals die Aufmerksamkeit der meisten heimgekehrten Emigranten so sehr in Anspruch nahm, daß sie höhere Interessen darüber vergaßen. — So fand ihn sein zweites Exil, das plötzlich über ihn hereinbrach, ohne alle Mittel — die kleinen Reste seines Vermögens verwendete er auf meine Erziehung — oder verlor er, als er in den Prozeß der Minister, als vertrauter Freund des Herrn v. Peyronnet hineingezogen wurde. Mit Schmerzen sah ich ihn an, als ich nach Prag kam, in einem kleinen Stübchen unter dem Dache, ihn, der in St. Cloud ein eigenes Appartement hatte — und jeden Tag zu Fuß den Hradschin hinauffeuchen, um sich nach dem Befinden seines Königs zu erkundigen, da er keinen Fiaker bezahlen konnte. Später, da der König Prag verließ, war es sein einziger Kummer, daß er nicht wenigstens einmal im Jahre, am Carlstage, die Reise zu ihm machen konnte — da das Reisegeld fehlte.

Diesen Verhältnissen dankte ich es, daß er mir endlich erlaubte, gegen allen adeligen Brauch, mein Wissen zu verwerthen und ein kleines Amt anzunehmen. Aber er gab mir diese Erlaubniß nur unter der Bedingung, daß sein uralter und stolzer Name nicht durch das kleine Amt und die untergeordnete Stellung entehrt werde. Ich versprach ihm, einen andern Namen anzunehmen und meinen eigentlichen und meine Herkunft, so lange er lebe, in dieser untergeordneten Stellung nicht zu verrathen.

Sie verstehen jetzt auch, Herr Liebert, warum ich zögerte, als Sie mich aufforderten in Ihr Geschäft zu treten. Sie kamen mir so freundschaftlich entgegen, mit so viel Vertrauen — Alles hier muthete mich so wohlthuend an, daß es mir schwer war, Ihnen gegenüber und ich will es gestehen — auch Fräulein Käthchen gegenüber diesen erlaubten Betrug durchzuführen. Deshalb und wegen der Annahme einer rein bürgerlichen Stellung mußte ich bei meinem Vater anfragen — er erlaubt mir bei Ihnen einzutreten — offenherzig gesagt, weil er gerührt und dankbar war, der gute Vater, daß einer meiner Beweggründe die Erleichterung seiner Lage gewesen — aber er erlaubte mir nicht, meinen eigentlichen Namen zu verrathen. O Gott, welche schmerzlichen Stunden hat es mir verursacht, Ihnen und Fräulein Käthchen, nicht Alles sagen zu können.

Zu all dem kam noch etwas Anderes. Eine alte Freundin meines Vaters, eine Dame die sich mit der Herzogin von Berry in der Bretagne comprommittirt hat, sehr reich und aus altem Hause, wollte ihren Schwiegersohn nur in den dem Könige treugebliebenen Familien wählen, und wo möglich nur unter den Familien, die sich wie mein Vater mit ihrem Herrn freiwillig exilirt haben. Diese Dame ist eine echte Vendéerin. Zwischen ihr und meinem alten Vater wurde nach alter Sitte meine Verheirathung mit ihrer Tochter besprochen, beschlossen und als abgemachte Sache betrachtet. Nach der Heirath, die mich zum reichen Manne machen sollte, würde ich, so hoffte man, meine bürgerlichen Ideen von Arbeit, von Selbsterwerb und Thätigkeit aufgeben. Ich widersprach, aber man kehrte sich nicht daran — man träumte weiter von dieser projectirten Heirath und da ich im Herzen vollkommen frei war, hatte ich nicht Energie genug, diese Träume der beiden glücklichen Alten zu stören. Das junge Fräulein, das in einem Kloster des sacré coeur zu Lyon erzogen wird, habe ich nie gesehen. Vor Kurzem schrieb ich endlich über diese Angelegenheit einen entscheidenden Brief an meinen Vater. — Aber —

Nun? sagte Herr Liebert. Sie stocken? Fahren Sie fort — ich höre mit größtem Interesse.

Ich gebe Ihnen das Ehrenwort eines Mannes — sagte Gaston und legte die Hand aufs Herz — nie habe ich Jemand in meine Gefühle eingeweiht, aber noch bevor mein Vater meinen Brief erhalten, wußte er und wußte die Gräfin — ich meine seine Freundin — was Sie, Herr Liebert, noch nicht wissen, daß es mein innigster Wunsch ist . . .

Was? sagte Herr Liebert, fahren Sie fort.

Fräulein Käthchen, Ihre Tochter, als meine Frau heimzuführen.

Gaston schwieg und sah zur Erde nieder.

Ihre Erzählung ist noch nicht aus, Herr West.

Gaston sah den alten Herrn fragend an — dieser lächelte — Gaston fuhr fort:

Sie haben den jungen Mann gesehen, der mich heute

Morgens abholte; es ist ein alter Spielkamerad, ein ehemaliger Page vom Hofe Ludwig's XVIII., später Offizier Carl's X., und Cousin der mir bestimmten jungen Dame. Er begleitete seine Tante, meine Schwiegermutter, wie er sie nannte, als Cavalier hierher, in die Bergstadt. Sie eilte herbei, um sich selbst von meinem Wahnsinn zu überzeugen und mich zu fragen, ob ich in der That die Hand ihrer Tochter ausschlage und eine Mesalliance einzugehen im Begriffe stehe? Um es kurz zu sagen: die Sache war schneller abgemacht, als ich gehofft hatte. Nachdem ich ihr erklärt, daß ich fest entschlossen sei, mein Leben lang zu arbeiten und mir mein Brod zu erwerben, daß es mein höchster Ehrgeiz sei, Ihre Hütten und Hämmer, Herr Liebert, in Flor zu bringen, verstand es sich von selbst, daß sie ihre Güter und ihre von Jean de Monfort abstammende Tochter nicht mit einem so encanaillirten Menschen verheirathen könne. Doch lachte sie mich nur gutmüthig aus, mehr noch den Cousin, der glaubte, die Ehre seiner Cousine mit dem Degen vertheidigen zu müssen. Das, Herr Liebert, ist Alles. Nur meinen Namen darf ich Ihnen nicht nennen, unter dieser Bedingung hat mir mein Vater in jeder andern Beziehung vollkommene Freiheit gelassen.

„Marquis von Godencourt" lispelte etwas hinter ihm. Gaston sah sich erstaunt um und erblickte den Kopf

Käthchens, der sich strahlend vor Glück über seine Schulter neigte.

Pst! ich habe nichts gehört! sagte Herr Liebert, und da Gaston aufsprang und sich die beiden Liebenden in den Armen lagen und ein seliger Kuß genommen und gegeben wurde, fügte er lächelnd hinzu: Und nichts gesehen!

Nach wenigen Wochen war die Hochzeit. Hätte Rosalie nicht Trauer getragen, es wäre die erste Hochzeit gewesen, der sie als Gast beigewohnt hätte; so machte sie sich nur in Küche und Keller nützlich. Wie hätte man bei einem so großen Feste sonst fertig werden können! Nur von Zeit zu Zeit lief sie die drei Bassins entlang hinab, um nach dem Kinde zu sehen.

Gaston wurde Theilhaber des Liebert'schen Geschäftes und im Verein mit seinem Schwiegervater und später mit dessen Sohn, der von der Schule zurückkam und sich unter Gaston weiter ausbildete, dehnte er das Geschäft, die Hütte und das Grubenwerk immer mehr aus. Carolinenthal verwandelte sich unter seiner Hand, wie durch Zauber, und wurde immer blühender. In dem größeren Getriebe, in der immer mehr anwachsenden Bevölkerung hätte die Wichtigkeit Rosalien's vielleicht auch abgenommen, selbst wenn sie sich nicht freiwillig ganz und gar auf ihr Haus beschränkt hätte. Völlig beschäftigt, wie sie war, mit der Pflege und Erziehung des Kindes, kümmerte sie sich nicht mehr um das, was bei andern Leuten vorging, und war wie aus der Welt verschwunden. Wollte man sie wo in Gesellschaft ziehen, hatte sie den Muth die Achsel zu zucken und zu sagen: „Was hat man von einer alten Jungfer?"